BEGINNING 1

YONSEI

ACADEMIC KOREAN

Vocabulary & Grammar

초급 I

연세 대학한국어 어휘·문법

연세대학교 한국어학당 편

연세대학교 출판문화원

머리말

국내 최고의 명성으로 한국어 교육의 50년 전통을 이어 온 연세대학교 언어연구교육원 한국어학당에서는 한국어 교육의 질을 높이기 위해 그 동안 많은 교재를 편찬해 왔다. 최근 한국 내 대학, 대학원에서 수학하고 있거나 진학하고자 하는 외국인이 증가함에 따라 학문을 목적으로 하는 한국어 교재에 대한 학습자들의 요구가 높아지고 있다. 이에 따라 연세대학교 언어연구교육원 한국어학당에서는 대학 수학을 목적으로 하는 외국인 유학생들을 대상으로 한국어와 한국 문화를 교육할 수 있는 새로운 교재를 출간하게 되었다.

이 교재는 대학 생활에 필요한 의사소통 기능을 집중적으로 향상시킬 수 있는 [대학 생활을 위한 한국어] 시리즈와 대학에서의 수학 능력을 집중적으로 향상시킬 수 있는 [대학 강의 수강을 위한 한국어] 시리즈로 되어 있다. [대학 생활을 위한 한국어] 시리즈는 『대학 생활을 위한 한국어 초급 1』, 『대학 생활을 위한 한국어 초급 2』, 『대학 생활을 위한 한국어 중급 1』, 『대학 생활을 위한 한국어 중급 2』로 되어 있으며, 『대학 강의 수강을 위한 한국어』 시리즈는 『대학 강의 수강을 위한 한국어 중급 1』, 『대학 강의 수강을 위한 한국어 중급 2』, 그리고 『대학 강의 수강을 위한 한국어 고급』으로 되어 있다.

[대학 생활을 위한 한국어] 시리즈는 한국어 학습 단계별로 요구되는 내용을 주제로 말하기, 듣기, 쓰기 능력을 향상할 수 있도록 다양한 과제와 활동으로 구성된 분리형 교재이다. 그리고 [대학 강의 수강을 위한 한국어] 시리즈는 대학 수학에서 요구되는 기능과 장르를 중심으로 말하기, 듣기, 쓰기, 읽기 능력을 향상할 수 있도록 실용적인 과제와 활동으로 구성된 분리형 교재이다.

그리고 이렇게 의사소통 기능을 중심으로 분리된 교재와 함께 각 단계에서 기본적인 언어능력 습득을 위한 어휘 문법 교재가 필요한바 이번에 어휘문법 교재를 출간하여 대학 수학을 목적으로 하는 학습자를 대상으로 하는 교재인 [연세 대학한국어 어휘·문법] 교재를 완성하게 되었다. 이번에 출간하는 [연세 대학한국어 어휘·문법] 시리즈는 초급 1, 초급 2, 중급 1, 중급 2, 고급의 5단계로 구분되는데 각 단계에서 필수적으로 인식되는 어휘와 문법을 설명하고 연습을 제시하여 학습자가 혼자서도 한국어 어휘와 문법을 익힐 수 있도록 하였다.

[대학 생활을 위한 한국어]와 [대학 강의 수강을 위한 한국어], [연세 대학한국어 어휘·문법] 교재 시리즈가 연세대학교 언어연구교육원 한국어학당에서 공부하는 학생들뿐만 아니라 한국 내에서 대학, 대학원 수학을 목적으로 하고 있는 모든 한국어 학습자들에게 도움이 되기를 바란다.

연세대학교 언어연구교육원
한국어학당 교재편찬위원회

Surface

The Yonsei University Institute of Language Research Education, Korean Language Institute, which boasts a 50-year history as the nation's most highly acclaimed Korean language educational facility has compiled many resources in order to raise the bar on the quality of Korean language education. Recently, through the increased enrollment of foreign students as well as foreign students who desire to study in Korean universities and graduate schools, the demand for Korean language resources has increased. For this reason, The Yonsei University Institute of Language Research Education, Korean Language Institute has published a new textbook that aims to teach Korean language and culture to foreign international students who wish to attend a Korean university.

These books include the "Korean Language for University Life" series which aims to help students intensively enhance the communication skills needed in college life and the "Korean Language for College Lectures" series which aims to help students intensively improve their scholastic aptitude. The "Korean Language for University Life" series is composed of "Korean Language for University Life Beginner 1," "Korean Language for University Life Beginner 2," "Korean Language for University Life Intermediate 1," and "Korean Language for University Life Intermediate 2." The "Korean Language for University Lectures" series is composed of "Korean Language for University Lectures Intermediate 1," "Korean Language for University Lectures Intermediate 2," and "Korean Language for University Lectures Advanced."

The "Korean Language for University Life" series provides instruction on level-by-level study of the Korean language and is divided into speaking, listening, and writing for each theme and includes various assignments and activities. The "Korean Language for University Lectures" series is a textbook that is centered on the skills and genres needed to take college courses in Korean and is separated into speaking, listening, writing, and reading sections that include practical assignments and activities.

In addition to these separate textbooks that aim to enhance communication skills, the need for vocabulary and grammar books to help students acquire the basic language abilities at each level was recognized. For this reason, the "Yonsei Korean Vocabulary & Grammar for University Students Beginner 1" series was compiled for students who wish to take college courses in Korean. The "Yonsei Korean Vocabulary & Grammar for University Students Beginner 1" series includes five levels--Beginner 1, Beginner 2, Intermediate 1, Intermediate 2, and Advanced. Each level includes essential vocabulary and grammar explanations as well as practice questions so that Korean language learners can learn Korean vocabulary and grammar on their own.

We hope that the "Korean Language for University Life," "Korean Language for University Lectures," and "Yonsei Korean Vocabulary & Grammar for University Students Beginner 1" series will not only help the students who are studying at the Yonsei University Institute of Language Research Education, Korean Language Institute, but also benefit all of the Korean language learners who hope to study in Korean universities or graduate schools.

Yonsei University Institute of Language Research and Education
Korean Language Institute Textbook Compilation Committee

前書き

国内最高の名声で韓国語教育の50年の伝統を続けてきた延世大学言語研究教育院韓国語学堂がくどうでは韓国語教育の質を高めるためにこれまで多くの教材を編纂してきた。近頃、韓国内の大学や大学院で修学していたり進学しようとする外国人が増加するにしたがって、学問を目的とする韓国語教材に対する学習者たちの要求が高まっている。そこで延世大学言語研究教育院韓国語学堂では大学修学を目的とする外国人留学生たちを対象に韓国語と韓国文化を教育することができる新しい教材を出版することになった。

この教材は大学生活に必要なコミュニケーション機能を集中的に向上させることができる[大学生活のための韓国語]シリーズと大学での修学能力を集中的に高めることができる[大学講義受講のための韓国語]シリーズの2つからなっている。[大学生活のための韓国語]シリーズは「大学生活のための韓国語初級1」、「大学生活のための韓国語初級2」、「大学生活のための韓国語中級1」、「大学生活のための韓国語中級2」があり、[大学講義受講のための韓国語]シリーズは「大学講義受講のための韓国語中級1」、「大学講義受講のための韓国語中級2」、そして「大学講義受講のための韓国語高級」がある。

[大学生活のための韓国語]シリーズは韓国語学習の段階別に求められる内容をテーマに、会話、聞き取り、作文能力が向上するように多様な課題と活動で構成された分離型教材だ。そして[大学講義受講のための韓国語]シリーズは大学修学の際に求められる機能とジャンルを中心に、会話、聞き取り、作文、読解能力が向上するように実用的な課題と活動で構成された分離型教材だ。

そして、このようにコミュニケーション機能を中心に分離された教材と併せて各段階で基本的な言語能力の習得のための語彙文法教材が必要なところ、このたび語彙文法教材を出版し、大学修学が目的の学習者を対象とする教材である'延世大学韓国語語彙文法'教材を完成することになった。このたび出版する[延世大学韓国語語彙文法]シリーズは初級1、初級2、中級1、中級2、高級の5段階で区分されるが、各段階で必須と認識される語彙と文法を説明して練習を提示し、学習者が独学でも韓国語の語彙と文法を身につけることができるようにした。

[大学生活のための韓国語]と[大学講義受講のための韓国語]、[延世大学韓国語語彙文法]教材シリーズが延世大学言語研究教育院韓国語学堂で勉強する学生たちだけではなく、韓国内で大学や大学院修学を目的とするすべての韓国語学習者たちの役に立つことを願う。

延世大学 言語研究教育院

韓国語学堂 教材編纂委員会

序言

国内最富盛名、传承了韩国语教育50年优良传统的延世大学语言研究教育院韩国语学堂以提高韩国语教育的质量为己任，编写了大量优质的教材。近年来，随着在韩国国内的大学以及研究生院学习或计划入学的外国人的增加，对以求学为目的的韩国语教材的需求也与日俱增。因此，针对以进入大学学习为目的的外国留学生，延世大学语言研究教育院韩国语学堂出版了一套进行韩国语和韩国文化教育的新教材。

本教材由《大学生活韩国语》系列和《大学听课韩国语》系列组成。《大学生活韩国语》系列用于集中提高大学生活中所需的沟通能力，由《大学生活韩国语初级1》、《大学生活韩国语初级2》、《大学生活韩国语中级1》和《大学生活韩国语中级2》组成。《大学听课韩国语》系列用于集中提高大学听课能力，由《大学听课韩国语中级1》、《大学听课韩国语中级2》和《大学听课韩国语高级》组成。

上述两套教材均属于分类型教材。《大学生活韩国语》系列以学习韩国语的各阶段中所需的内容为主题，由提高口语、听力和写作能力的各种作业和活动构成。《大学听课韩国语》系列以在大学学习的过程中所需的技能和类型为中心，由提高口语、听力、写作、阅读能力的实用的作业和活动构成。

另外，上述教材是以沟通能力为中心进行的分类，因此需要一套与此对应的、能够让学习者掌握基础语言技能的词汇语法教材。所以，此次还出版了一套词汇语法方面的教材，进而完成了面向以进入大学为目标的学习者的“延世大学韩国语词汇语法”教材。此次出版的《延世大学韩国语词汇语法》系列由初级1、初级2、中级1、中级2和高级5个阶段组成。每个阶段针对学习者应掌握的基础词汇和语法，提供了详细的说明和练习，帮助学习者掌握韩国语的词汇和语法。

最后，希望《大学生活韩国语》、《大学听课韩国语》和《延世大学韩国语词汇语法》系列教材能够为延世大学语言研究教育院韩国语学堂的学生以及计划进入韩国国内的大学以及研究生院的所有的韩国语学习者提供帮助。

延世大学语言研究教育院
韩国语学堂教材编辑委员会

- 『연세 대학한국어 어휘·문법 초급 I 』은 한국어를 처음 배우는 학습자가 꼭 알아야 할 주제를 중심으로 필수적인 어휘와 문법을 다루고 있다. 『연세 대학한국어 어휘·문법 초급 I 』에서 다루고 있는 문법은 각 항마다 2개씩 총 80개이고, 어휘는 총 621개이다. 『연세 대학한국어 어휘·문법 초급 I 』은 총 10개의 단원으로 이루어져 있고, 뒤에 부록과 어휘 색인이 붙어 있다.
- The 'Yonsei Korean Vocabulary & Grammar for University Students Beginner 1' presents vocabulary and grammar based on topics essential for the elementary level. This textbook includes 80 grammar structures (2 in each chapter) and 621 vocabulary words. It is composed of 10 chapters and includes an appendix and index of vocabulary at the end of the book.
- 「延世大学韓国語語彙文法初級1」は韓国語を初めて学ぶ学習者が必ず知っておくべきテーマを中心に必須となる語彙と文法を扱っている。「延世大学韓国語語彙文法初級1」で扱っている文法は各項ごとに2個ずつ、全80個であり、語彙は全621個である。「延世大学韓国語語彙文法初級1」は全10課の単元で成り立っており、巻末に付録と語彙索引が付いている。
- “延世大学韩国语词汇语法初级1”以常用主题为中心，收录了初学者应必备的词汇及语法知识。本教材中收录了80个语法知识点（每个版块各收录2个语法知识点）和621个词汇。本教材共由10个单元组成，书后附有附录和词汇索引。

- 각 단원은 네 개의 항으로 구성되며, 각 항은 제목, 학습 목표, 본문 대화와 삽화, 어휘, 문법, 활동의 순서로 구성된다.
- Each chapter consists of 4 lessons and each lesson is in the order of the title, objective, dialogue, illustration, vocabulary, grammar, and activities.
- 各単元は4つの項で構成され、各項はタイトル、学習目標、本文の対話とイラスト、語彙、文法、活動の順序で構成される。
- 各单元由4个板块组成，每个板块按照题目、学习目标、正文对话与插画、词汇、语法和活动的顺序排列。

- **각 항의 제목, 학습목표, 본문 대화가 제시된다.**

  각 항의 제목은 주제 관련 어휘와 문법이 드러나는 문장으로 제시된다.

  학습 목표에는 학습자들이 학습해야 할 어휘, 문법이 제시된다. 본문 대화는 각 과의 어휘와 문법을 아우르는 전형적인 대화가 보통 1~2개의 대화 쌍으로 구성되고 대화 이해를 돕는 삽화가 함께 제시된다.

- **The title of each lesson, objective, and dialogue are presented.**

  The title of each lesson presents a sentence that includes vocabulary and grammar related to the topic.

  The learning objective presents vocabulary and grammar that learners should study.

  The main dialogue consists of 1~2 question-and-answer sets which are the most typical and representative situations related to the vocabulary and grammar of the unit.

- 各項のタイトル、学習目標、本文の対話が提示される。
各項のタイトルはテーマに関連する語彙と文法があらわれる文章で提示される。
学習目標には学習者が学習しなければならない語彙、文法が提示される。
本文の対話は各課の語彙と文法を合わせる典型的な対話が普通1～2個の対話のペアで構成され、対話の理解を助けるイラストがともに提示される。

- 每个板块均给出题目、学习目标及正文对话。
各版块的题目取自能够体现主题相关词汇及语法的句子。
学习目标中给出学习者将要学习的词汇及语法。
正文对话部分展现出能够体现各课词汇及语法的典型对话，每个对话一般由1~2个话论对组成，同时，还向学习者提供了有助于理解对话内容的插画。

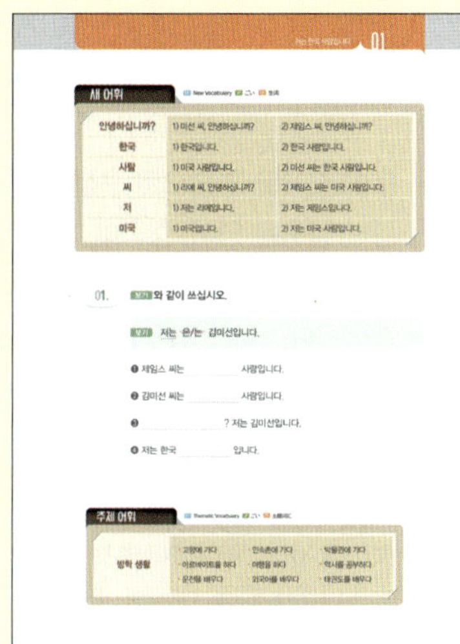

- **어휘는 본문 대화의 어휘와 주제 어휘로 나누어 제시된다.**
새 어휘는 영어, 중국어, 일어로 그 의미를 병기하여 예문으로 용례를 익힌 후에 단순 연습과 유의미한 연습을 하도록 구성된다.
주제 어휘는 어휘장이 드러나도록 분류하여 제시되고 단순 연습과 유의미한 연습을 하도록 구성된다.

- **Vocabulary shows two parts: words for the dialogue and the thematic vocabulary.**
New vocabulary are translated in English, Chinese, and Japanese. You learn the usage of the vocabulary from the examples and then practice simple questions and intensive ones.
The thematic vocabulary is categorized to show the word fields and includes questions for simple and intensive practice.

- 語彙は本文の対話の語彙とテーマ語彙で分けて提示される。
新しい語彙は英語、中国語、日本語でその意味を併記して、例文で用例を習った後に基礎練習と応用練習をするよう構成される。
テーマ語彙は単語畑(意味的に関連する語彙の集まり)があらわれるように分類して提示され、基礎練習と応用練習をするよう構成される。

- 词汇部分分成正文对话词汇及主题词汇2大部分提供给学习者。
生词部分用英语、汉语、日语三种语言给出它的词义，然后通过例句掌握其用法，最后再做一些简单的练习和应用型练习。
主题词汇部分先按照不同的词汇场进行分类，然后给出一些简单的练习和应用型练习。

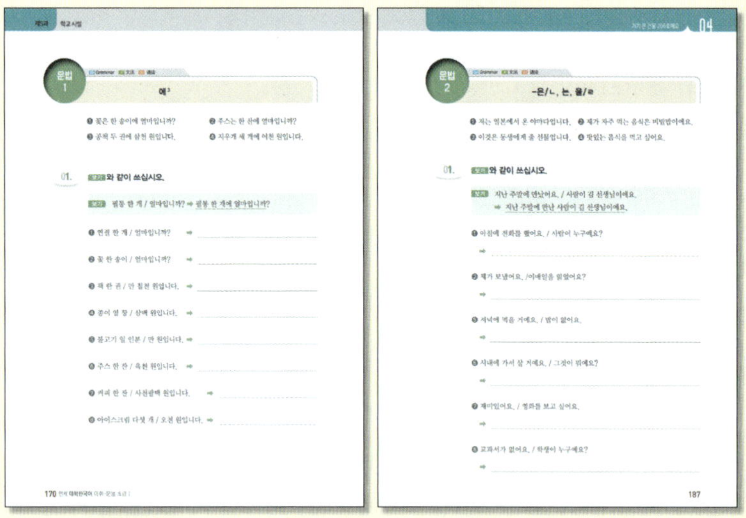

- **문법은 예문, 연습으로 구성된다.**
  문법 설명은 영어, 중국어, 일어로 제시된다.
  문법의 의미와 기능을 익힐 수 있는 예문과 단순 연습과 유의미한 연습의 두 단계의 연습을 하도록 구성된다.
- **The grammar includes examples, and practices.**
  The grammar explanation is translated in English, Chinese, and Japanese.
  Examples are presented to learn the meaning and functions of the grammar. There are two steps of practice questions through simple and intensive practice questions.
- **文法は、例文、練習で構成される。**
  文法説明は英語、中国語、日本語で提示される。
  文法の意味と機能を習える例文と基礎練習と応用練習の2段階の練習をするよう構成される。
- **语法部分由、例句和练习3部分组成。**
  语法说明用英语、汉语、日语三种语言展现出来。
  提供能够掌握语法意义与功能的例句以及一些简单的练习和应用型练习。

- **각 항의 마지막에는 활동이 있다.**
  배운 2개의 문법을 사용하여 의사소통을 할 수 있도록 구성된다.
- **Each lesson includes activities in the end.**
  Activities facilitate communication by using the two grammar structures we have learned.
- 各項の最後には活動がある。
  学んだ2つの文法を使用してコミュニケーションができるよう構成される。
- 每个版块的最后都有一个活动内容。
  让学习者使用已学过的2个语法知识点进行交流。

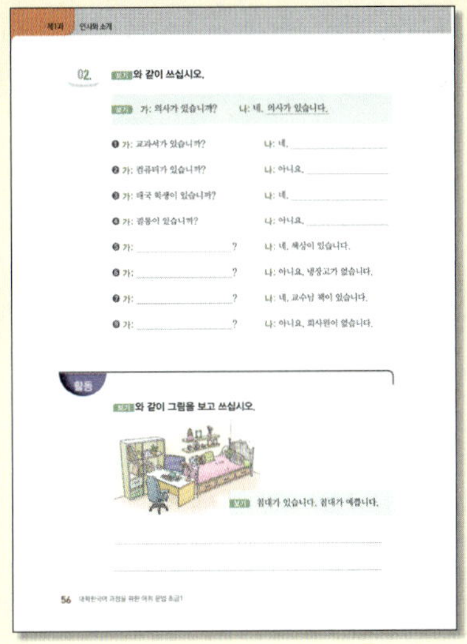

- 부록으로 숫자, 단위명사, 불규칙동사, 가계도 등 학습자가 기본적으로 알아야 하는 자료가 수록되어 있다.
- The appendix includes materials such as numbers, counting units, irregular verbs, and family tree, etc. which learners must know in the elementary level.
- 付録として数字、単位名詞、不規則動詞、家系図など、学習者が基本的に知っておくべき資料が収録されている。
- 附录中收录了学习者应该掌握的数字、单位名词、不规则动词、家庭成员关系图等资料。

- 어휘 색인에는 각 과에서 다룬 어휘가 가나다 순으로 정리되어 해당 과와 항이 함께 제시된다.
- The index of vocabulary presents the list of vocabulary covered in each lessons in the Korean alphabetical order, including the chapter and lesson in which they are used.
- 語彙索引には各課で扱った語彙がㄱㅏㄴㅏㄷㅏの順で整理され、該当する課と項がともに提示される。
- 词汇索引部分，将各单元的词汇按照“가나다”顺序进行排列，同时标出对应的单元和版块。

차례 | CONTENT | 目次 | 目次

내용 구성

과	항	제목	학습목표	새 어휘	주제 어휘		문법
1과 인사와 소개	1	한국 사람입니다	• 국적 관련 어휘를 익혀서 활용할 수 있다. • '-입니다', '은/는[1](소개)' 표현을 익혀서 활용할 수 있다.	안녕하십니까? 한국, 사람 씨, 저, 미국	국적	일본, 중국, 영국, 태국, 미국, 캐나다, 베트남, 호주, 브라질, 인도	① -입니다 ② 은/는[1](소개)
	2	제 가방이 아닙니다	• 직업 관련 어휘를 익혀서 활용할 수 있다. • '-입니까?', '이/가 아닙니다' 표현을 익혀서 활용할 수 있다.	학생, 네 이것/그것/저것 가방 아니요, 제	직업	선생님, 교수님, 기자, 가수, 회사원, 은행원, 사장님, 의사	① -입니까? ② 이/가 아닙니다
	3	한국 친구가 많습니다	• 동사 '가다, 오다, 먹다, 보다, 듣다, 이야기하다, 인사하다', 형용사 '예쁘다, 좋다, 재미있다, 반갑다, 많다'를 익혀서 활용할 수 있다. • '이/가', '-습니다' 표현을 익혀서 활용할 수 있다.	누구 제 이름 친구 많다	동사1	가다, 오다, 먹다, 보다, 듣다, 이야기하다, 인사하다,	① 이/가 ② -습니다
					형용사1	예쁘다, 좋다, 재미있다, 반갑다, 많다	
	4	미선 씨, 연필이 있습니까?	• 생활용품 사물 관련 어휘를 익혀서 활용할 수 있다. • '-습니까?, 이/가 있다, 이/가 없다' 표현을 익혀서 활용할 수 있다.	연필 있다 없다 무엇 볼펜	사물	냉장고, 의자, 달력, 책상, 침대, 컴퓨터, 필통, 책, 교과서, 공책	①-습니까? ② 이/가 있다 이/가 없다
2과 학교	1	창문은 작습니다	• 교실물건 관련 어휘와 형용사 '깨끗하다, 더럽다, 적다'를 익혀서 활용할 수 있다. • '도', '은/는[2](대조)' 표현을 익혀서 활용할 수 있다.	문 크다 창문 작다	교실물건	그림, 교실, 분필, 옷걸이, 지도, 칠판, 텔레비전, 휴지통	① 도 ② 은/는[2](대조)
					형용사2	깨끗하다. 더럽다, 적다	
	2	식당이 어디에 있습니까?	• 학교 시설물과 위치 관련 어휘를 익혀서 활용할 수 있다. • '에[1](장소)', '을/를' 표현을 익혀서 활용할 수 있다.	어디, 학교 식당, 밥 도서관, 옆	학교 시설물	강의실, 기숙사, 도서관, 서점	① 에[1](장소) ② 을/를
					위치	앞, 뒤, 위, 아래, 밑, 안, 밖, 옆	
	3	도서관에서 공부합니다	• 동사 '하다, 숙제하다, 운동하다, 음악을 듣다, 책을 읽다, 커피를 마시다'와 형용사 '넓다, 맛있다, 복잡하다, 시끄럽다, 시원하다, 싸다'를 익혀서 활용할 수 있다. • '에서', '-고[1](나열)' 표현을 익혀서 활용할 수 있다.	공부하다 어떻다 넓다 조용하다	동사2	하다, 숙제하다, 운동하다, 음악을 듣다, 책을 읽다, 커피를 마시다	① 에서 ② -고[1](나열)
					형용사3	넓다, 맛있다, 복잡하다, 시끄럽다, 시원하다, 싸다	
	4	학교 앞에서 버스를 타십시오	• 동사 '게임을 하다, 노래를 부르다, 산책을 하다, 영화를 보다, 자다'와 학교 근처 시설물 관련 어휘를 익혀서 활용할 수 있다. • '-고 싶다', '-으십시오' 표현을 익혀서 활용할 수 있다.	쇼핑 백화점 어떻게 버스 타다	동사3	게임을 하다, 노래를 부르다, 산책을 하다, 영화를 보다, 자다	① -고 싶다 ② -으십시오
					학교근처 시설물	공원, 시장, 영화관, 체육관, 커피숍	
3과 친구와 가족	1	친구가 무슨 음식을 좋아합니까?	• 형용사 '귀엽다, 멋있다, 잘생겼다, 친절하다, 머리가 길다, 머리가 짧다, 키가 크다, 키가 작다'를 익혀서 활용할 수 있다. • '무슨', '하고' 표현을 익혀서 활용할 수 있다.	아주 친절하다 음식, 좋아하다 불고기, 비빔밥 자주	형용사4	귀엽다, 멋있다, 잘생겼다, 친절하다, 머리가 길다, 머리가 짧다, 키가 크다, 키가 작다	① 무슨 ② 하고
	2	관광학을 전공하고 싶어 합니다	• 전공 관련 어휘를 익혀서 활용할 수 있다. • '에서 왔다', '-고 싶어 하다' 표현을 익혀서 활용할 수 있다.	어느, 나라 독일 , 한국어 배우다 전공하다 여행, 관광학	전공	경영학, 경제학, 국어국문학, 국제학, 언론정보영상학, 컴퓨터공학, 의학, 관광학	① 에서 왔다 ② -고 싶어 하다

과	항	제목	학습목표	새 어휘	주제 어휘		문법
3과 친구와 가족	3	형이 운동을 잘하십니까?	• 가족 명칭과 존대 어휘를 익혀서 활용할 수 있다. • '-으시', '-지 않다' 표현을 익혀서 활용할 수 있다.	형 잘하다 우리 농구 선수	가족 명칭	가족, 할아버지, 할머니, 아버지, 어머니, 언니, 오빠, 누나, 형, 동생	① -으시- ② -지 않다
					존대 어휘	계시다, 잡수시다, 드시다, 주무시다, 말씀하시다	
	4	바빠서 자주 이메일을 보내지 않습니다	• 수사와 단위명사 '명, 개, 권'을 익혀서 활용할 수 있다. • '한테, 에게', '-어서[1](이유)' 표현을 익혀서 활용할 수 있다.	전화하다 가끔, 이메일 보내다, 왜 바쁘다	수사	하나, 둘, 셋, 넷, 다섯, 열	① 한테, 에게 ② -어서[1] (이유)
					단위명사 1	명, 개, 권	
4과 일상생활	1	몇 시에 일어납니까?	• 시간 관련 어휘를 익혀서 활용할 수 있다. • '에[2](시간)', '부터~까지' 표현을 익혀서 활용할 수 있다.	몇, 시, 일어나다, 분, 쯤, 오전, 오후	시간1	언제, 아침, 점심, 저녁, 시간, 날마다 월, 며칠, 일	① 에[2](시간) ② 부터 ~ 까지
	2	저는 숙제를 하고 운동을 합니다	• 요일과 일과 관련 어휘를 익혀서 활용할 수 있다. • '-고[2](계기)', '-을 거예요[1](예정)' 표현을 익혀서 활용할 수 있다.	금요일 보통 이번 약속 명동	요일	월요일, 화요일, 수요일, 목요일, 금요일, 토요일, 일요일	① -고[2](계기) ② -을 거예요[1] (예정)
					일과	뉴스를 보다, 빨래를 하다, 세수를 하다, 이를 닦다	
	3	운동장에 가서 축구를 했습니다	• 주말 활동과 휴일 관련 어휘를 익혀서 활용할 수 있다. • '-었-', '-어서[2](계기)' 표현을 익혀서 활용할 수 있다.	지난 주말 청소 운동장 축구	주말 활동	야구를 하다, 농구를 하다, 탁구를 치다, 수영을 하다, 소풍을 가다, 아르바이트를 하다, 일하다, 쉬다	① -었- ② -어서[2](계기)
					휴일	휴일, 연휴, 휴가	
	4	토요일 11시에 기숙사 앞에서 만납시다	• 취미와 후식 관련 어휘를 익혀서 활용할 수 있다. • '-을까요?[1](제안)', '-읍시다' 표현을 익혀서 활용할 수 있다.	다음, 자전거 꽃, 구경하다 사진 , 찍다 그럼, 만나다	취미	드라마를 보다, 사진을 찍다, 자전거를 타다, 등산을 하다,	① -을까요?[1] (제안) ② -읍시다
					기호식품	우유, 주스, 차, 케이크, 아이스크림	
5과 학교 시설	1	선물을 사러 문구점에 가요	• 서적, 문구류 관련 어휘와 부사 '빨리, 일찍, 열심히, 많이'를 익혀서 활용할 수 있다. • '-어요', '-으러' 표현을 익혀서 활용할 수 있다.	선물 사다 문구점 시내	서적류, 문구류	소설책, 잡지, 사전, 종이, 지우개, 수첩, 마우스	① -어요 ② -으러
					부사	빨리, 일찍, 열심히, 많이	
	2	학교 티셔츠가 한 장에 얼마입니까?	• 쇼핑 관련 어휘와 단위 명사 '잔, 상자, 송이, 인분'을 익혀서 활용할 수 있다. • '-에[3](단위)', '-어 주다' 표현을 익혀서 활용할 수 있다.	티셔츠, 장 얼마 , 주다 포장하다 배달하다	단위명사 2	잔, 상자, 송이, 인분	① 에[3](단위) ② -어 주다
					쇼핑	꽃가게, 기념품점, 모자, 값, 계산하다	
	3	저것이 비빔냉면 이에요?	• 음식메뉴, 주문 관련 어휘와 형용사 '아프다, 피곤하다, 무겁다, 가볍다, 튼튼하다'를 익혀서 활용할 수 있다. • '-으니까', '이에요, 이/가 아니에요' 표현을 익혀서 활용할 수 있다.	메뉴, 주문하다 비빔냉면 , 맛 좀, 맵다	음식 주문	된장찌개, 물냉면, 제육볶음, 시키다	① -으니까 ② 이에요, 이/가 아니에요
					형용사 5	아프다, 피곤하다, 무겁다, 가볍다, 튼튼하다	
	4	저기 큰 건물 206호예요	• 학교 건물, 시설 관련 어휘와 동사 '살다, 찾다, 닫다, 열다, 기다리다'를 익혀서 활용할 수 있다. • '-은 (관형형)', '-는/은/을 (관형형)' 표현을 익혀서 활용할 수 있다.	저기 건물 호 층 지금	학교 건물과 시설	사무실 자료실, 컴퓨터실, 멀티미디어룸, 엘리베이터	① -은 (관형형) ② -는/은/을 (관형형)
					동사4	살다, 찾다, 닫다, 열다, 기다리다	

내용 구성

과	항	제목	학습목표	새 어휘	주제 어휘		문법
6과 학교 생활	1	수업이 어렵지만 참 재미있어요	• 수업 관련 어휘를 익혀서 활용할 수 있다. • '-지만', "ㅂ'동사.' 표현을 익혀서 활용할 수 있다.	수업, 어렵다 참, 듣기 제일	수업	듣기, 말하기, 쓰기, 읽기, 시간표, 시험, 점수, 가르치다, 배우다, 쉽다, 어렵다, 수업을 듣다	① -지만 ② 'ㅂ'동사
	2	방학에 운전과 태권도를 배웠어요	• 방학 생활 관련 어휘를 익혀서 활용할 수 있다. • '과/와 ', '-지 못하다' 표현을 익혀서 활용할 수 있다.	방학 운전 태권도 고향	방학 생활	고향에 가다, 민속촌에 가다, 박물관에 가다, 아르바이트를 하다, 여행을 하다, 역사를 공부하다, 외국어를 배우다, 운전을 배우다, 태권도를 배우다,	① 과/와 ② -지 못하다
	3	기숙사가 하숙집보다 편해요?	• 기숙사 관련 어휘와 동사 '다니다, 말하다, 시작하다, 앉다'를 익혀서 활용할 수 있다. • '-는데[1](도입)', '보다' 표현을 익혀서 활용할 수 있다.	방, 기숙사비 비싸다, 하숙집 편하다 , 더	기숙사	독서실, 샤워실, 휴게실, 세탁실, 화장실, 헬스 클럽	① -는데[1] (도입) ② 보다
					동사5	다니다, 말하다, 시작하다, 앉다	
	4	편의점에서 김밥이나 컵라면을 먹읍시다	• 편의점 관련 어휘를 익혀서 활용할 수 있다. • '-는데요[1](상황 설명)', '이나' 표현을 익혀서 활용할 수 있다.	배가 고프다 같이, 편의점 김밥, 컵라면 돈	편의점	만두, 만화책, 물, 양말, 우산, 장갑, 지갑, 소포	① -는데요[1] (상황 설명) ② 이나
7과 교통	1	똑바로 가면 빵집이 있어요	• 교통 수단 관련 어휘를 익혀서 활용할 수 있다. • '-으면', '-는 것 같다' 표현을 익혀서 활용할 수 있다.	이/그/저 근처, 빵집, 은행 똑바로, 빵	교통 수단	지하철, 버스, 택시, 기차, 케이티엑스(KTX), 고속버스, 비행기, 배	① -으면 ② -는 것 같다
	2	여기에서 공항까지 얼마나 걸려요?	• 교통 시설 관련 어휘를 익혀서 활용할 수 있다. • '에서 ~까지', '-은 것 같다' 표현을 익혀서 활용할 수 있다.	여기, 공항 얼마나, 걸리다 빠르다, 돌아가다	교통 시설	지하철역, 버스 정류장, 기차역, 고속버스 터미널, 공항, 여객 터미널, 횡단보도, 육교, 지하도, 건너다	① 에서 ~ 까지 ② -은 것 같다
	3	저쪽으로 가서 버스를 탑시다	• 장소 방향 지시어와 동사 '들어가다, 나오다, 올라가다, 내려오다, 돌아가다, 걸어가다'을 익혀서 활용할 수 있다. • '-는데 [2] (제안의 이유)', '으로 [1] (방향)' 표현을 익혀서 활용할 수 있다.	차 밀리다 갈아타다 불편하다 저쪽	장소 방향 지시어	이쪽, 그쪽, 저쪽, 왼쪽, 오른쪽	① -는데 [2] (제안의 이유) ② 으로 [1] (방향)
					동사6	들어가다, 나오다, 올라가다, 내려오다, 걸어가다	
	4	들어가지 마세요	• 교통 방법 관련 어휘를 익혀서 활용할 수 있다. • '-지 말다', '-을 것 같다' 표현을 익혀서 활용할 수 있다.	기사 대학교 도착하다 정문 내리다 세우다	교통 방법	좌회전, 우회전, 직진, 유턴, 터널, 택시 요금, 출발하다, 길이 막히다	① -지 말다 ② -을 것 같다
8과 전화	1	미안하지만 모임이 있는데요	• 전화와 시간 관련 어휘를 익혀서 활용할 수 있다. • '-은 후에', '-는데요[2](거절)' 표현을 익혀서 활용할 수 있다.	오늘, 회의 끝나다 미안하다 모임, 이따가 휴대 전화 번호	전화1	전화 번호, 연락처 전화 번호/연락처를 알다, 전화 번호/연락처를 모르다	① -은 후에 ② -는데요[2] (거절)
					시간2	어제, 오늘, 내일, 모레	
	2	가기 전에 송별회를 합시다	• 모임과 휴일 활동 관련 어휘를 익혀서 활용할 수 있다. • '-으려고 하다', '-기 전에' 표현을 익혀서 활용할 수 있다.	학기 모두 모이다 송별회 고맙다 오래	모임	동창회, 반모임, 생일 파티, 송별회, 회식	① -으려고 하다 ② -기 전에
					휴일 활동	놀이공원에 가다, 바다를 구경하다, 파티를 하다, 여행을 가다	

과	항	제목	학습목표	새 어휘	주제 어휘		문법
8과 전화	3	제가 나중에 다시 전화할게요	• 전화 관련 어휘를 익혀서 활용할 수 있다. • '-을 수 있다', '-을게요' 표현을 익혀서 활용할 수 있다.	여보세요 통화하다 손님 나중에 다시	전화2	전화하다, 전화를 드리다, 연락하다 전화가 오다, 전화를 걸다, 전화를 받다, 전화를 바꾸다, 전화를 끊다, 전화를 기다리다, 잘못 걸다	① -을 수 있다 ② -을게요
	4	잠깐만 기다리세요	• 통화 관련 어휘와 동사 '놀다, 웃다, 울다, 만들다, 빌리다, 세일하다'를 익혀서 활용할 수 있다. • '만', '-고 있다' 표현을 익혀서 활용할 수 있다.	리포트 쓰다 돕다 잠깐 알겠다	통화	통화중이다, 통화가 끝나다, 화상통화를 하다, 문자메시지를 보내다	① 만 ② -고 있다
					동사7	놀다, 웃다, 울다, 만들다, 빌리다, 세일하다	
9과 날씨 계절	1	학교에 늦게 가면 안 돼요	• 날씨 관련 어휘를 익혀서 활용할 수 있다. • '-어도 되다', '-으면 안 되다' 표현을 익혀서 활용할 수 있다.	늦게 아직 천천히 눈	날씨1	눈이 오다, 비가 오다, 눈이 내리다, 비가 내리다, 맑다, 개다, 바람이 불다, 안개가 끼다, 흐리다	① -으면 안 되다 ② -어도 되다
	2	더울 때 한국 사람들은 무슨 음식을 먹어요?	• 날씨 관련 어휘를 익혀서 활용할 수 있다. • '-는데[3](대조), -을 때' 표현을 익혀서 활용할 수 있다.	덥다 날씨 들 팥빙수	날씨2	춥다, 따뜻하다, 선선하다, 쌀쌀하다, 습도가 높다, 습도가 낮다, 기온이 높다, 기온이 낮다	① -는데[3] (대조) ② -을 때
	3	마실 물과 손수건이 있어야 해요	• 자연과 계절 관련 어휘를 익혀서 활용할 수 있다. • '-는 동안', '-어야 하다' 표현을 익혀서 활용할 수 있다.	피다, 산 경치 준비하다 땀이 나다 손수건	자연과 계절	봄, 여름, 가을, 겨울, 강, 바다, 나무, 꽃이 피다, 땀이 나다, 단풍이 들다, 길이 미끄럽다	① -는 동안 ② -어야 하다
	4	테드 씨가 스키를 잘 탈까요?	• 겨울 활동 관련 어휘를 익혀서 활용할 수 있다. • '-을까요?[2](추측)', '-을 거예요[2](추측)' 표현을 익혀서 활용할 수 있다.	스키 아마 잘 스키장 그런데 할인	겨울 활동	눈사람, 눈싸움, 스노보드, 스키, 스케이트, 스키복을 입다, 모자를 쓰다, 선글라스를 끼다, 장갑을 끼다	① -을까요?[2] (추측) ② -을 거예요[2] (추측)
10과 음식	1	비빔밥인데 아주 맛있어요	• 맛과 양념 관련 어휘를 익혀서 활용할 수 있다. • '-는데[4](소개, 도입)', '으로[2](도구, 수단)' 표현을 익혀서 활용할 수 있다.	쇠고기 , 채소 볶다 , 고추장 넣다, 비비다	맛	달다, 맵다, 짜다, 시다, 쓰다, 싱겁다	① -는데[4] (소개, 도입) ② 으로[2] (도구, 수단)
					양념	설탕, 소금, 식초, 된장, 고추장	
	2	뭘 드시겠습니까?	• 음식 관련 어휘를 익혀서 활용할 수 있다. • '-겠-[1](의지 표현, 의향)', '-어 보다(경험)' 표현을 익혀서 활용할 수 있다.	드시다 힘들다 닭갈비 정말 꼭	음식	한식, 일식, 중국 음식, 양식, 갈비탕, 김치찌개, 초밥, 탕수육, 자장면, 스테이크, 스파게티	① -겠-[1] (의지 표현, 의향) ② -어 보다(경험)
	3	삼계탕을 드신 적이 있어요?	• 형용사 '같다, 다르다, 차갑다, 기쁘다, 슬프다, 괜찮다'와 음료 관련 어휘를 익혀서 활용할 수 있다. • '이든지', '-은 적이 있다' 표현을 익혀서 활용할 수 있다.	뜨겁다 삼계탕 번 비슷하다	형용사6	같다, 다르다, 차갑다, 기쁘다, 슬프다, 괜찮다	① 이든지 ② -은 적이 있다
					음료	식혜, 인삼차, 유자차, 녹차, 카페라떼	
	4	음식이 맛있겠어요	• 식사 관련 어휘를 익혀서 활용할 수 있다. • '-겠-[2](추측)', '-으려고' 표현을 익혀서 활용할 수 있다.	식사, 그릇 들다, 상 놓다, 수저	식사예절	숟가락, 젓가락, 밥그릇, 국그릇, 반찬그릇, 앞접시 상을 차리다, 소리를 내다	① -겠-[2](추측) ② -으려고

Table of Contents

Chapter	Lesson	Title	Learning Objective	New Vocabulary	Thematic Vocabulary		Grammar
Chapter 4 Daily Life	1	What time do you wake up?	• To learn to use vocabulary words regarding time • To learn to use the expressions '에' and '부터 ~ 까지'.	What (how many) Time To wake up Minutes About (approximately) AM PM	Time1	When, morning, lunch time, evening, time, every day, month, what day(of the month), day	① 에 ² (time) ② 부터 ~ 까지
	2	I do my homework and then I exercise	• To learn to use the days of the week and vocabulary words regarding daily tasks • To learn to use the expression '-고' (order) and '-을 거예요' (future)	Friday Usually This (coming) Appointment (plan) Myungdong	Days of the Week	Monday, Tuesday, Wednesday, Thursday, Friday, Saturday, Sunday	① -고 ² (order) ② -을 거예요 ¹ (future)
					Daily Tasks	To watch the news, to do laundry, to wash your face, to brush your teeth	
	3	I went to the sports field and played soccer	• To learn to use vocabulary words relating to weekend activities and holidays • To learn to use the expressions '-었-' and '-어서' (order)	Last Weekend Clean Sports field Soccer	Weekend Activities	To play baseball, to play basketball, to play ping-pong (table tennis), to swim, to go on a picnic, to work part-time, to work, to rest	① -었- ② -어서 ² (order)
					Holidays	Holiday, long weekend, vacation	
	4	Let's meet in front of the dormitory at 11AM on Saturday	• To learn to use vocabulary words for hobbies and desserts. • To learn to use the expression '-을까요?' (proposition) and '-읍시다'.	Next Bicycle Flower To look around / sightsee/watch Picture To take (a picture) Then To meet	Hobbies	To watch a drama(tv show), to take a picture, to ride a bicycle, to go hiking	①-을까요? ¹ (proposition) ② -읍시다
					Desserts	Milk, juice, tea, cake, ice cream	
Chapter 5 School Facility	1	I am going to the stationery store to buy a gift	• To learn to use vocabulary words relating to publications and stationery products and the adverbs. • To learn to use the expressions '-어요' and '-으러'	Gift To buy Stationery store Downtown	Publications, Stationery Products	Novel, magazine, dictionary, paper, eraser, notebook, mouse	① -어요 ② -으러
					Adverbs	Quickly, early, hard/diligently, a lot	
	2	How much is a school T-shirt?	• To learn to use shopping-related vocabulary and the unit nouns2 • To learn to use the expressions '-에' and '-어 주다.'	T-shirt Jang (counting unit for shirts, paper, etc.; comparable to 'sheet') How much To give To wrap (to package) To deliver	Unit Nouns2	counting unit for cup(잔), box, counting unit for flower(송이), portions/ servings	① 에 ³ (unit) ② -어 주다
					Shopping	Florist, souvenir shop, hat, price, to calculate/pay	
	3	Is that Bibimnaengmyun?	• To learn to use vocabulary words associated with ordering food and 'Descriptive verbs 5 ' • To learn to use the expressions '-으니까,' '이에요,' '이/가 아니에요'	Menu To order Bibimnaengmyung (spicy cold noodles) Taste A bit spicy	Ordering Food	Doenjangjjigae (bean paste stew), moolnaengmyun (cold noodles in meat broth), jaeyookbokeum (spicy marinated pork), to order	① -으니까 ② 이에요, 이/가 아니에요
					Descriptive Verbs5	sick/hurt, tired, heavy, light, healthy/ strong	
	4	It is room 206 in that large building	• To learn to use vocabulary words associated with school buildings and facilities and 'Action verbs 4 ' • To learn to use the modifiers '-은' and '-은/는/을'	There Building Room nomber Floor Now	School Buildings & Facilities	Office, resource center, computer lab, multi-media room, elevator	① -은 (modifier) ② -는/은/을 (modifier)
					Action Verbs4	To live, to find, to close, to open, to wait	

Table of Contents

Chapter	Lesson	Title	Learning Objective	New Vocabulary	Thematic Vocabulary		Grammar
Chapter 6 School Life	1	The class is difficult, but it is very fun	• To learn to use class-related vocabulary words. • To learn to use the expression '지만' and the 'ㅂ verbs'	Class Difficult Very, Listening Most (-est)	Class	Listening, speaking, writing, reading, timetable, exam, score (grade), to teach, to learn, easy, difficult, to take the class	① -지만 ② 'ㅂ'동사
	2	I learned driving and Taekwondo during vacation	• To learn to use vacation-related vocabulary words • To learn to use the expressions '과/와' and '-지 못하다'	Vacation Driving Taekwondo Hometown	Vacation	To go to one's hometown, to go to the folk village, to go to the museum, to work part-time, to travel, to study history, to learn to drive, to learn a foreign language, to learn Taekwondo	① 과/와 ② -지 못하다
	3	Is the dormitory more conve-nient than a boarding house?	• To learn to use dormitory-related vocabulary words and 'Action verbs5' • To learn to use the expressions '-는데 (introduction)' and '보다'.	Room, Dormitory fee Expensive Boarding house Comfortable/ Convenient More	Dormitory	Reading room, shower room, lounge, laundry room, bathroom, gym	① -는데 [1] (introduce) ② 보다
					Action Verbs 5	To go/attend, to speak, to start, to sit	
	4	Let's eat Kimbap or instant noodles at the convenience store	• To learn to use vocabulary words that have to do with the convenience store • To learn to use the expressions '-는데요' (explaining a particular situation) and '이나'	hungry Together Convenience store Kimbap(rice wrapped in dried seaweed) Instant noodles Money (cash)	Convenience Store	Dumplings, comic book, water, socks, umbrella, gloves, wallet, parcel (package)	① -는데요 [1] (explaining a particular situation) ② 이나
Chapter 7 Transportation	1	If you go straight, there is a bakery	• To learn to use transportation-related vocabulary words • To learn to use the expressions '-으면' and '-는 것 같다'.	This/that/that (the) Nearby, Bakery Bank, Straight Bread	Transportation	Subway, bus, taxi, train, KTX, express bus, airplane, ship (boat)	① -으면 ② -는 것 같다
	2	How long does it take from here to the airport?	• To learn to use vocabulary words regarding transportation facilities • To learn to use the expressions '에서 ~ 까지' and '-은 것 같다'	Here, Airport How long To take (time) Fast To take a detout	Transportation Facilities	Subway station, bus stop, train station, express bus terminal, passenger terminal, airport, crosswalk, overpass, underpass, to cross	① 에서 ~ 까지 ② -은 것 같다
	3	Let's go over there and take the bus	• To learn to use words that indicate direction and 'Action verbs6' • To learn to use the expressions '-는데[2]' (reason for proposition) and '으로[1]' (direction)	Car To be congested To transfer Uncomfortable/ inconvenient That way/over there	Directions	This way, that way, that way, left, right	① -는데 [2] (reason for proposition) ② 으로 [1] (direction)
					Action Verbs6	To enter (go in), to exit (come out), to go up, to come down, to walk	
	4	Do not go inside	• To learn to use words referring to methods of transportation • To learn to use the expressions'-지 말다' and '-을 것 같다	Driver, University To arrive Main entrance To get off To stop (the car)	Method of Transportation	Left turn, right turn, straight, U-turn, tunnel, taxi fare, to depart, to be stuck in traffic/There is a lot of traffic	① -지 말다 ② -을 것 같다
Chapter 8 Telephone	1	I'm sorry but I have a meeting	• To learn to use vocabulary words regarding telephone and time • To learn to use the expressions '-은 후에' and '-는데요' (rejection)	Today, Conference/ meeting To end Sorry Meeting/gathering Later Cell phone Number	Telephone1	Telephone number, contact information, to know the telephone number/contact information, to not know the telephone number/contact information	① -은 후에 ② -는데요 [2] (rejection)
					Time2	Yesterday, today, tomorrow, day after tomorrow	
	2	Let's have a farewell party before you leave	• To learn to use vocabulary words related to meetings and holiday activities • To learn to use the expressions '-으려고 하다' and '-기 전에'	Semester Everyone To gather Farewell party To feel thanks to Long time	Meeting	Class reunion, class meeting, birthday party, farewell party, company dinner	① -으려고 하다 ② -기 전에
					Holiday Activities	To go to an amusement park, to take in the sights at the beach, to have a party, to go on a trip	

Chapter	Lesson	Title	Learning Objective	New Vocabulary	Thematic Vocabulary		Grammar
Chapter 8 Telephone	3	I'll call you back later	• To learn to use telephone-related vocabulary words • To learn to use the expressions '-을 수 있다' and '-을게요'	Hello To talk on the phone Guest, Later Again	Telephone2	To call, to call (honorific), to contact, to receive a call, to make a call, to answer the phone, to give the phone to someone else, to hang up the phone, to wait for a call, to dial the wrong number	① -을 수 있다 ② -을게요
	4	Please wait a moment	• To learn to use vocabulary words often used when making a telephone • To learn to use the expressions '만' and '-고 있다'	Report To write To help A moment/a short time Alright (I understand)	Making a Call	on the phone, to end a call, to video chat, to send a text message	① 만 ② -고 있다
					Action Verbs7	to play, to laugh, to cry, to make, to borrow, to be on sale	
Chapter 9 Weather & Seasons	1	I can't be late to school	• To learn to use weather-related vocabulary words • To learn to use the expressions '-으면 안 되다' and '어도 되다'	Late Still Slowly Snow	Weather1	snowing, raining, snow is falling, rain is falling, clear/sunny, clear up, wind is blowing, foggy, cloudy	① -으면 안 되다 ② -어도 되다
	2	What do Korean people eat when it is hot?	• To learn to use weather-related vocabulary words • To learn to use the expressions '-는데' (contrast) and '-을 때'	Hot, Weather Noun+s/es (plural) Patbingsoo (shaved ice with red beans)	Weather2	cold, warm, cool, chilly, humidity is high, humidity is low, temperature is high, temperature is low	① -는데 [3] (contrast) ② -을 때
	3	We must have drinking water and a handkerchief	• To learn to use vocabulary words related to nature and seasons • To learn to use the expressions '-는 동안' and -어야 하다'	To bloom Mountain Scenery To prepare To sweat Handkerchief	Nature & Seasons	spring, summer, fall, winter, river, ocean, tree, to bloom, to sweat, leaves turning color, path is slippery	① -는 동안 ② -어야 하다
	4	Do you think Ted will be good at skiing?	• To learn to use vocabulary words related to winter activities • To learn to use the expressions '-을까요?' (speculation) and '-을 거예요' (speculation)	Skiing Probably Good (well) Ski slopes But Discount	Winter Activities	Snowman, snow fight, snowboard, ski, skate, to put on a ski suit, to wear a hat, to put on sunglasses, to put on gloves	①-을까요? [2] (speculation) ② -을 거예요 [2] (speculation)
Chapter 10 Food	1	It is Bibmbap and it is very tasty	• To learn to use vocabulary words associated with tastes and seasoning • To learn to use the expressions '-는데 [4]' (introduction) and '으로[2]'	Beef Vegetables Stir-fry Gochujang (red pepper paste) To put in To mix	Tastes	sweet, spicy, salty, sour, bitter, bland/tasteless	① -는데 [4] (introduction) ② 으로 [2]
					Seasoning	sugar, salt, vinegar, doenjang (bean paste), gochujang (red pepper paste)	
	2	What would you like to eat?	• To learn to use food-related vocabulary words • To learn to use the expressions '-겠- [1]' (expressing intention, inclination) and '-어 보다' (experience)	To eat (third person, honorific) Strenuous/tough Dakkalbi (spicy stir-fried chicken) Really Certainly	Food	Korean food, Japanese food, Chinese food, Western food, kalbitang (short rib soup), kimchijjigae (kimchi stew), sushi, sweet and sour pork, jajangmyun (noodles with black soybean sauce), steak, spaghetti	① -겠- [1] (expressing intention, inclination) ② -어 보다 (experience)
	3	Have you ever eaten Samgyetang before?	• To learn to use 'Descriptive verbs6' • To learn to use the expressions '이든지' and '-은 적이 있다'	Hot Samgyetang (chicken soup with ginseng) ~ Time(s) Similar	Descriptive Verbs6	same, different, cold, happy, sad, okay	① 이든지 ② -은 적이 있다
					Beverages	sikhye (sweet rice drink), ginseng tea, citrus tea, green tea, café latte	
	4	The food seems tasty	• To learn to use vocabulary words associated with dining etiquette • To learn to use the expressions '겠-' (speculation) and '-으려고'	To eat (honorific) Bowl To lift Table To place Spoon	Dining Etiquette	spoon, chopsticks, rice bowl, soup bowl, side dish plate, serving plate, to set the table, to make a sound	① -겠- [2] (speculation) ② -으려고

内容構成

課	項	タイトル	学習目標	新しい語彙	テーマ語彙		文法
1課 挨拶と紹介	1	私は韓国人です	• 国籍に関連する語彙を習って活用することができる。 • '입니다, 은/는'(紹介)'の表現を習って活用することができる。	こんにちは 韓国 人 -さん 私 アメリカ	国籍	日本, 中国, イギリス, タイ, アメリカ, カナダ, ベトナム, オーストラリア, ブラジル, インド	① -입니다 ② 은/는[1](紹介)
	2	私のかばんではありません	• 職業に関連する語彙を習って活用することができる。 • '입니까?, 이/가 아닙니다'の表現を習って活用することができる。	学生 はい これ/それ/あれ かばん いいえ 私の	職業	先生, 教授, 記者, 歌手, 会社員, 銀行員, 社長, 医者	① -입니까? ② 이/가 아닙니다
	3	韓国の友達が多いです	• 動詞1, 形容詞1を習って活用することができる。 • '이/가, -습니다'の表現を習って活用することができる。	誰 私(が) 名前 友達 多い	動詞1	行く, 来る, 食べる, 見る, 聞く, 話す, あいさつする	① 이/가 ② -습니다
					形容詞1	きれいだ, よい, 面白い, (会えて)うれしい, 多い	
	4	ミソンさん、鉛筆がありますか	• 生活用品のものごとに関連する語彙を習って活用することができる。 • '-습니까?, 이/가 있다, 이/가 없다'の表現を習って活用することができる。	鉛筆 ある/いる ない/いない 何 ボールペン	ものごと	冷蔵庫, 椅子, カレンダー, 机, ベッド, コンピューター, ペンケース, 本, 教科書, ノート	①-습니까? ② 이/가 있다 이/가 없다
2課 学校	1	窓は小さいです	• 教室の物に関連する語彙と形容詞2を習って活用することができる。 • '도', '은/는[2](対照)'の表現を習って活用することができる。	ドア 大きい 窓 小さい	教室の物	絵, 教室, チョーク, ハンガー, 地図, 黒板, テレビ, ゴミ箱	① 도 ② 은/는[2](対照)
					形容詞2	きれい, 汚い, 少ない	
	2	食堂がどこにありますか	• 学校の施設と位置に関連する語彙を習って活用することができる。 • '에[1](場所)', '을/를'の表現を習って活用することができる。	どこ 学校 食堂 ごはん 図書館 横	学校の施設	講義室, 寄宿舎, 図書館, 本屋	① 에[1](場所) ② 을/를
					位置	前, 後, 上, 下, 下, 中, 外, 横	
	3	図書館で勉強します	• 動詞2と形容詞3を習って活用することができる。 • '에서', '-고[1](羅列)'の表現を習って活用することができる。	勉強する どうだ 広い 静かだ	動詞2	する, 宿題をする, 運動する, 音楽を聞く, 本を読む, コーヒーを飲む	① 에서 ② -고[1](羅列)
					形容詞3	広い, おいしい, 複雑だ, うるさい, 涼しい, 安い	
	4	学校の前でバスに乗ってください	• 動詞3と学校付近の施設に関連する語彙を習って活用することができる。 • '-고 싶다', '-으십시오'の表現を習って活用することができる。	ショッピング デパート どのように バス 乗る	動詞3	ゲームをする, 歌を歌う, 散歩をする, 映画を見る, 寝る	① -고 싶다 ② -으십시오
					学校付近の施設	公園, 市場, 映画館, 体育館, コーヒーショップ	
3課 友達と家族	1	友達が何の食べ物が好きですか	• 形容詞4を習って活用することができる。 • '무슨', '하고'の表現を習って活用することができる。	とても 親切だ 食べ物 好きだ プルコギ ビビンバ よく	形容詞4	かわいい, かっこいい, (顔が)かっこいい, 親切だ, 髪が長い, 髪が短い, 背が高い, 背が低い	① 무슨 ② 하고
	2	観光学を専攻したがっています	• 専攻に関連する語彙を習って活用することができる。 • '에서 왔다', '-고 싶어하다'の表現を習って活用することができる。	どの 国 ドイツ 韓国語 学ぶ 専攻する 旅行 観光学	専攻	経営学, 経済学, 国語国文学, 国際学, 言論情報映像学, コンピューター工学, 医学, 観光学	① 에서 왔다 ② -고 싶어하다

課	項	タイトル	学習目標	新しい語彙	テーマ語彙		文法
3課 友達と家族	3	お兄さんが運動がよくできますか	• 家族名称と尊敬の語彙を習って活用することができる。 • '-으시', '-지 않다'の表現を習って活用することができる。	兄 上手だ 私たち バスケットボール 選手	家族名称	家族, おじいさん, おばあさん, 父, 母, (妹から見て)姉, (妹から見て)兄, (弟から見て)姉, (弟から見て)兄, 弟(妹)	① -으시- ② -지 않다
					尊敬の語彙	いらっしゃる, 召し上がる, 召し上がる, お休みになる, おっしゃる	
	4	忙しくてメールをよく送りません	• 数詞と単位名詞1を習って活用することができる。 • '한테, 에게', '-어서'(理由)'の表現を習って活用することができる。	電話する 時々 メール 送る なぜ 忙しい	数詞	1, 2, 3, 4, 5, 10	① 한테, 에게 ② -어서[1] (理由)
					単位名詞1	-名, -個, -冊	
4課 日常生活	1	何時に起きますか	• 時間1に関連する語彙を習って活用することができる。 • '에[2](時間)', '부터 ~ 까지'の表現を習って活用することができる。	いくつ -時 起きる -分 -くらい 午前 午後	時間1	いつ, 朝, お昼, 夕方, 時間, 毎日, -月, 何日, -日	① 에[2] (時間) ② 부터 ~ 까지
	2	私は宿題をしてから運動をします	• 曜日と日課に関連する語彙を習って活用することができる。 • '-고[2](継起)', '-을 거예요'(未来)'の表現を習って活用することができる。	金曜日 ふつう 今度 約束 明洞	曜日	月曜日, 火曜日, 水曜日, 木曜日, 金曜日, 土曜日, 日曜日	① -고[2] (継起) ② -을 거예요[1] (未来)
					日課	ニュースを見る, 洗濯をする, 顔を洗う, 歯を磨く	
	3	運動場に行ってサッカーをしました	• 週末の活動と休日に関連する語彙を習って活用することができる。 • '-었-', '-어서[2](継起)'の表現を習って活用することができる。	前の- 週末 掃除 運動場 サッカー	週末の活動	野球をする, バスケットボールをする, 卓球をする, 水泳をする, ピクニックに行く, アルバイトをする, 仕事をする, 休む	① -었- ② -어서[2] (継起)
					休日	休日, 連休, 休暇	
	4	土曜日11時に寄宿舎の前で会いましょう	• 趣味とデザートに関連する語彙を習って活用することができる。 • '-을까요?'(提案)', '-읍시다'の表現を習って活用することができる。	次(の) 自転車 花 見物する 写真 撮る それでは 会う	趣味	ドラマを見る, 写真を撮る, 自転車に乗る, 登山をする	① -을까요?[1] (提案) ② -읍시다
					デザート	牛乳, ジュース, 茶, ケーキ, アイスクリーム	
5課 学校の施設	1	プレゼントを買いに文具店に行きます	• 書籍、文具類に関連する語彙と副詞を習って活用することができる。 • '-어요, -으러'の表現を習って活用することができる。	プレゼント 買う 文具店 市内	書籍類, 文具類	小説, 雑誌, 辞典, 紙, 消しゴム, 手帳, マウス	① -어요 ② -으러
					副詞	速く, 早く, 一生懸命, たくさん	
	2	学校Tシャツが1枚でいくらですか	• ショッピングに関連する語彙と単位名詞2を習って活用することができる。 • '에'(単位), -어 주다'の表現を習って活用することができる。	Tシャツ -枚 いくら くれる/あげる 包装する 配達する	単位名詞2	-杯, -箱, -束, -人分	① 에[3] (単位) ② -어 주다
					ショッピング	花屋, 記念品店, 帽子, 値段, 計算する	
	3	あれがビビン冷麺ですか	• 食べ物の注文に関連する語彙と形容詞5を習って活用することができる。 • '-으니까, 이에요, 이/가 아니에요'の表現を習って活用することができる。	メニュー 注文する ビビン冷麺 味 少し 辛い	食べ物の注文	味噌チゲ, 水冷麺, 豚肉炒め, 注文する	① -으니까 ② 이에요, 이/가 아니에요
					形容詞5	痛い, 疲れる, 重い, 軽い, 丈夫だ	
	4	あそこの大きい建物の206号です	• 学校の建物、施設に関連する語彙と動詞4を習って活用することができる。 • 冠形形'-은, -은/는/을'の表現を習って活用することができる。	あそこ 建物 -号 -階 今	学校の建物と施設	事務室, 資料室, コンピューター室, マルチメディアルーム, エレベーター	① -은 (冠形形) ② -는/은/을 (冠形形)
					動詞4	住む, 探す, 閉める, 開ける, 待つ	

内容構成

課	項	タイトル	学習目標	新しい語彙	テーマ語彙		文法
6課 学校生活	1	授業が難しいけれども、とても面白いです	• 授業に関連する語彙を習って活用することができる。 • '-지만', ''ㅂ'動詞.'の表現を習って活用することができる。	授業 難しい 本当に リスニング 一番	授業	リスニング, スピーキング, ライティング, リーディング, 時間割表, 試験, 点数, 教える, 学ぶ, 易しい, 難しい, 授業を聞く(授業を受ける)	① -지만 ② 'ㅂ'動詞
	2	学校の休みに運転とテコンドーを習いました	• 学校の休みの生活に関連する語彙を習って活用することができる。 • '과/와 ', '-지 못하다'の表現を習って活用することができる。	学校の休み 運転 テコンドー 故郷	学校の休みの生活	故郷に行く, 民俗村に行く, 博物館に行く, アルバイトをする, 旅行をする, 歴史を勉強する, 運転を習う, 外国語を学ぶ, テコンドーを習う	① 과/와 ② -지 못하다
	3	寄宿舎が下宿より楽ですか	• 寄宿舎に関連する語彙と動詞5を習って活用することができる。 • '-는데[1](導入)', '보다'の表現を習って活用することができる。	部屋 寄宿舎費 (値段が)高い 下宿 楽だ もっと	寄宿舎	読書室, シャワー室, 休憩室, 洗濯室, トイレ, ジム	① -는데[1] (導入) ② 보다
					動詞5	通う, 言う, 始める, 座る	
	4	コンビニでキムパプかカップラーメンを食べましょう	• コンビニに関連する語彙を習って活用することができる。 • '-는데요(状況説明)', '이나'の表現を習って活用することができる。	お腹がすく 一緒に コンビニ キムパプ カップラーメン お金	コンビニ	餃子, 漫画本, 水, 靴下, 傘, 手袋, 財布, 小包	① -는데요[1] (状況説明) ② 이나
7課 交通	1	まっすぐ行ったらパン屋があります	• 交通手段に関連する語彙を習って活用することができる。 • '-으면', '-는 것 같다'の表現を習って活用することができる。	この/その/あの 近所 パン屋 銀行 まっすぐ パン	交通手段	地下鉄, バス, タクシー, 汽車, 韓国高速鉄道(KTX), 高速バス, 飛行機, 船	① -으면 ② -는 것 같다
	2	ここから空港までどれくらいかかりますか	• 交通施設に関連する語彙を習って活用することができる。 • '에서 ~ 까지', '-은 것 같다'の表現を習って活用することができる。	ここ, 空港 どれくらい (時間が)かかる 速い 回り道をする	交通施設	地下鉄駅, バス停留場, 汽車駅, 高速バスターミナル, 旅客ターミナル, 空港, 横断歩道, 陸橋, 地下道, 渡る	① 에서 ~ 까지 ② -은 것 같다
	3	あちらへ行ってバスに乗りましょう	• 場所方向指示語と動詞6を習って活用することができる。 • '-는데[2](提案の理由)', '으로[1](方向)'の表現を習って活用することができる。	車 (車が)渋滞する 乗り換える 不便だ あちら	場所方向指示語	こちら, そちら, あちら, 左側, 右側	① -는데[2] (提案の理由) ② 으로[1] (方向)
					動詞6	入る, 出る, 上がる, 下りる, 歩いていく	
	4	入らないで下さい	• 交通方法に関連する語彙を習って活用することができる。 • '-지 말다', '-을 것 같다'の表現を習って活用することができる。	(バス、タクシーなどの)運転手 大学 到着する 正門 降りる (車を)止める	交通方法	左折, 右折, 直進, Uターン, トンネル, タクシー料金, 出発する, 道が渋滞する	① -지 말다 ② -을 것 같다
8課 電話	1	すみませんが集まりがあるのですが	• 電話1と時間2に関連する語彙を習って活用することができる。 • '-은 후에', '-는데요[2](拒絶)'の表現を習って活用することができる。	今日, 会議 終わる すまない 集まり あとで 携帯電話 番号	電話1	電話番号, 連絡先, 電話番号/連絡先を知っている, 電話番号/連絡先を知らない	① -은 후에 ② -는데요[2] (拒絶)
					時間2	昨日, 今日, 明日, あさって	
	2	行く前に送別会をしましょう	• 集まりと休日の活動に関連する語彙を習って活用することができる。 • '-으려고 하다', '-기 전에'の表現を習って活用することができる。	学期 みんな 集まる 送別会 ありがたい 長く	集まり	同窓会, クラス会, 誕生日パーティー, 送別会, 飲み会	① -으려고 하다 ② -기 전에
					休日の活動	遊園地に行く, 海を見物する, パーティーをする, 旅行に行く	

課	項	タイトル	学習目標	新しい語彙	テーマ語彙		文法
8課 電話	3	私があとでまた電話しますよ	• 電話2に関連する語彙を習って活用することができる。 • '-을 수 있다', '-을게요'の表現を習って活用することができる。	もしもし 通話する お客 あとで また	電話2	電話する, 電話を差し上げる, 連絡する, 電話が来る, 電話をかける, 電話を受ける, 電話を代わる, 電話を切る, 電話を待つ, (電話を)間違えてかける	① -을 수 있다 ② -을게요
	4	少々お待ちください	• 通話に関連する語彙と動詞7を習って活用することができる。 • '만', '-고 있다'の表現を習って活用することができる。	レポート 書く 助ける 少々 わかりました	通話	通話中だ, 通話が終わる, ビデオ通話をする, 携帯メールを送る	① 만 ② -고 있다
					動詞7	遊ぶ, 笑う, 泣く, 作る, 借りる, セールする	
9課 天気と季節	1	学校に遅れて行ったらいけません	• 天気1に関連する語彙を習って活用することができる。 • '-어도 되다, -으면 안 되다'の表現を習って活用することができる。	遅く まだ ゆっくり 雪	天気1	雪が降る, 雨が降る, 雪が降る, 雨が降る, 晴れている, 晴れる, 風が吹く, 霧がかかる, 曇っている	① -어도 되다 ② -으면 안 되다
	2	暑いとき韓国人は何の食べ物を食べますか	• 天気2に関連する語彙を習って活用することができる。 • '-는데[3](対照), -을 때'の表現を習って活用することができる。	暑い 天気 -たち パッピンス(かき氷)	天気2	寒い, 暖かい, 涼しい, 肌寒い, 湿度が高い, 湿度が低い, 気温が高い, 気温が低い	① -는데[3] (対照) ② -을 때
	3	飲み水とハンカチがなければいけません	• 自然と季節に関連する語彙を習って活用することができる。 • '-는 동안', '-어야 하다'の表現を習って活用することができる。	(花が)咲く 山 景色 準備する 汗をかく ハンカチ	自然と季節	春, 夏, 秋, 冬, 川, 海, 木, 花が咲く, 汗をかく, 紅葉する, 道が滑る	① -는 동안 ② -어야 하다
	4	Tedんがスキーが上手でしょうか	• 冬の活動に関連する語彙を習って活用することができる。 • '-을까요?[2](推測)', '-을 거예요[2](推測)'の表現を習って活用することができる。	スキー たぶん よく スキー場 ところで 割引	冬の活動	雪だるま, 雪合戦, スノーボード, スキー, スケート, スキー服を着る, 帽子をかぶる, サングラスをかける, 手袋をはめる	① -을까요? [2] (推測) ② -을 거예요 [2] (推測)
10課 食べ物	1	ビビンバですが、とてもおいしいです	• 味と調味料に関連する語彙を習って活用することができる。 • '-는데[4](紹介, 導入)', '으로[2]'の表現を習って活用することができる。	牛肉 野菜 いためる コチュジャン 入れる 混ぜる	味	甘い, 辛い, しょっぱい, すっぱい, 苦い, 味が薄い	① -는데 [4] (紹介, 導入) ② 으로 [2]
					調味料	砂糖, 塩, 酢, 味噌, コチュジャン	
	2	何を召し上がりますか	• 食べ物に関連する語彙を習って活用することができる。 • '-겠-[1](意志表現, 意向)', '-어 보다(経験)'の表現を習って活用することができる。	召し上がる 大変だ タッカルビ 本当 必ず(ぜひ)	食べ物	韓国料理, 日本料理, 中国料理, 洋食, カルビタン, キムチチゲ, 寿司, タンスユク(酢豚), ジャージャー麺, ステーキ, スパゲティ	① -겠- [1] (意志表現, 意向) ② -어 보다(経験)
	3	サムゲタンを召し上がったことがありますか	• 形容詞6と飲み物に関連する語彙を習って活用することができる。 • '이든지', '-은 적이 있다'の表現を習って活用することができる。	熱い サムゲタン -回 似ている	形容詞6	同じ, 違う, 冷たい, うれしい, 悲しい, 大丈夫だ	① 이든지 ② -은 적이 있다
					飲み物	シッケ(韓国式甘酒), 人参茶, ゆず茶, 緑茶, カフェラテ	
	4	料理がおいしそうです	• 食事のマナーに関連する語彙を習って活用することができる。 • '-겠-[2](推測)', '-으려고'の表現を習って活用することができる。	食事 器 持つ 卓(食卓) 置く スプーンとはし	食事のマナー	スプーン, はし, 茶碗, 汁椀, おかずの器, 取り皿, 膳を整える(食事の用意をする), 音を出す	① -겠- [2] (推測) ② -으려고

内容结构

课别	单元	题目	学习目标	生词	主题词汇		语法
第1课 打招呼和介绍	1	我是韩国人	• 能熟练使用国籍相关词汇。 • 能熟练使用"-입니다, 은/는[1](介绍)"表达方式。	你好！，韩国人 不完全名词(用于成年人的姓、姓名、名字后，表示对该人的尊敬或待遇，一般不用于长辈，用于晚辈或同事)，我，美国	国籍	日本、中国、英国、泰国、美国、加拿大、越南、澳大利亚、巴西、印度	① -입니다 ② 은/는[1](介绍)
	2	不是我的包	• 能熟练使用职业相关词汇。 • 能熟练使用"-입니까?, 이/가 아닙니다"表达方式。	学生 是(的) / 对 / 好(的) 这(个) / 那(个) / 那(个) 不是，我的	职业	老师、教授、记者、歌手、公司职员、银行职员、总经理、医生	① -입니까? ② 이/가 아닙니다
	3	韩国朋友很多	• 能熟练使用动词1,形容词1"。 • 能熟练使用"이/가, -습니다"	谁，我（的），名字 朋友，多	动词 1	去、来、吃、看、听、说、打招呼	① 이/가 ② -습니다
					形容词 1	漂亮、好、有意思、高兴、多	
	4	美善, 有铅笔吗?	• 能熟练使用生活用品相关词汇。 • 能熟练使用"-습니까?, 이/가 있다, 이/가 없다"表达方式。	铅笔，有，没有 什么，圆珠笔	东西	冰箱、椅子、挂历、桌子、床、电脑、笔筒、书、教科书、笔记本	①-습니까? ② 이/가 있다 이/가 없다
第2课 学校	1	窗户很小	• 能熟练使用教室物品相关词汇和形容词2。 • 能熟练使用"도", "은/는[2](对比)"表达方式。	门 大 窗户 小	教室物品	画、教室、粉笔、衣架、地图、黑板、电视、垃圾桶	① 도 ② 은/는[2](对比)
					形容词 2	干净、脏、少	
	2	食堂在哪儿?	• 能熟练使用学校设施和位置相关词汇。 • 能熟练使用"에(场所)", "을/를"表达方式。	哪儿 学校 食堂 饭 图书馆 旁边	学校设施	教室、宿舍、图书馆、书店	① 에[1](场所) ② 을/를
					位置	后（面）、底下、外（面）、里（面）、前（面）、旁边、上（面）	
	3	在图书馆学习	• 能熟练使用动词1和形容词3。 • 能熟练使用"에서", "-고[1](罗列)"表达方式。	学习 怎么样 宽敞 安静	动词 2	做、做作业、运动、听音乐、看书、喝咖啡	① 에서 ② -고[1](罗列)
					形容词 3	宽敞、好吃、复杂、吵、凉快、便宜	
	4	在学校前面坐公交车吧	• 能熟练使用动词3和学校附近设施相关词汇。 • 能熟练使用"-고 싶다", "-으십시오"表达方式。	购物 百货商店 怎么 公交车 坐	动词 3	玩游戏、唱歌、散步、看电影、睡觉	① -고 싶다 ② -으십시오.
					学校附近设施	公园、市场、咖啡厅、电影院、体育馆	
第3课	1	朋友喜欢什么食物?	• 熟练使用形容词4。 • 熟练使用"무슨", "하고"表达方式。	很，亲切，食物，喜欢 烤肉，拌饭，经常	形容词 4	可爱、帅、英俊、亲切、头发长、头发短、个高、个矮	① 무슨 ② 하고
	2	想读旅游学	• 熟练使用专业相关词汇。 • 熟练使用"에서 왔다", "-고 싶어하다"表达方式。	哪，国家，德国 韩国语， 学习(攻)读 旅行，旅游学	专业	经营学、经济学、国语国文学、国际学、媒体信息影像学、计算机工程学、医学、旅游学	① 에서 왔다 ② -고 싶어하다

课别	单元	题目	学习目标	生词	主题词汇		语法
第3课 朋友和家人	3	哥哥擅长运动吗？	• 熟练使用家人称呼和敬语词汇。 • 熟练使用“-으시”，“-지 않다”表达方式。	哥哥 擅长 我们 篮球 选手 / 运动员	家人称呼	家人、爷爷、奶奶、爸爸、妈妈、姐姐、哥哥、姐姐、哥哥、弟弟 / 妹妹	① -으시- ② -지 않다
					敬语词汇	“있다”的敬语-有 / 在、“먹다”的敬语-吃、“먹다 / 마시다”的敬语-吃 / 喝，“자다”的敬语-睡（觉）、“말하다”的敬语-说	
	4	因为忙所以不经常发	• 熟练使用数词和单位名词1。 • 熟练使用“한테, 에게”，“-어서 1(理由)”表达方式。	打电话，偶尔 电子邮件，发送 / 发 为什么，忙	数词	一、二、三、四、五、十	① 한테, 에게 ② -어서 1 (理由)
					单位名词1	人 / 名、个、本	
第4课 日常生活	1	几点起床？	• 熟练使用时间相关词汇1。 • 熟练使用“에 2(时间)”，“부터~까지”表达方式。	几，点，起床，左右 上午，下午	时间1	什么时候、早上、中午、晚上、时间、每天、月、几天、天	① 에 2 (时间) ② 부터 ~ 까지
	2	我做完作业后运动	• 熟练使用星期和日程相关词汇。 • 熟练使用“-고 2(契机)”，“-을 거예요 1(打算)”表达方式。	星期五 一般 这次 约会 明洞	星期	星期一、星期二、星期三、星期四、星期五、星期六、星期日	① -고 2 (契机) ② -을 거예요 1 (打算)
					日程	看新闻、洗衣服、洗脸、刷牙	
	3	去操场踢足球了	• 熟练使用周末活动和假日相关词汇。 • 熟练使用“-었-”，“-어서 2(契机)”表达方式。	上个，周末，打扫 操场，足球	周末活动	打棒球、打篮球、打乒乓球、游泳、郊游、打工、工作、休息	① -었- ② -어서 2 (契机)
					假日	假日、假期、休假	
	4	星期六11点在宿舍前面见吧	• 熟练使用爱好和茶点相关词汇。 • 熟练使用“-을까요? 1(建议)”，“-읍시다”表达方式。	下个，自行车，花，赏 照片，拍，那么，见	爱好	看电视剧、拍照、骑自行车、爬山	①-을까요? 1 (建议) ② -읍시다
					茶点	牛奶、果汁、茶、蛋糕、冰淇淋	
第5课 学校设施	1	去文具店买礼物	• 熟练使用书籍、文具类相关词汇和副词“快、早、努力、多”。 • 熟练使用“-어요, -으러”表达方式。	礼物 买 文具店 市里	书籍类、文具类	小说、杂志、词典、鼠标、纸、橡皮擦、手册	① -어요 ② -으러
					副词	快、早、努力、多	
	2	学校T恤一件多少钱？	• 熟练使用购物相关词汇和单位名词2。 • 熟练使用“-에 3, -어 주다”表达方式。	T恤，件，多少钱，给 包装，送（货）	单位名词2	杯、箱、朵、人份	① 에 3 (单位) ② -어 주다
					购物	花店、纪念品店、帽子、价格、计算	
	3	那是拌面吗？	• 熟练使用菜单、点菜相关词汇和形容词5”。 • 熟练使用“-으니까, 이에요, 이/가아니에요”表达方式	菜单，点，拌面，味道 有点儿，辣	点菜	大酱汤、冷面、辣炒猪肉、点（菜）	① -으니까 ② 이에요, 이/가 아니에요
					形容词5	不舒服、累、重、轻、结实	
	4	在那边大楼的206号	• 熟练使用学校建筑、设施相关词汇和动词4。 • 熟练使用“-은（冠形型），-는/은/을（冠形型）”表达方式。	那边，楼/建筑 号，层 / 楼，现在	学校建筑和设施	办公室资料室、微机房、多媒体室、电梯	① -은 (冠形型) ② -는/은/을 (冠形型)
					动词4	住、找、关、开、等	

内容结构

课别	单元	题目	学习目标	生词	主题词汇		语法
第6课 学校生活	1	课程难但是真的很有意思	• 熟练使用课程相关词汇。 • 熟练使用“-지만”，“‘ㅂ’动词”表达方式。	课程/上课，难 真/真的，听/听力 最	课程	听、说、读、写、时间表、考试、分数 / 成绩、教、学、容易、难、听课	① -지만 ② ‘ㅂ’동사
	2	放假期间学开车和跆拳道了	• 熟练使用假期生活相关词汇。 • 熟练使用“과/와”，“-지 못하다”表达方式。	放假/假期 开车 跆拳道 故乡/老家	假期生活	回老家、去民俗村、去博物馆、打工、旅行、学历史、学外语、学开车、学跆拳道	① 과/와 ② -지 못하다
	3	宿舍比寄宿家庭方便吗？	• 熟练使用宿舍相关词汇和动词5。 • 熟练使用“-는데[1] (导入)”，“보다”表达方式。	房间，宿舍费 贵，寄宿家庭 方便，更	宿舍	读书室、淋浴室、休息室、洗衣房、洗手间、健身房	① -는데[1] (导入) ② 보다
					动词5	上/去、说、开始、坐	
	4	在便利店吃紫菜包饭或杯面吧	• 熟练使用便利店相关词汇。 • 熟练使用“-는데요[1] (说明情况)”，“이나”表达方式。	肚子饿 一起 便利店 紫菜包饭 杯面 钱	便利店	饺子、漫画书、水、袜子、雨伞、手套、钱包、包裹	① -는데요[1] (说明情况) ② 이나
第7课 交通	1	直走就有一个面包店	• 熟练使用交通工具相关词汇。 • 熟练使用“-으면”，“-는 것 같다”表达方式。	这/那/那，附近 面包店，银行 直，面包	交通工具	地铁、公交车、出租车、火车、韩国高速铁路、高速大巴、飞机、船	① -으면 ② -는 것 같다
	2	从这儿到机场需要多长时间？	• 熟练使用交通设施相关词汇。 • 熟练使用“에서~까지”，“-은 것 같다”表达方式。	这儿，机场 多长时间，需要 快，回去	交通设施	地铁站、公交车站、火车站、高速巴士客运站、客运站、机场、人行横道、天桥、地下道、过	① 에서 ~ 까지 ② -은 것 같다
	3	去那边坐公交车吧	• 熟练使用地点方向指示语和动词6。 • 熟练使用“는데[2] (建议的理由)”，“으로(方向)”表达方式。	车，堵 换乘，不方便 那边	地点方向指示语	这边、那边、那边、左边、右边	① -는데[2] (제안의 이유) ② 으로[1] (방향)
					动词6	进去、出来、上去、下来、走着去	
	4	别进去了	• 熟练使用交通方式相关词汇。 • 熟练使用“-지 말다”，“-을 것 같다”表达方式。	司机 / 师傅，大学 到/到达，正门 下（车），停（车）	交通方式	左转、右转、直走、掉头、隧道、出租车费、出发、堵车	① -지 말다 ② -을 것 같다
第8课 电话	1	不好意思有一个聚会	• 熟练使用电话相关词汇1和时间相关词汇2。 • 熟练使用“-은 후에”，“-는데요[2] (拒绝)”表达方式。	今天，会议，结束 不好意思，聚会 一会儿，手机，号码	电话1	电话号码、联系方式、知道电话号码/联系方式、不知道电话号码/联系方式	① -은 후에 ② -는데요[2] (拒绝)
					时间2	昨天、今天、明天、后天	
	2	走之前开个送别会吧	• 熟练使用聚会和假日活动相关词汇。 • 熟练使用“-으려고 하다”，“-기 전에”表达方法。	学期，都，聚 送别会，感谢，长	聚会	同学会、班级聚会、生日派对、送别会、会餐	① -으려고 하다 ② -기 전에
					假日活动	去游乐园、看海、开派对、去旅行	
	3	我回头再给你打电话吧	• 熟练使用电话相关词汇2。 • 熟练使用“-을 수 있다”，“-을게요”表达方法。	喂 通话 客人 回头/改天 再	电话2	打电话、打电话、联系、来电话、打电话、接电话、换电话、挂电话、等电话、打错了	① -을 수 있다 ② -을게요

课别	单元	题目	学习目标	生词	主题词汇		语法
	4	请稍等	• 熟练使用通话相关词汇和动词7。 • 熟练使用"만","-고 있다"表达方式。	报告 写 帮（助） 稍（微） 知道了	通话 动词7	通话中、通话结束、视频通话、发短信 玩儿、笑、哭、做、借、打折	① 만 ② -고 있다
第9课 天气和季节	1	上学不能迟到	• 熟练使用天气相关词汇1。 • 熟练使用"-어도 되다, -으면 안 되다"表达方式。	晚 还 慢慢（慢点儿） 雪	天气1	下雪、下雨、下雪、下雨、晴、晴、刮风、起雾、阴	① -으면 안 되다 ② -어도 되다
	2	热的时候韩国人吃什么东西?	• 熟练使用天气相关词汇2。 • 熟练使用"-는데[3](对比),-을 때"表达方式。	热 天气 们 红豆刨冰	天气2	冷、暖和、凉快、凉飕飕、湿度高、湿度低、气温高、气温低	① -는데[3](对比) ② -을 때
	3	要有喝的水和手巾	• 熟练使用自然和季节相关词汇。 • 熟练使用"-는 동안","-어야 하다"表达方式。	开 山 景色 准备 出汗 手巾	自然和季节	春天、夏天、秋天、冬天、河、海、树、路滑、开花、枫叶红了、出汗	① -는 동안 ② -어야 하다
	4	테드滑雪滑得好吗?	• 熟练使用冬季活动相关词汇。 • 熟练使用"-을까요?[2](推测)","-을 거예요[2](推测)"表达方式。	滑雪 可能 好 滑雪场 但是 打折	冬季活动	雪人、雪仗、滑雪板、滑雪、滑冰、穿滑雪服、戴帽子、戴墨镜、戴手套	① -을까요? [2](推测) ② -을 거예요 [2](推测)
第10课 饮食	1	这是拌饭，很好吃	• 熟练使用味道和调料相关词汇。 • 熟练使用"-는데[4](介绍、导入)","으로[2]"表达方式。	牛肉 蔬菜 炒 辣椒酱 放 拌	味道 调料	甜、辣、咸、酸、苦、淡 砂糖、盐、醋、大酱、辣椒酱	① -는데 [4](介绍，导入) ② 으로 [2]
	2	您要吃什么?	• 熟练使用饮食相关词汇。 • 熟练使用"-겠-[1](表现意志、意向)","-어 보다(经验)"表达方式。	"먹다, 마시다"的敬语-吃/喝 累 铁板鸡 真的 一定	饮食	韩餐、日餐、中餐、西餐、排骨汤、泡菜汤、寿司、糖醋肉、炸酱面、牛排、意大利面	① -겠- [1](表现意志，意向) ② -어 보다(经验)
	3	你喝过参鸡汤吗?	• 熟练使用形容词"一样、不一样、冷淡、高兴、伤心、不错"。 • 熟练使用"이든지","-은 적이 있다"表达方式。	烫 参鸡汤 次 差不多	形容词6 饮料	一样、不一样、冷淡、高兴、伤心、不错 米酒、人参茶、柚子茶、绿茶、咖啡拿铁	① 이든지 ② -은 적이 있다
	4	食物看起来很好吃	• 熟练使用吃饭相关词汇。 • 熟练使用"-겠-[2](推测)","-으려고"表达方式。	吃饭/用餐 碗 拿 饭桌 放 箸匙	用餐礼仪	勺子、筷子、饭碗、汤碗、菜盘、布碟儿、摆饭桌、出声	① -겠- [2](推测) ② -으려고

제 1 과

인사와 소개

01 한국사람입니다
02 제 가방이 아닙니다
03 한국 친구가 많습니다
04 미선 씨, 연필이 있습니까?

01 한국 사람입니다

학습목표

- 국적 관련 어휘를 익혀서 활용할 수 있다.
- '입니다', '은/는[1] (소개)' 표현을 익혀서 활용할 수 있다.

미　선 : 안녕하십니까? 김미선입니다. 한국 사람입니다.

제임스 : 미선 씨, 안녕하십니까? 저는 제임스입니다. 미국 사람입니다.

새 어휘

EN New Vocabulary JP 新しい語彙 CH 生词

안녕하십니까?	• 미선 씨, 안녕하십니까?	• 제임스 씨, 안녕하십니까?
한국	• 한국입니다.	• 한국 사람입니다.
사람	• 미국 사람입니다.	• 미선 씨는 한국 사람입니다.
씨	• 리에 씨, 안녕하십니까?	• 제임스 씨는 미국 사람입니다.
저	• 저는 리에입니다.	• 저는 제임스입니다.
미국	• 미국입니다.	• 저는 미국 사람입니다.

01. 보기 와 같이 쓰십시오.

보기 저는 ~~은/는~~ 김미선입니다.

❶ 제임스 씨는 ________ 사람입니다.

❷ 김미선 씨는 ________ 사람입니다.

❸ ____________? 저는 김미선입니다.

❹ 저는 한국 ________ 입니다.

02. 보기 와 같이 대화를 완성하십시오.

미 선: 보기 안녕하십니까? ❶ ______ 은/는 김미선입니다.
❷ 한국 ______ 입니다.

제임스: 안녕하십니까? ❸ 미선 ______, 저는 제임스입니다.
❹ ______ 사람입니다.

주제 어휘

EN Thematic Vocabulary JP テーマ語彙 CH 主题词汇

국적	일본, 중국, 영국, 태국, 미국, 캐나다, 베트남, 호주, 브라질, 인도

01. 보기 와 같이 연결하십시오.

보기 누엔 씨　❶ 김미선 씨　❷ 야마다 씨　❸ 제임스 씨　❹ 왕웨이 씨

한국 사람　중국 사람　베트남 사람　미국 사람　일본 사람

02. 보기 와 같이 쓰십시오.

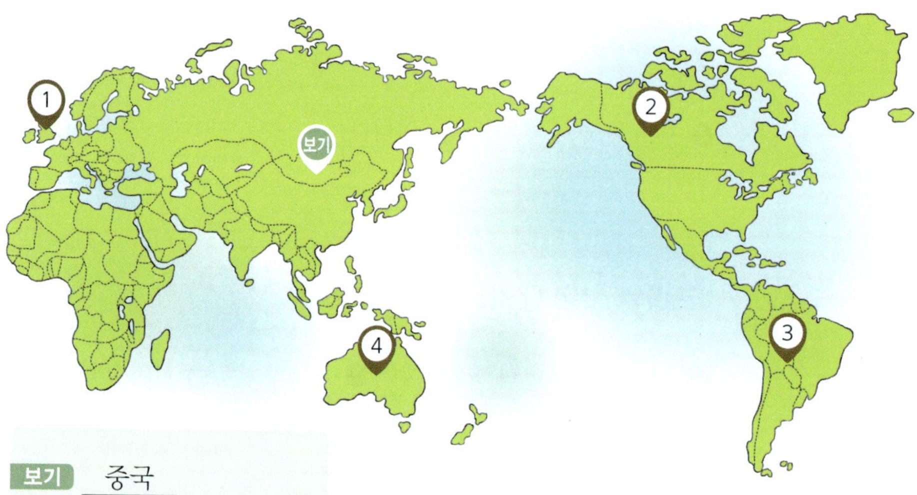

보기 중국

❶ ______________　❷ ______________

❸ ______________　❹ ______________

문법 1

EN Grammar JP 文法 CH 语法

입니다

❶ 김미선입니다. ❷ 제임스입니다.
❸ 한국 사람입니다. ❹ 미국입니다.

01. 보기 와 같이 쓰십시오.

보기 한국 ➡ 한국입니다.

❶ 태국 ➡ ______________________

❷ 브라질 ➡ ______________________

❸ 캐나다 ➡ ______________________

❹ 중국 ➡ ______________________

❺ 인도 ➡ ______________________

❻ 미국 사람 ➡ ______________________

❼ 미선 씨 ➡ ______________________

❽ 제임스 ➡ ______________________

문법 2

EN Grammar JP 文法 CH 语法

은/는[1]

❶ 누엔은 베트남 사람입니다.
❷ 김미선은 한국 사람입니다.
❸ 저는 김미선입니다.
❹ 제임스 씨는 미국 사람입니다.

01. 보기 와 같이 맞는 것에 ○ 하십시오.

보기 저(은, (는)) 왕웨이입니다.

❶ 왕웨이(은, 는) 중국 사람입니다.

❷ 야마다(은, 는) 일본 사람입니다.

❸ 누엔(은, 는) 베트남 사람입니다.

❹ 마이클(은, 는) 영국 사람입니다.

❺ 제임스 씨(은, 는) 미국 사람입니다.

❻ 원 씨(은, 는) 태국 사람입니다.

❼ 샤론(은, 는) 호주 사람입니다.

❽ 민철(은, 는) 한국 사람입니다.

02. 보기 와 같이 쓰십시오.

보기 저/ 김미선 ➡ 저는 김미선입니다.

❶ 저/ 제임스 ➡ ______

❷ 제임스/ 미국 사람 ➡ ______

❸ 리에/ 일본 사람 ➡ ______

❹ 웨이/ 중국 사람 ➡ ______

❺ 마이클/ 영국 사람 ➡ ______

❻ 윈/ 태국 사람 ➡ ______

❼ 메리 씨/ 호주 사람 ➡ ______

❽ 민철 씨/ 한국 사람 ➡ ______

활동

보기 와 같이 자기소개를 하십시오.

보기 안녕하십니까? 저는 김미선입니다. 한국 사람입니다.

______

______

02 제 가방이 아닙니다

학습목표

- 직업 관련 어휘를 익혀서 활용할 수 있다.
- '입니까?', '이/가 아닙니다' 표현을 익혀서 활용할 수 있다.

야마다 : 학생입니까?

미 선 : 네, 학생입니다.

야마다 : 이것은 미선 씨 가방입니까?

미 선 : 아니요, 제 가방이 아닙니다.

새 어휘

EN New Vocabulary JP 新しい語彙 CH 生词

학생	• 저는 학생입니다.	• 야마다는 일본 학생입니다.
네	• 가: 안녕하십니까? 나: 네, 안녕하십니까?	• 가: 미국 사람입니까? 나: 네, 미국 사람입니다.
이것/그것/저것	• 이것은 가방입니다.	• 그것은 미선 씨 가방입니다.
가방	• 저것은 학생 가방입니다.	• 이것은 제임스 씨 가방입니다.
아니요	• 가: 호주 사람입니까? 나: 아니요, 저는 미국 사람입니다.	• 가: 야마다 씨입니까? 나: 아니요, 저는 김미선입니다.
제	• 이것은 제 가방입니다.	• 제임스 씨는 제 학생입니다.

01. 보기 와 같이 쓰십시오.

보기 가: 미국 사람입니까? 나: 네 , 미국 사람입니다.

❶ 그것은 ________ 입니다.
❷ 저것은 ________ 가방입니다.
❸ 미선 씨는 ________ 입니다.
❹ 가: 왕웨이 씨, 일본 사람입니까?
나: ________, 중국 사람입니다.

02. 보기 와 같이 대화를 완성하십시오.

미선 : 야마다 씨, 보기 학생입니까?

야마다 : ❶ ________, 학생입니다.

미선 : 중국 사람입니까?

야마다 : ❷ ________, 일본 사람입니다.

미선 : 이것은 야마다 씨 ❸ ________ 입니까?

야마다 : 아니요, ❹ ________ 가방이 아닙니다. 영수 씨 가방입니다.

주제 어휘

EN Thematic Vocabulary JP テーマ語彙 CH 主題词汇

직업	선생님, 교수님, 기자, 가수, 회사원, 은행원, 사장님, 의사

01. 보기 와 같이 쓰십시오.

보기 학생

❶ ________

❷ ________

❸ ________

❹ ________

02. 보기 와 같이 쓰십시오.

보기  김미선: 김미선 씨는 학생입니다.

❶  제임스: ________________

❷  야마다: ________________

❸  왕웨이: ________________

❹  정민철: ________________

문법 1

EN Grammar JP 文法 CH 语法

입니까?

❶ 선생님입니까?

❷ 야마다 씨입니까?

❸ 이것은 가방입니까?

❹ 제임스 씨는 미국 사람입니까?

01. 보기 와 같이 쓰십시오.

보기 학생 ➡ 학생입니까?

❶ 교수님 ➡ ____________

❷ 기자 ➡ ____________

❸ 사장님 ➡ ____________

❹ 회사원 ➡ ____________

❺ 미선 씨 ➡ ____________

❻ 민철 씨 가방 ➡ ____________

❼ 한국 가수 ➡ ____________

❽ 캐나다 사람 ➡ ____________

02. 보기 와 같이 쓰십시오.

	김미선	야마다	제임스	원	왕웨이
직업	보기 학생	회사원	기자	가수	은행원
나라	한국	일본	미국	태국	중국

보기 가: 미선 씨는 학생입니까? 나: 네, 학생입니다.

❶ 가: ____________________ 나: 네, 회사원입니다.

❷ 가: ____________________ 나: 네, 일본 사람입니다.

❸ 가: ____________________ 나: 아니요, 기자입니다.

❹ 가: ____________________ 나: 네, 미국 사람입니다.

❺ 가: ____________________ 나: 아니요, 가수입니다.

❻ 가: ____________________ 나: 네, 태국 사람입니다

❼ 가: ____________________ 나: 네, 은행원입니다.

❽ 가: ____________________ 나: 아니요, 중국 사람입니다.

문법 2

EN Grammar JP 文法 CH 语法

이/가 아닙니다

❶ 저는 학생이 아닙니다.
❷ 이것은 가방이 아닙니다.
❸ 야마다 씨는 기자가 아닙니다.
❹ 장민철 씨는 가수가 아닙니다.

01. 보기 와 같이 쓰십시오.

보기 선생님입니다. ➡ 선생님이 아닙니다.

❶ 은행원입니다. ➡ ______________________

❷ 회사원입니다. ➡ ______________________

❸ 사장님입니다. ➡ ______________________

❹ 캐나다 사람입니다. ➡ ______________________

❺ 제 가방입니다. ➡ ______________________

❻ 의사입니다. ➡ ______________________

❼ 가수입니다. ➡ ______________________

❽ 제임스 씨입니다. ➡ ______________________

02. 보기 와 같이 쓰십시오.

보기

가: 학생입니까?

나: 아니요, 학생이 아닙니다.

❶ 가: 인도입니까?

나: 아니요. ______________________

❷ 가: 제임스 씨는 영국 학생입니까?

나: 아니요. ______________________

❸ 가: 정민철 씨는 교수입니까?

나: ______________________

❹ 가: 누엔 씨는 태국 사람입니까?

나: ______________________

❺ 가: 제임스 씨입니까?

나: ______________________

❻ **가:** 미선 씨는 회사원입니까?

나: ________________________________

❼ **가:** 야마다 씨는 기자입니까?

나: ________________________________

❽ **가:** 이것은 미선 씨 가방입니까?

나: ________________________________

활동

보기 와 같이 이야기하십시오.

보기

가: 미선 씨는 학생입니까?
나: 네, 저는 학생입니다.

가: 중국 사람입니까?
나: 아니요, 중국 사람이 아닙니다. 한국 사람입니다.

03 한국 친구가 많습니다

학습목표

- 동사 '가다, 오다, 먹다, 보다, 듣다, 이야기하다, 인사하다', 형용사 '예쁘다, 좋다, 재미있다, 반갑다, 많다'를 익혀서 활용할 수 있다.
- '이/가', '-습니다' 표현을 익혀서 활용할 수 있다.

선생님 : 베트남 학생이 누구입니까?
누　엔 : 제가 베트남 학생입니다. 이름은 누엔입니다.
선생님 : 미선 씨 친구입니까?
누　엔 : 네, 저는 한국 친구가 많습니다.

새 어휘

EN New Vocabulary JP 新しい語彙 CH 生词

누구	• 김미선 씨가 누구입니까?	• 중국 학생이 누구입니까?
제	• 제가 의사입니다.	• 제가 캐나다 사람입니다.
이름	• 제 이름은 마리아입니다.	• 선생님 이름은 김영선입니다.
친구	• 제 친구는 가수입니다.	• 제임스 씨는 제 친구입니다.
많다	• 중국 학생이 많습니다.	• 마이클 씨는 친구가 많습니다.

01. 보기 와 같이 쓰십시오.

보기 야마다 씨는 제 친구입니다.

❶ 제 ________ 은/는 김미선입니다.

❷ 가: 원 씨가 ________ 입니까?

나: 제 친구입니다.

❸ 가: 인도 학생이 누구입니까?

나: ________ 이/가 인도 학생입니다.

❹ 저는 중국 친구가 ____________.

02. 보기 와 같이 대화를 완성하십시오.

선생님: 누엔 씨, 보기 한국 친구가 ~~이/가~~ 누구입니까?

누 엔: 미선 씨가 제 한국 ❶ ________ 입니다.

저는 한국 친구가 ❷ ____________.

선생님: 이것은 ❸ ____________ 가방입니까?

누 엔: 일본 친구 가방입니다.

선생님: 일본 친구 ❹ ____________ 이/가 리에입니까?

누 엔: 네, 리에입니다.

주제 어휘

EN Thematic Vocabulary JP テーマ語彙 CH 主题词汇

동사1	가다, 오다, 먹다, 보다, 듣다, 이야기하다, 인사하다
형용사1	예쁘다, 좋다, 재미있다, 반갑다, 많다

01. 보기 와 같이 맞는 것에 ◯ 하십시오.

보기  먹다 (◯), 듣다 ( )

❶  보다 ( ), 가다 ( )

❷  인사하다 ( ), 좋다 ( )

❸  반갑다 ( ), 예쁘다 ( )

❹  오다 ( ), 재미있다 ( )

02. 보기 와 같이 쓰십시오.

보기 가다

❶ ________

❷ ________

❸ ________

❹ ________

문법 1

EN Grammar JP 文法 CH 语法

이/가

❶ 이것이 가방입니다.
❷ 웨이 씨가 제 친구입니다.
❸ 제가 김영수입니다.
❹ 누가 미국 사람입니까?

01. **보기** 와 같이 맞는 것을 고르십시오.

보기 저것(이, 가) 가방입니다.

❶ 마이클 씨(이, 가) 영국 사람입니다.
❷ 김미선(이, 가) 제 친구 이름입니다.
❸ 친구 이름(이, 가) 김영수입니다.
❹ 태국 사람(이, 가) 누구입니까?
❺ 가수(이, 가) 누구입니까?
❻ 친구(이, 가) 베트남 사람입니다.
❼ 사장님(이, 가) 한국 사람입니다.
❽ 일본 학생(이, 가) 리에 씨입니다.

02. **보기** 와 같이 쓰십시오.

보기 학생 이름 / 웨이입니다. ➡ 학생 이름이 웨이입니다.

❶ 제임스 씨/ 기자입니다 ➡ ______________________
❷ 은행원/ 누구입니까? ➡ ______________________
❸ 야마다 씨/ 회사원입니까? ➡ ______________________
❹ 이것/ 제 가방입니다 ➡ ______________________
❺ 미선 씨/ 학생입니다 ➡ ______________________
❻ 중국 학생/ 웨이입니다 ➡ ______________________
❼ 저/ 야마다입니다 ➡ ______________________
❽ 누구/ 인도 학생입니까? ➡ ______________________

문법 2

EN Grammar JP 文法 CH 语法

-습니다/ㅂ니다

❶ 친구가 먹습니다.

❷ 제가 갑니다.

❸ 가방이 좋습니다.

❹ 미선 씨가 예쁩니다.

01. 보기 와 같이 쓰십시오.

보기 가다 ➡ 갑니다

❶ 보다 ➡ ____________

❷ 먹다 ➡ ____________

❸ 듣다 ➡ ____________

❹ 인사하다 ➡ ____________

❺ 좋다 ➡ ____________

❻ 예쁘다 ➡ ____________

❼ 반갑다 ➡ ____________

❽ 재미있다 ➡ ____________

02. 보기 와 같이 쓰십시오.

보기  선생님이 많습니다.

❶  은행원이 ____________

❷  친구가 ____________

❸  리에가 ______________

❹  꽃이 ______________

❺  학생이 ______________

❻  미선 씨가 ______________

❼  가방이 ______________

❽  영화가 ______________

활동

보기 와 같이 친구를 소개하십시오.

보기 미선 씨는 제 친구입니다. 한국 사람입니다.
학생입니다. 미선 씨는 예쁩니다.

____

____

04 미선 씨, 연필이 있습니까?

학습목표
- 생활용품 사물 관련 어휘를 익혀서 활용할 수 있다.
- '–습니까?', '이/가 있다', '이/가 없다' 표현을 익혀서 활용할 수 있다.

리 에 : 미선 씨, 연필이 있습니까?

미 선 : 아니요, 없습니다.

리 에 : 무엇이 있습니까?

미 선 : 볼펜이 있습니다. 저는 볼펜이 많습니다.

새 어휘

EN New Vocabulary JP 新しい語彙 CH 生词

연필	• 이것이 누구 연필입니까?	• 연필이 예쁩니다.
있다	• 태국 학생이 있습니다.	• 저는 볼펜이 있습니다.
없다	• 브라질 사람이 없습니다.	• 저는 한국 친구가 없습니다.
무엇	• 그것이 무엇입니까?	• 이름이 무엇입니까?
볼펜	• 저것이 볼펜입니다.	• 볼펜이 많습니다.

01. 보기 와 같이 쓰십시오.

보기 한국 친구가 있습니다 ~~습니다/ㅂ니다~~.

❶ 브라질 사람이 ________습니다/ㅂ니다.

❷ 가: 저것이 볼펜입니까? 나: 네, ________입니다.

❸ 가: ________이/가 있습니까? 나: 아니요, ________습니다/ㅂ니다.

❹ 가: 이름이 ________입니까? 나: 제임스입니다.

02. 보기 와 같이 대화를 완성하십시오.

선생님 : 제임스 씨, 볼펜이 보기 있습니까?

제임스 : 아니요, ❶ ________습니다/ㅂ니다.

선생님 : 이것이 ❷ ________입니까?

제임스 : 연필입니다.

선생님 : 제임스 씨 연필입니까?

제임스 : 네, 제 ❸ ________입니다.

선생님 : 이것은 야마다 씨 ❹ ________입니까?

제임스 : 네, 야마다 씨 볼펜입니다.

주제 어휘

EN Thematic Vocabulary JP テーマ語彙 CH 主题词汇

사물	냉장고, 의자, 달력, 책상, 침대, 컴퓨터, 필통, 책, 교과서, 공책

01. 보기 와 같이 쓰십시오.

보기  이것은 볼펜 입니다.

❶  이것은 ________ 입니다.

❷  이것은 ________ 입니다.

❸  이것은 ________ 입니다.

❹  이것은 ________ 입니다.

02. 보기 와 같이 쓰십시오.

저는 연세대학교 학생입니다. 이것은 제  보기 필통 입니다.

❶ 이것은 제  ________ 입니다. ❷ 이것은 제  ________ 입니다.

저는 공책이 많습니다. 이것은 제  ❸ ________ 입니다. 책상이 좋습니다. 저는  ❹ ________ 이/가 없습니다.

문법 1

EN Grammar JP 文法 CH 语法

-습니까/ㅂ니까?

❶ 친구가 예쁩니까? ❷ 학생이 옵니까?

❸ 침대가 좋습니까? ❹ 누가 먹습니까?

01. 보기 와 같이 쓰십시오.

보기 회사원이 없다. ➡ 회사원이 없습니까?

❶ 기자가 오다 ➡ ______________________

❷ 선생님이 이야기하다 ➡ ______________________

❸ 학생이 인사하다 ➡ ______________________

❹ 제임스 씨가 보다 ➡ ______________________

❺ 누가 먹다 ➡ ______________________

❻ 교과서가 좋다 ➡ ______________________

❼ 책이 재미있다 ➡ ______________________

❽ 무엇이 예쁘다 ➡ ______________________

02 **보기** 가: 사장님이 갑니까?　　나: 네, 사장님이 갑니다.

❶ 

가: ____________________

나: 네, 친구가 옵니다.

❷ 

가: ____________________

나: 네, 교수님이 이야기합니다.

❸ 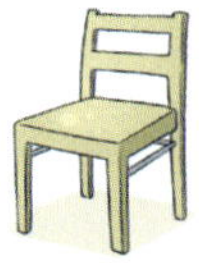

가: ____________________

나: 네, 의자가 좋습니다.

❹ 

가: 사람이 ____________________

나: 네, ____________________

❺ 

가: 책이 ____________________

나: 네, ____________________

❻ 

가: 누가 ____________________

나: 학생이 듣습니다.

❼ 

가: ____________________

나: 친구가 먹습니다.

❽ 

가: ____________________

나: 선생님이 ____________________

문법 2

EN Grammar JP 文法 CH 语法

이/가 있다, 이/가 없다

❶ 책상이 있습니다.
❷ 호주 학생이 없습니다.
❸ 저는 한국 친구가 있습니다.
❹ 미선 씨는 교과서가 없습니다.

01. 보기 와 같이 쓰십시오.

학생	기자	은행원	미선 씨	일본 가수	볼펜	달력	필통	컴퓨터
○	×	○	○	×	○	×	×	○

보기 학생이 있습니다.

❶ ______________________

❷ ______________________

❸ ______________________

❹ ______________________

❺ ______________________

❻ ______________________

❼ ______________________

❽ ______________________

02. 보기 와 같이 쓰십시오.

보기 가: 의사가 있습니까? 나: 네, 의사가 있습니다.

❶ 가: 교과서가 있습니까? 나: 네, ______________

❷ 가: 컴퓨터가 있습니까? 나: 아니요, ______________

❸ 가: 태국 학생이 있습니까? 나: 네, ______________

❹ 가: 필통이 있습니까? 나: 아니요, ______________

❺ 가: ______________ 나: 네, 책상이 있습니다.

❻ 가: ______________ 나: 아니요, 냉장고가 없습니다.

❼ 가: ______________ 나: 네, 교수님 책이 있습니다.

❽ 가: ______________ 나: 아니요, 회사원이 없습니다.

활동

보기 와 같이 그림을 보고 쓰십시오.

보기 침대가 있습니다. 침대가 예쁩니다.

____

____

제 2 과

학교

01 창문은 작습니다

학습목표

- 교실 물건 관련 어휘와 형용사 '깨끗하다, 더럽다, 적다'를 익혀서 활용할 수 있다.
- '도', '은/는[2] (대조)' 표현을 익혀서 활용할 수 있다.

영　수 : 교실 문이 큽니까?

마이클 : 네, 큽니다.

영　수 : 창문도 큽니까?

마이클 : 아니요, 창문은 작습니다.

새 어휘

EN New Vocabulary JP 新しい語彙 CH 生词

문	• 문이 있습니다.	• 이것은 문입니다.
크다	• 냉장고가 큽니다.	• 제 가방이 큽니다.
창문	• 창문이 있습니다.	• 이것이 창문입니까?
작다	• 필통이 작습니다.	• 책상이 작습니다.

01. 보기 와 같이 쓰십시오.

보기 냉장고가 큽니다. ~~습니다/ㅂ니다~~.

❶ 필통이 ________ 습니다/ㅂ니다.

❷ 침대가 ________ 습니다/ㅂ니다.

❸ ________ 이/가 작습니다.

❹ ________ 이/가 큽니다.

02. 보기 와 같이 이야기를 완성하십시오.

보기 창문이 ~~이/가~~ 있습니다. 창문이 ❶ ________ 습니다/ㅂ니다.

❷ ________ 이/가 많습니다. ❸ ________ 이/가 있습니다. 문이 ❹ ________ 습니다/ㅂ니다.

주제 어휘

EN Thematic Vocabulary JP テーマ語彙 CH 主题词汇

교실 물건	그림, 교실, 분필, 옷걸이, 지도, 칠판, 텔레비전, 휴지통
형용사2	깨끗하다, 더럽다, 적다

01. 보기 교실에 무엇이 있습니까? 보기와 같이 쓰십시오.

보기 텔레비전

❶ ____________

❷ ____________

❸ ____________

❹ ____________

02. 보기 와 같이 대화를 완성하십시오.

보기 가: 창문이 많습니까? 나: 아니요, 적습니다.

❶ 가: 교실이 더럽습니까? 나: 아니요, ____________

❷ 가: 연필이 많습니까? 나: 아니요, ____________

❸ 가: 휴지통이 깨끗합니까? 나: 아니요, ____________

❹ 가: 캐나다 학생이 많습니까? 나: 아니요, ____________

문법 1

EN Grammar JP 文法 CH 语法

도

❶ 텔레비전이 있습니다. 컴퓨터도 있습니다.

❷ 미국이 큽니다. 중국도 큽니다.

❸ 영수 씨가 인사합니다. 미선 씨도 인사합니다.

❹ 제임스 씨는 학생입니다. 마이클 씨도 학생입니다.

01. 보기 와 같이 쓰십시오.

보기 영수 씨가 갑니다. 민철 씨도 갑니다.

❶ 영수 씨는 한국 사람입니다. 민철 씨___ 한국 사람입니다.

❷ 저는 학생입니다. 제 친구___ 학생입니다.

❸ 교과서가 없습니다. 공책___ 없습니다.

❹ 야마다 씨가 인사합니다. 웨이 씨______________________

❺ 책상이 있습니다. 침대______________________

❻ 중국 학생이 많습니다. 일본 학생______________________

❼ 아마라 씨가 먹습니다. 퓨퓨 씨______________________

❽ 마이클 씨가 이야기합니다. 에리코 씨______________________

02. 보기 와 같이 쓰십시오.

보기 **가:** 민철 씨는 한국 사람입니다. 리에 씨도 한국 사람입니까?
나: 아니요, 리에 씨는 일본 사람입니다.

❶ **가:** 의자가 있습니다. 책상도 있습니까?
나: 네, ______________________________

❷ **가:** 에릭 씨가 이야기합니다. 리에 씨도 이야기합니까?
나: 네, ______________________________

❸ **가:** 마리아 씨가 듣습니다. 웨이 씨도 듣습니까?
나: 네, ______________________________

❹ **가:** 학생이 인사합니다. 선생님도 인사합니까?
나: 네, ______________________________

❺ **가:** 책이 많습니다. ______________________
나: 네, 공책도 많습니다.

❻ **가:** 원 씨가 옵니다. ______________________
나: 네, 퓨퓨 씨도 옵니다.

❼ **가:** 제임스 씨가 먹습니다. ______________________
나: 네, 야마다 씨도 먹습니다.

❽ **가:** 야마다 씨는 회사원입니다. ______________________
나: 네, 제리 씨도 회사원입니다.

문법 2

EN Grammar JP 文法 CH 语法

은/는 2

❶ 지도가 있습니다. 그림은 없습니다.

❷ 텔레비전이 있습니다. 컴퓨터는 없습니다.

❸ 중국 학생은 많습니다. 인도 학생은 적습니다.

❹ 제임스는 미국 사람입니다. 저는 한국 사람입니다.

01. **보기 와 같이 쓰십시오.**

보기 리에 씨는 일본 사람입니다. 민철 씨는 한국 사람입니다.

❶ 학생이 있습니다. 선생님___ 없습니다.

❷ 달력이 있습니다. 지도___ 없습니다.

❸ 가방은 큽니다. 필통___ 작습니다.

❹ 중국 친구가 있습니다. 태국 친구___ 없습니다.

❺ 호주 학생이 있습니다. 이집트 학생___________________

❻ 미선 씨가 이야기합니다. 제임스 씨___________________

❼ 컴퓨터는 적습니다. 텔레비전___________________

❽ 중국 학생은 많습니다. 캐나다 학생___________________

02. 보기 와 같이 쓰십시오.

보기 가: 민철 씨는 한국 사람입니다. 리에 씨도 한국 사람입니까?
나: 아니요, 리에 씨는 일본 사람입니다.

❶ 가: 의자가 있습니다. 책상도 있습니까?
나: 아니요, ______________________

❷ 가: 야마다 씨가 이야기합니다. 리에 씨도 이야기합니까?
나: 아니요, ______________________

❸ 가: 지도가 큽니다. 그림도 큽니까?
나: 아니요, ______________________

❹ 가: 중국 친구가 있습니다. 호주 친구도 있습니까?
나: 아니요, ______________________

❺ 가: 일본 학생이 많습니다. 영국 학생도 많습니까?
나: 아니요, ______________________

❻ 가: 마이클 씨는 기자입니다. 에릭 씨도 기자입니까?
나: 아니요, ______________________

❼ 가: 문이 큽니다. 창문도 큽니까?
나: 아니요, ______________________

❽ 가: 침대가 깨끗합니다. 책상도 깨끗합니까?
나: 아니요, ______________________

활동

보기 와 같이 우리 교실을 설명하십시오.

	교실		우리 교실	
	있다	없다	있다	없다
칠판	○			
책상	○			
의자	○			
컴퓨터		○		
옷걸이		○		
텔레비전		○		
휴지통	○			
지도	○			
그림		○		

보기 칠판이 있습니다. 지도도 있습니다. 그림은 없습니다.
휴지통이 있습니다. 컴퓨터는 없습니다. 옷걸이도 없습니다.

우리 교실 ______________________________

____

____

02 식당이 어디에 있습니까?

학습목표

- 학교 시설물과 위치 관련 어휘를 익혀서 활용할 수 있다.
- '에[1] (장소)', '을/를' 표현을 익혀서 활용할 수 있다.

마이클 : 미선 씨는 어디에 있습니까?
영　수 : 학교 식당에 있습니다. 밥을 먹습니다.
마이클 : 식당이 어디에 있습니까?
영　수 : 식당은 도서관 옆에 있습니다.

새 어휘

EN New Vocabulary JP 新しい語彙 CH 生词

어디	• 연세대학교가 어디입니까?	• 교실이 어디입니까?
학교	• 학교가 큽니다.	• 학교가 좋습니다.
식당	• 식당이 깨끗합니다.	• 중국 식당이 없습니다.
밥	• 저는 밥을 먹습니다.	• 밥이 많습니다.
도서관	• 도서관이 있습니다.	• 도서관이 깨끗합니다.
옆	• 지도가 칠판 옆에 있습니다.	• 제임스 씨가 미선 씨 옆에 있습니다.

01. 보기 와 같이 쓰십시오.

보기 식당이 깨끗합니다.

❶ 학생이 많습니다. ____________ 입니다.

❷ 식당입니다. ____________ 이/가 있습니다.

❸ 연세대학교가 ____________ 입니까?

❹ 책이 많습니다. ____________ 입니다.

02. 보기 와 같이 이야기를 완성하십시오.

가: 이것이 보기 도서관입니까?

나: 아니요, 도서관이 아닙니다.

가: 도서관은 ❶____________ 입니까?

나: 도서관은 식당 ❷__________ 에 있습니다.

가: 학생이 많습니다. ❸__________ 이/가 큽니까?

나: 네, 학교가 큽니다. 도서관도 큽니다. ❹__________ 도 큽니다.

주제 어휘

EN Thematic Vocabulary JP テーマ語彙 CH 主题词汇

학교 시설물	강의실, 기숙사, 도서관, 서점
위치	앞, 뒤, 위, 아래, 밑, 안, 밖, 옆

01. 보기 와 같이 쓰십시오.

보기 앞

❶ ________

❷ ________

❸ ________

❹ ________

02. 보기 와 같이 쓰십시오.

보기 학생 – 강의실 안

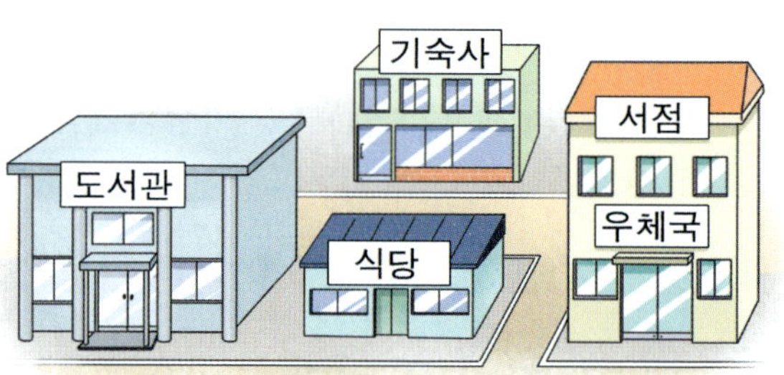

❶ 식당 – ________________

❷ 기숙사 – ________________

❸ 우체국 – ________________

❹ 서점 – ________________

문법 1

EN Grammar JP 文法 CH 语法

에[1]

❶ 학생이 강의실에 있습니다.
❷ 가방은 책상 밑에 있습니다.
❸ 텔레비전이 교실에 없습니다.
❹ 저는 도서관에 갑니다.

01. 보기 와 같이 쓰십시오.

보기 서점 / 도서관 옆 / 있습니다. ➡ 서점이 도서관 옆에 있습니다.

❶ 기숙사 / 도서관 뒤 / 있습니다. ➡ ______________________

❷ 남산 / 서울 / 있습니다. ➡ ______________________

❸ 방콕 / 태국 / 있습니다. ➡ ______________________

❹ 볼펜 / 필통 안 / 많습니다. ➡ ______________________

❺ 서울타워 / 남산 / 있습니다. ➡ ______________________

❻ 미선 씨 /식당 / 있습니다. ➡ ______________________

❼ 학생/ 강의실 안 / 없습니다. ➡ ______________________

❽ 책상 / 교실 / 많습니다. ➡ ______________________

02. 보기 와 같이 쓰십시오.

보기 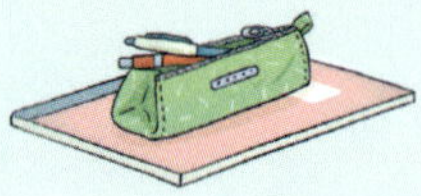 필통이 공책 위에 있습니다.

❶ ____________________

❷ ____________________

❸ ____________________

❹ ____________________

❺ ____________________

❻ ____________________

❼ ____________________

❽ ____________________

문법 2

EN Grammar JP 文法 CH 语法

을/를

❶ 저는 밥을 먹습니다.

❷ 제임스는 그림을 봅니다.

❸ 아마라는 이야기를 듣습니다.

❹ 퓨퓨는 인사를 합니다.

01. 보기 와 같이 고르십시오.

보기 선생님이 학생 (~~을~~, 를) 봅니다.

❶ 마리아 씨가 텔레비전(을, 를) 봅니다.

❷ 학생이 지도(을, 를) 봅니다.

❸ 저는 그림(을, 를) 봅니다.

❹ 영수 씨가 칠판(을, 를) 봅니다.

❺ 친구가 이야기(을, 를) 합니다.

❻ 리에 씨가 인사(을, 를) 합니다.

❼ 웨이가 밥(을, 를) 먹습니다.

❽ 마이클이 뉴스(을, 를) 듣습니다.

02. 보기 와 같이 연결하고 쓰십시오.

보기 인사 · ········ · 하다

❶ 그림 ·

❷ 지도 ·

❸ 이야기 ·

❹ 책 ·

❺ 텔레비전 ·

❻ 달력 ·

❼ 밥 ·

❽ 교과서 ·

· 먹다

· 보다

· 하다

보기 인사를 합니다.

❶ ______________________

❷ ______________________

❸ ______________________

❹ ______________________

❺ ______________________

❻ ______________________

❼ ______________________

❽ ______________________

활동

학교 안에 무엇이 있습니까? 무엇을 합니까? 보기 와 같이 쓰십시오.

보기 도서관 옆에 식당이 있습니다. 밥을 먹습니다.

____

____

____

03 도서관에서 공부합니다

학습목표
- 동사 '하다, 숙제하다, 운동하다, 음악을 듣다, 책을 읽다, 커피를 마시다'와 형용사 '넓다, 맛있다, 복잡하다, 시끄럽다, 시원하다, 싸다'를 익혀서 활용할 수 있다.
- '에서', '-고[1] (나열)' 표현을 익혀서 활용할 수 있다.

제임스 : 미선 씨, 어디에서 공부합니까?

미　선 : 도서관에서 공부합니다.

제임스 : 도서관이 어떻습니까?

미　선 : 도서관은 넓고 조용합니다.

새 어휘

EN New Vocabulary JP 新しい語彙 CH 生词

공부하다	• 저는 공부합니다.	• 미선 씨는 무엇을 공부합니까?
어떻다	• 한국이 어떻습니까?	• 교실이 어떻습니까?.
넓다	• 학교가 넓습니다.	• 도서관이 넓습니다,
조용하다	• 교실이 조용합니다.	• 서점 안이 조용합니다.

01. 보기 와 같이 쓰십시오.

보기 캐나다가 넓습니다 ~~습니다/ㅂ니다~~.

❶ 학생이 도서관에 있습니다. ________ 습니다/ㅂ니다.

❷ 리에 씨, 컴퓨터가 ________ 습니까/ㅂ니까?

❸ 강의실에 학생이 없습니다. 강의실이 ________ 습니다/ㅂ니다.

❹ 식당이 큽니다. 식당 안이 ________ 습니다/ㅂ니다.

02. 보기 와 같이 대화를 완성하십시오.

가: 학교 도서관이 보기 어떻습니까? ~~습니까?/ㅂ니까?~~

나: 도서관이 ❶ ________ 습니다/ㅂ니다. 책이 많습니다. 학생도 많습니다.

학생이 ❷ ________ 습니다/ㅂ니다. 저도 ❸ ________ 습니다/ㅂ니다.

도서관이 ❹ ________ 습니다/ㅂ니다.

주제 어휘

EN Thematic Vocabulary JP テーマ語彙 CH 主题词汇

동사2	하다, 숙제하다, 운동하다, 음악을 듣다, 책을 읽다, 커피를 마시다
형용사3	넓다, 맛있다, 복잡하다, 시끄럽다, 시원하다, 싸다

01. 보기 와 같이 쓰십시오.

보기 학교 - 공부를 합니다, 운동을 합니다.

❶ 도서관 - ________, ________

❷ 기숙사 - ________, ________

❸ 식당 - ________, ________

❹ 강의실 - ________, ________

02. 보기 와 같이 이야기를 완성하십시오.

저는 학교 도서관에 있습니다. 학교 도서관은 보기 넓습니다 ~~습니다/ㅂ니다~~.

학생이 ❶ ________ 습니다/ㅂ니다. 도서관 옆에 식당이 있습니다.

식당에 학생이 많습니다. 식당이 ❷ ________ 습니다/ㅂ니다.

식당이 ❸ ________ 습니다/ㅂ니다. 식당 밥은 ❹ ________

문법 1

EN Grammar JP 文法 CH 语法

에서

❶ 친구가 도서관에서 공부를 합니다.

❷ 저는 기숙사에서 음악을 듣습니다.

❸ 학생이 식당에서 밥을 먹습니다.

❹ 마이클 씨, 어디에서 커피를 마십니까?

01. 보기 와 같이 쓰십시오.

보기 도서관 / 숙제를 합니다. ➡ 도서관에서 숙제를 합니다.

❶ 강의실 / 컴퓨터를 합니다. ➡ ____________________

❷ 식당 / 밥을 먹습니다. ➡ ____________________

❸ 도서관 / 책을 읽습니다. ➡ ____________________

❹ 학교 / 운동을 합니다. ➡ ____________________

❺ 기숙사 / 텔레비전을 봅니다. ➡ ____________________

❻ 교실 / 이야기를 합니다. ➡ ____________________

❼ 어디 / 커피를 마십니까? ➡ ____________________

❽ 어디 / 음악을 듣습니까? ➡ ____________________

02. 보기 와 같이 쓰십시오.

보기 식당에 갑니다. 식당에서 밥을 먹습니다.

❶ 도서관에 있습니다. ______________________

❷ 학교에 있습니다. ______________________

❸ 강의실에 갑니다. ______________________

❹ 기숙사에 갑니다. ______________________

❺ 가: 마이클 씨, 어디에서 책을 읽습니까?

나: ______________________

❻ 가: 미선 씨, 어디에서 커피를 마십니까?

나: ______________________

❼ 가: 리에 씨, 어디에서 이야기를 합니까?

나: ______________________

❽ 가: 왼 씨, 어디에서 음악을 듣습니까?

나: ______________________

문법 2

EN Grammar JP 文法 CH 语法

-고[1]

❶ 교실이 크고 깨끗합니다.
❷ 미선 씨는 예쁘고 재미있습니다.
❸ 저는 공부하고 제 친구는 운동을 합니다.
❹ 영수 씨는 한국 사람이고 제임스 씨는 미국 사람입니다.

01. 보기 와 같이 쓰십시오.

보기 도서관이 넓다 / 조용합니다. ➡ 도서관이 넓고 조용합니다.

❶ 식당이 복잡하다 / 시끄럽습니다. ➡ ______________________

❷ 창문이 크다 / 깨끗합니다. ➡ ______________________

❸ 책이 재미있다 / 좋습니다. ➡ ______________________

❹ 학교 식당이 싸다 / 맛있습니다. ➡ ______________________

❺ 리에 씨 가방이 작다 / 예쁩니다. ➡ ______________________

❻ 미선 씨는 학생이다 / 제임스 씨는 기자입니다.

➡ ____

❼ 영수 씨는 운동을 하다/ 리에 씨는 숙제를 합니다.

➡ ____

❽ 마이클 씨는 책을 읽다/ 미선 씨는 음악을 듣습니다.

➡ ____

02. 보기 와 같이 쓰십시오.

보기 연세대학교가 어떻습니까? <u>넓고 깨끗합니다</u>.

❶ 가: 교실이 깨끗합니까?

나: 네, 교실이 깨끗하고 ______________________

❷ 가: 서울이 큽니까?

나: 네, 크고 ______________________________

❸ 가: 도서관이 넓습니까?

나: 네, ____________고 ________________

❹ 가: 식당이 복잡합니까?

나: 네, ____________고 ________________

❺ 가: 서점이 어떻습니까?

나: ______________고 ________________

❻ 가: 기숙사가 어떻습니까?

나: ______________고 ________________

❼ 가: 필통이 어떻습니까?

나: ________________________________

❽ 가: 선생님이 어떻습니까?

나: ________________________________

활동

학교가 어떻습니까? 보기 와 같이 이야기하십시오.

	어떻습니까?	무엇을 합니까?
기숙사	깨끗하고 좋습니다	음악을 듣습니다
강의실		
도서관		
서점		
식당		

보기 기숙사는 깨끗하고 좋습니다. 저는 기숙사에서 음악을 듣습니다.

04 학교 앞에서 버스를 타십시오

학습목표

- 동사 '게임을 하다, 노래를 부르다, 산책을 하다, 영화를 보다, 자다'와 학교 근처 시설물 관련 어휘를 익혀서 활용할 수 있다.
- '-고 싶다', '-으십시오' 표현을 익혀서 활용할 수 있다.

리　에 : 저는 쇼핑을 하고 싶습니다.

영　수 : 백화점에 가십시오.

리　에 : 어떻게 갑니까?

영　수 : 학교 앞에서 버스를 타십시오.

새 어휘

EN New Vocabulary JP 新しい語彙 CH 生词

쇼핑	• 어디에서 쇼핑을 합니까?	• 쇼핑이 재미있습니다.
백화점	• 백화점에 사람이 많습니다.	• 백화점이 넓고 깨끗합니다.
어떻게	• 학교에 어떻게 옵니까?	• 백화점에 어떻게 갑니까?
버스	• 학교 버스가 옵니다.	• 버스 안에서 이야기를 합니다
타다	• 저는 버스를 탑니다.	• 어디에서 버스를 탑니까?.

01. 보기 와 같이 쓰십시오.

보기 서울에 버스가 ~~이/가~~ 많습니다.

❶ 어디에서 버스를 ________ 습니다/ㅂ니까?

❷ 리에 씨, 학교에 ________ 갑니까?

❸ ________ 이/가 넓고 깨끗합니다.

❹ 백화점에서 ________ 을/를 합니다.

02. 보기 와 같이 대화를 완성하십시오.

가: 어디에서 보기 쇼핑을 ~~을/~~를 합니까?

나: 저는 ❶ ________ 에서 쇼핑을 합니다.

가: 백화점에 ❷ ________ 갑니까?

나: 학교 앞에서 ❸ ________ 을/를 ❹ ________ 습니다/ㅂ니다.

주제 어휘

EN Thematic Vocabulary JP テーマ語彙 CH 主题词汇

동사3	게임을 하다, 노래를 부르다, 산책을 하다, 영화를 보다, 자다
학교 근처 시설물	공원, 시장, 영화관, 체육관, 커피숍

01. 보기 와 같이 쓰십시오.

보기 산책을 하고 노래를 부릅니다. (공원)

❶ 영화를 보고 커피를 마십니다. ( )

❷ 운동을 하고 이야기를 합니다. ( )

❸ 커피를 마시고 공부를 합니다. ( )

❹ 쇼핑을 하고 밥을 먹습니다. ( )

02. 보기 와 같이 이야기를 완성하십시오.

학교에 체육관이 있습니다. 저는 체육관에서 보기 운동을 합니다. ~~습니다/ㅂ니다.~~ 학교 옆에 공원이 있습니다. 공원에서 ❶ ________ 고 ❷ ________ 습니다/ㅂ니다. 공원 안에 커피숍도 있습니다. 커피숍에서 저는 숙제를 하고 ❸ ________ 습니다/ㅂ니다. 공원 옆에 영화관이 있습니다. 영화관에서 ❹ ________ 습니다/ㅂ니다.

문법 1

EN Grammar JP 文法 CH 语法

-고 싶다

❶ 저는 음악을 듣고 싶습니다.

❷ 저는 산책을 하고 싶습니다.

❸ 리에 씨, 운동을 하고 싶습니까?

❹ 마이클 씨, 무엇을 먹고 싶습니까?

01. 보기 와 같이 쓰십시오.

보기 영화를 봅니다. ➡ 저는 영화를 보고 싶습니다.

❶ 쇼핑을 합니다. ➡ ______________________

❷ 밥을 먹습니다. ➡ ______________________

❸ 산책을 합니다. ➡ ______________________

❹ 책을 읽습니다. ➡ ______________________

❺ 텔레비전을 봅니다. ➡ ______________________

❻ 이야기를 합니다. ➡ ______________________

❼ 음악을 듣습니다. ➡ ______________________

❽ 운동을 합니다. ➡ ______________________

02. 보기 와 같이 쓰십시오.

보기 **가:** 노래를 부르고 싶습니까?
나: 네, 노래를 부르고 싶습니다.

❶ **가:** 영화를 보고 싶습니까?
나: 네, ______________________

❷ **가:** 음악을 듣고 싶습니까?
나: 네, ______________________

❸ **가:** 운동을 하고 싶습니까?
나: 아니요, ______________________

❹ **가:** 공부를 하고 싶습니까?
나: 아니요, ______________________

❺ **가:** 무엇을 먹고 싶습니까?
나: ______________________

❻ **가:** 어디에 가고 싶습니까?
나: ______________________

❼ **가:** 누구를 보고 싶습니까?
나: ______________________

❽ **가:** 어디에서 쇼핑을 하고 싶습니까?
나: ______________________

문법 2

EN Grammar JP 文法 CH 语法

-으십시오 / 십시오

❶ 교과서를 읽으십시오.
❷ 숙제를 하십시오.
❸ 노래를 부르십시오.
❹ 학교 앞에서 버스를 타십시오.

01. 보기 와 같이 쓰십시오.

보기 가다 ➡ 가십시오.

❶ 오다 ➡ ____________

❷ 인사를 하다 ➡ ____________

❸ 저것을 보다 ➡ ____________

❹ 운동을 하다 ➡ ____________

❺ 노래를 부르다 ➡ ____________

❻ 숙제를 하다 ➡ ____________

❼ 책을 읽다 ➡ ____________

❽ 이야기를 하다 ➡ ____________

02. 보기 와 같이 쓰십시오.

보기 도서관이 조용합니다. 도서관에서 공부하십시오.

❶ 영화가 재미있습니다. ________________

❷ 체육관이 있습니다. ________________

❸ 책이 재미있습니다. ________________

❹ 김 미선 씨입니다. ________________

❺ 텔레비전이 재미있습니다. ________________

❻ 버스가 옵니다. ________________

❼ 게임이 재미있습니다. ________________

❽ 숙제가 많습니다. ________________

활동

서울에서 어디에 가고 싶습니까? 보기 와 같이 이야기하십시오.

보기 남대문 시장에 가고 싶습니다. 남대문 시장이 큽니다.
사람이 많습니다. 식당도 많습니다.
시장에서 쇼핑도 하고 밥도 먹고 싶습니다.
여러분도 남대문 시장에 가십시오.

제3과

친구와 가족

01 친구가 무슨 음식을 좋아합니까?

02 관광학을 전공하고 싶어 합니다

03 형이 운동을 잘하십니까?

04 바빠서 이메일을 자주 보내지 않습니다

01 친구가 무슨 음식을 좋아합니까?

학습목표

- 형용사 '귀엽다, 멋있다, 잘생겼다, 친절하다, 머리가 길다, 머리가 짧다, 키가 크다, 키가 작다'를 익혀서 활용할 수 있다.
- '무슨', '하고' 표현을 익혀서 활용할 수 있다.

영 수 : 원 씨, 친구가 어떻습니까?
원 : 아주 친절합니다.
영 수 : 친구가 무슨 음식을 좋아합니까?
원 : 친구가 불고기하고 비빔밥을 자주 먹습니다.

새 어휘

EN New Vocabulary JP 新しい語彙 CH 生词

아주	• 도서관이 아주 조용합니다.	• 책상 위에 책이 아주 많습니다.
친절하다	• 선생님이 친절합니다.	• 제 친구가 친절하고 재미있습니다.
음식	• 한국 음식이 맛있습니다.	• 친구가 중국 음식을 먹습니다.
좋아하다	• 저는 음악을 좋아합니다.	• 제 친구는 커피를 좋아합니다.
불고기	• 불고기는 한국 음식입니다.	• 저는 불고기를 먹고 싶습니다.
비빔밥	• 비빔밥이 아주 맛있습니다.	• 친구가 식당에서 비빔밥을 먹습니다.
자주	• 친구가 공원에 자주 갑니다.	• 저는 노래를 자주 부릅니다.

01. 보기 와 같이 쓰십시오.

보기 비빔밥은 한국 음식입니다.

❶ 영화가 ________ 재미있습니다.

❷ 리에 씨가 음악을 ________ 듣습니다.

❸ 한국 친구가 ________고 재미있습니다.

❹ 저는 운동을 ________습니다/ㅂ니다.

02. 보기 와 같이 이야기를 완성하십시오.

저는 식당에 보기 자주 갑니다. 식당에서 ❶ ________, ❷ ________ 을/를 먹습니다. 한국 음식이 ❸ ________ 맛있습니다. 저는 한국 음식을 ❹ ________습니다/ㅂ니다.

주제 어휘

EN Thematic Vocabulary JP テーマ語彙 CH 主题词汇

형용사4	귀엽다, 멋있다, 잘생겼다, 친절하다, 머리가 길다, 머리가 짧다, 키가 크다, 키가 작다

*길다 : 부록 3 'ㄹ 동사' 참고

01. 보기 와 같이 연결하십시오.

마이클 유리 영수 진아

보기 키가 크다 ------------------ 마이클

❶ 머리가 길다 ·
❷ 머리가 짧다 ·
❸ 친절하다 ·
❹ 귀엽다 ·

· 유리
· 영수
· 진아

02. 보기 와 같이 이야기를 완성하십시오.

저는 친구가 많습니다. 미국 친구 마이클은 키가 보기 크고 멋있습니다. 머리는 ❶ ________ 습니다/ㅂ니다. 일본 친구 유리는 머리가 ❷ ________ 고 예쁩니다. 영수는 아주 ❸ ________ 고 잘생겼습니다. 중국 친구 진아는 키가 작고 ❹ ________ 습니다/ㅂ니다.

문법 1

EN Grammar JP 文法 CH 语法

무슨

❶ 무슨 운동을 좋아합니까?
❷ 무슨 음악을 듣습니까?
❸ 무슨 음식을 먹고 싶습니까?
❹ 무슨 책을 읽고 싶습니까?

01. 보기 와 같이 쓰십시오.

보기 음악을 좋아합니까? ➡ 무슨 음악을 좋아합니까?

❶ 공부를 합니까? ➡ ____________________

❷ 음식을 먹습니까? ➡ ____________________

❸ 영화를 봅니까? ➡ ____________________

❹ 커피를 마십니까? ➡ ____________________

❺ 책을 읽습니까? ➡ ____________________

❻ 이야기를 합니까? ➡ ____________________

❼ 노래가 좋습니까? ➡ ____________________

❽ 게임이 재미있습니까? ➡ ____________________

02. 보기 와 같이 쓰십시오.

보기 가: 무슨 음식을 먹습니까?
나: 한국 음식을 먹습니다.

❶ 가: ______________________

나: 중국 음식이 있습니다.

❷ 가: ______________________

나: 읽기 책을 읽습니다.

❸ 가: ______________________

나: 액션 영화를 자주 봅니다.

❹ 가: ______________________

나: 힙합을 자주 듣습니다.

❺ 가: ______________________

나: 한국 노래를 부릅니다.

❻ 가: ______________________

나: 스타크래프트 게임을 합니다.

❼ 가: ______________________

나: 테니스가 재미있습니다.

❽ 가: ______________________

나: 아메리카노 커피가 맛있습니다.

문법 2

EN Grammar JP 文法 CH 语法

하고

❶ 책상하고 칠판이 있습니다.

❷ 중국 학생하고 일본 학생이 많습니다.

❸ 저는 불고기하고 비빔밥을 먹고 싶습니다.

❹ 미선 씨는 리에 씨하고 같이 쇼핑합니다.

01. 보기 와 같이 쓰십시오.

보기 책 / 공책이 있습니다. ➡ 책하고 공책이 있습니다.

❶ 옷 / 가방이 있습니다. ➡ ____________

❷ 침대 / 냉장고가 없습니다. ➡ ____________

❸ 교과서 / 필통이 책상 위에 있습니다. ➡ ____________

❹ 기숙사 / 강의실이 넓습니다. ➡ ____________

❺ 백화점 / 시장이 복잡합니다. ➡ ____________

❻ 그림 / 지도를 보십시오. ➡ ____________

❼ 한국 노래 / 중국 노래를 듣습니다. ➡ ____________

❽ 태국 / 베트남에 가고 싶습니다. ➡ ____________

02. 보기 와 같이 쓰십시오.

보기 가: 가방 안에 무엇이 있습니까?
나: 가방 안에 교과서하고 필통이 있습니다.

❶ 가: 누가 인사합니까? (미선 씨, 제임스 씨)
나: ______________________________

❷ 가: 어디가 조용합니까? (도서관, 서점)
나: ______________________________

❸ 가: 교실에 무엇이 있습니까?
나: ______________________________

❹ 가: 어느 나라 학생이 있습니까?
나: ______________________________

❺ 가: 창문 옆에 무엇이 있습니까?
나: ______________________________

❻ 가: 강의실에서 누가 이야기합니까?
나: ______________________________

❼ 가: 무슨 음식을 좋아합니까?
나: ______________________________

❽ 가: 무슨 노래를 자주 듣습니까?
나: ______________________________

활동

여러분의 친구는 어떻습니까? 보기 와 같이 대화하십시오.

보기 **가:** 한국 친구가 있습니까?
나: 네, 한 명 있습니다.

가: 친구가 어떻습니까?
나: 키가 크고 멋있습니다. 머리는 짧습니다.
아주 친절하고 재미있습니다.

가: 친구가 무슨 음식을 좋아합니까?
나: 불고기하고 비빔밥을 좋아합니다.

02 관광학을 전공하고 싶어 합니다

학습목표
- 전공 관련 어휘를 익혀서 활용할 수 있다.
- '에서 왔다', '-고 싶어 하다' 표현을 익혀서 활용할 수 있다.

영 수 : 친구가 어느 나라에서 왔습니까?

원 : 독일에서 왔습니다. 친구도 한국어를 배웁니다.

영 수 : 친구는 무엇을 전공하고 싶어합니까?

원 : 친구가 여행을 좋아합니다. 관광학을 전공하고 싶어 합니다.

새 어휘

EN New Vocabulary JP 新しい語彙 CH 生词

어느	• 어느 학교에서 공부합니까?	• 어느 영화를 보고 싶습니까?
나라	• 나라가 아주 많습니다.	• 어느 나라 사람입니까?
독일	• 친구는 독일 사람입니다.	• 저는 독일에 가고 싶습니다.
한국어	• 한국어가 재미있습니다.	• 윈 씨는 도서관에서 한국어를 공부합니다.
배우다	• 저는 한국어를 배웁니다.	• 어디에서 중국어를 배웁니까?
전공하다	• 저는 음악을 전공합니다.	• 무엇을 전공하고 싶습니까?
여행	• 저는 여행을 자주 합니다.	• 인도에 여행을 가고 싶습니다.
관광학	• 슈테판 씨 전공은 관광학입니다.	• 관광학 공부가 아주 재미있습니다.

01. 보기 와 같이 쓰십시오.

보기 저는 관광학을 배웁니다 ~~습니다/ㅂ니다~~.

❶ 마이클 씨는 ________ 나라 사람입니까?

❷ 저는 한국을 좋아합니다. ________ 을/를 공부합니다.

❸ 저는 제주도에 ________ 을/를 가고 싶습니다.

❹ 윈 씨는 음악을 ________ 습니다/ㅂ니다.

02. 보기 와 같이 대화를 완성하십시오.

가: 보기 여행을 ~~을/를~~ 좋아합니까?

나: 네, 여행을 아주 좋아합니다. ❶ ________ 을/를 전공합니다.

가: 어느 ❷ ________ 에 여행을 가고 싶습니까?

나: ❸ ________ 에 가고 싶습니다. 독일어를 ❹ ________ 습니다/ㅂ니다.

주제 어휘

EN Thematic Vocabulary JP テーマ語彙 CH 主题词汇

전공	경영학, 경제학, 국어국문학, 국제학, 언론정보영상학, 컴퓨터공학, 의학, 관광학

01. 보기 와 같이 연결하십시오.

보기 국어국문학 ---------------- 국문학 교수

❶ 의학 •	• 사장
❷ 경영학 •	• 의사
❸ 컴퓨터공학 •	• 기자
❹ 언론정보영상학 •	• 컴퓨터프로그래머

02. 보기 와 같이 이야기를 완성하십시오.

보기 저는 은행에서 일하고 싶습니다. 경제학을 ~~을/를~~ 전공합니다.

슈테판 씨는 여행을 좋아합니다. ❶ ____________ 을/를 전공합니다. 제임스 씨는 뉴스 프로그램을 좋아합니다. ❷ ____________ 을/를 전공합니다. 영수 씨는 컴퓨터 책을 많이 읽습니다. ❸ ____________ 을/를 전공합니다. 야마다 씨는 영어를 아주 잘합니 다. 일본하고 한국, 중국 경제를 공부합니다. ❹ ____________ 을/를 전공합니다.

문법 1

EN Grammar JP 文法 CH 语法

에서 왔다

❶ 저는 일본에서 왔습니다.
❷ 민철 씨는 부산에서 왔습니다.
❸ 마이클 씨는 어디에서 왔습니까?
❹ 원 씨는 어느 나라에서 왔습니까?

01. 보기 와 같이 쓰십시오.

보기 저 / 캐나다 ➡ 저는 캐나다에서 왔습니다.

❶ 저 / 중국 ➡ ____________________

❷ 제 친구 / 호주 ➡ ____________________

❸ 제임스 씨 / 미국 ➡ ____________________

❹ 슈테판 씨 / 독일 ➡ ____________________

❺ 야마다 씨 / 일본 ➡ ____________________

❻ 미선 씨 친구 / 브라질 ➡ ____________________

❼ 원 씨 친구 / 베트남 ➡ ____________________

❽ 제 교수님 / 인도 ➡ ____________________

02. 보기 와 같이 쓰십시오.

보기 가: 제임스 씨, 어느 나라에서 왔습니까?
나: 저는 미국에서 왔습니다.

❶ 가: 에릭 씨, 어느 나라에서 왔습니까?
나: 저는 영국에서 ____________________

❷ 가: 리에 씨, 어느 나라에서 왔습니까?
나: 저는 일본 ____________________

❸ 가: 슈테판 씨는 어디에서 왔습니까?
나: 슈테판 씨는 독일 ____________________

❹ 가: 마리아 씨는 러시아에서 왔습니까?
나: 네, 저는 ____________________

❺ 가: 웨이 씨, 중국 사람입니까?
나: 네, 저는 중국에서 ____________________

❻ 가: 윈 씨, 태국 사람입니까?
나: 네, 저는 ____________________

❼ 가: 야마다 씨, 어디____________________
나: 저는 ____________________

❽ 가: __________ 씨, ____________________
나: ____________________

문법 2

EN Grammar JP 文法 CH 语法

-고 싶어 하다

❶ 친구가 자고 싶어 합니다.
❷ 윈 씨가 호주에 가고 싶어 합니다.
❸ 학생이 책을 읽고 싶어 합니다.
❹ 제임스 씨가 불고기를 먹고 싶어 합니다.

01. 보기 와 같이 쓰십시오.

보기 친구가 노래하다 ➡ 친구가 노래하고 싶어 합니다.

❶ 리에 씨가 산책을 하다 ➡ ____________________

❷ 영수 씨가 영화를 보다 ➡ ____________________

❸ 웨이 씨가 음악을 듣다 ➡ ____________________

❹ 마이클 씨가 책을 읽다 ➡ ____________________

❺ 김 선생님이 커피를 마시다 ➡ ____________________

❻ 중국 학생이 한국어를 배우다 ➡ ____________________

❼ 제 친구가 공원에 가다 ➡ ____________________

❽ 야마다 씨가 경제학을 전공하다 ➡ ____________________

02. 보기 와 같이 쓰십시오.

보기 영수: 밥을 먹고 싶습니다.
➡ 영수 씨가 밥을 먹고 싶어 합니다.

❶ **야마다:** 숙제를 하고 싶습니다.

➡ 야마다 씨가 ______________________________

❷ **원:** 노래를 부르고 싶습니다.

➡ 원 씨가 ______________________________

❸ **웨이:** 한국 음악을 듣고 싶습니다.

➡ ______________________________

❹ **마이클:** 도서관에 가고 싶습니다.

➡ ______________________________

❺ **가:** 미선 씨가 공원에서 무엇을 하고 싶어 합니까?

나: ______________________________

❻ **가:** 리에 씨가 백화점에서 무엇을 하고 싶어 합니까?

나: ______________________________

❼ **가:** 친구가 커피숍에서 무엇을 하고 싶어 합니까?

나: ______________________________

❽ **가:** 제임스 씨가 도서관에서 무엇을 하고 싶어 합니까?

나: ______________________________

활동

여러분 친구는 무엇을 공부합니까? 보기 와 같이 쓰십시오.

이름	슈테판	
국적	독일	
취미	여행	
전공	관광학	
기타	한국어하고 중국어를 배웁니다.	

보기 슈테판 씨는 제 친구입니다. 독일에서 왔습니다.
슈테판 씨는 여행을 아주 좋아합니다.
저는 슈테판 씨하고 같이 자주 여행합니다.
슈테판 씨는 한국어하고 중국어를 배웁니다.
관광학을 전공하고 싶어 합니다.

03 형이 운동을 잘하십니까?

학습목표

- 가족 명칭과 존대 어휘를 익혀서 활용할 수 있다.
- '-으시-', '-지 않다' 표현을 익혀서 활용할 수 있다.

영　수 : 원 씨, 형이 운동을 잘하십니까?

원　　 : 네, 우리 형이 농구 선수입니다.

영　수 : 원 씨도 운동을 좋아합니까?

원　　 : 아니요, 저는 좋아하지 않습니다.

새 어휘

EN New Vocabulary JP 新しい語彙 CH 生词

형	• 형은 키가 크고 멋있습니다.	• 형하고 저는 여행을 좋아합니다.
잘하다	• 저는 노래를 잘하고 싶습니다.	• 웨이 씨는 한국어를 잘합니다.
우리	• 우리는 한국어를 배웁니다.	• 우리 선생님은 아주 친절합니다.
농구	• 농구가 재미있습니다.	• 웨이 씨는 농구를 자주 합니다.
선수	• 민철 씨의 형은 운동선수입니다.	• 농구 선수가 체육관에서 운동을 합니다.

01. 보기 와 같이 쓰십시오.

보기 제임스 씨 형은 ~~은/는~~ 의사입니다.

❶ 제 친구는 운동 ________ 입니다.

❷ 마이클 씨는 어느 나라 말을 ________ 습니까?/ㅂ니까?

❸ ________ 형은 국제학을 전공합니다.

❹ 제임스 씨는 ________ 을/를 아주 좋아합니다.

02. 보기 와 같이 이야기를 완성하십시오.

민철 씨 보기 형은 ~~은/는~~ 키가 아주 큽니다. 운동을 ❶ ________ 습니다/ㅂ니다. 농구 ❷ ________ 입니다. 민철 씨하고 저도 ❸ ________ 을/를 좋아합니다. ❹ ________ 은/는 농구를 자주 합니다.

주제 어휘

EN Thematic Vocabulary JP テーマ語彙 CH 主题词汇

가족 명칭	가족, 할아버지, 할머니, 아버지, 어머니, 언니, 오빠, 누나, 형, 동생
존대 어휘	계시다, 잡수시다, 드시다, 주무시다, 말씀하시다

* 가족 명칭 : 부록 4 '가계도' 참고

01. 보기 와 같이 쓰십시오.

보기 우리 언니는 ~~은/는~~ 예쁘고 친절합니다.

❶ 아버지하고 어머니는 중국에 ________ 습니다/ㅂ니다.

❷ 김 선생님은 비빔밥을 자주 ________ 습니다/ㅂ니다.

❸ 미선 씨 ________ 은/는 아주 귀엽습니다.

❹ 할머니는 침대에서 ________ 습니다/ㅂ니다.

02. 보기 와 같이 이야기를 완성하십시오.

우리 할아버지하고 할머니는 일본에 보기 계십니다 ~~습니다/ㅂ니다~~. 아버지하고 ❶ ________ 도 일본에 계십니다. 저는 오빠하고 동생이 있습니다. ❷ ________ 은/는 없습니다. 우리 가족은 한국을 좋아합니다. 아버지하고 어머니는 한국 음식을 자주 ❸ ________ 습니다/ㅂ니다. 저하고 ❹ ________ 하고 동생은 한국 음악을 자주 듣습니다.

문법 1

EN Grammar JP 文法 CH 语法

-으시/시-

tip 있다 → 계시다
먹다 → 잡수시다, 드시다
말하다 → 말씀하시다
자다 → 주무시다
마시다 → 드시다

❶ 어머니께서 백화점에 가십니다.
❷ 교수님께서 책을 읽으십니다.
❸ 김 선생님께서 키가 크십니다.
❹ 우리 아버지께서 회사원이십니다.

01. 보기 와 같이 쓰십시오.

보기 아버지 / 회사에 갑니다. ➡ 아버지께서 회사에 가십니다.

❶ 어머니 / 영화를 봅니다. ➡ ____________________

❷ 선생님 / 교과서를 읽습니다. ➡ ____________________

❸ 교수님 / 친절합니다. ➡ ____________________

❹ 할머니 / 머리가 짧습니다. ➡ ____________________

❺ 어머니 / 의사입니다. ➡ ____________________

❻ 아버지 / 회사원입니다. ➡ ____________________

❼ 할아버지 / 중국에 있습니다. ➡ ____________________

❽ 사장님 / 불고기를 먹습니다. ➡ ____________________

02. 보기 와 같이 쓰십시오.

보기 가: 할아버지께서 무엇을 하십니까?
나: 할아버지께서 주무십니다.

❶ 가: 누가 영화를 보십니까?
나: 어머니께서 ____________________

❷ 가: 누가 한국 노래를 부르십니까?
나: 아버지께서 ____________________

❸ 가: 할머니께서 무엇을 잡수십니까?
나: ____________________

❹ 가: 김 선생님께서 도서관에서 무엇을 하십니까?
나: ____________________

❺ 가: 부모님께서 미국에서 무엇을 하십니까?
나: ____________________

❻ 가: 아버지께서 공원에서 무엇을 하십니까?
나: ____________________

❼ 가: 김 교수님께서 서점에서 무엇을 하십니까?
나: ____________________

❽ 가: 어머니께서 백화점에서 무엇을 하십니까?
나: ____________________

문법 2

EN Grammar JP 文法 CH 语法

–지 않다

❶ 저는 키가 크지 않습니다.
❷ 인도 학생이 많지 않습니다.
❸ 제 동생은 커피를 마시지 않습니다.
❹ 저는 책을 읽고 싶지 않습니다.

01. 보기 와 같이 쓰십시오.

보기 저는 게임을 합니다. ➡ 저는 게임을 하지 않습니다.

❶ 책상이 큽니다. ➡ ______________________

❷ 컴퓨터가 좋습니다. ➡ ______________________

❸ 영화관이 시끄럽습니다 ➡ ______________________

❹ 리에 씨는 머리가 짧습니다. ➡ ______________________

❺ 할아버지께서 주무십니다. ➡ ______________________

❻ 마이클 씨는 버스를 탑니다. ➡ ______________________

❼ 저는 한국어를 배웁니다. ➡ ______________________

❽ 저는 경제학을 전공하고 싶습니다. ➡ ______________________

02. 보기 와 같이 쓰십시오.

보기 가: 영수 씨가 밥을 먹습니까?
나: 아니요, 영수 씨가 밥을 먹지 않습니다.

❶ 가: 서점이 조용합니까?
나: 아니요, ______________________

❷ 가: 도서관이 복잡합니까?
나: 아니요, ______________________

❸ 가: 원 씨가 운동을 좋아합니까?
나: 아니요, ______________________

❹ 가: 미선 씨가 책을 읽습니까?
나: ______________________

❺ 가: 노래를 자주 부르십니까?
나: 아니요, ______________________

❻ 가: 백화점에 가고 싶습니까?
나: 아니요, ______________________

❼ 가: 음악을 듣고 싶습니까?
나: 아니요, ______________________

❽ 가: 아버지께서 불고기를 잡수십니까?
나: 아니요, ______________________

활동

보기 와 같이 여러분의 가족을 소개하십시오.

가족	무엇을 합니까?	무엇을 합니까?	무엇을 좋아하지 않습니까?
아버지	은행원	책	쇼핑
어머니	선생님	영화	운동
형	대학생	운동	쇼핑
동생	대학생	음악	운동

보기 우리 아버지는 은행원이시고 어머니는 선생님이십니다. 형하고 동생은 대학생입니다. 아버지는 책을 자주 읽으시고 쇼핑을 좋아하시지 않습니다. 어머니는 영화를 자주 보시고 운동을 좋아하시지 않습니다. 형은 운동을 좋아하고 동생은 운동을 좋아하지 않습니다. 동생은 음악을 좋아합니다.

우리가족	무엇을 합니까?	무엇을 좋아합니까?	무엇을 좋아하지 않습니까?

04 바빠서 이메일을 자주 보내지 않습니다

학습목표

- 수사와 단위명사 '명, 개, 권'을 익혀서 활용할 수 있다
- '한테', '에게', '-어서[1](이유)' 표현을 익혀서 활용할 수 있다.

영 수 : 가족에게 자주 전화합니까?

원 : 아니요. 가끔 이메일을 보냅니다.

영 수 : 왜 이메일을 자주 보내지 않습니까?

원 : 바빠서 이메일을 자주 보내지 않습니다.

새 어휘

EN New Vocabulary JP 新しい語彙 CH 生词

전화하다	• 어머니께서 자주 전화하십니다.	• 어디에 전화합니까?
가끔	• 어머니께서 가끔 백화점에 가십니다.	• 저는 가끔 서점에서 책을 읽습니다.
이메일	• 학생이 이메일을 봅니다.	• 교수님께서 이메일을 읽으십니다.
보내다	• 오빠가 이메일을 자주 보냅니다.	• 저는 미국에 책을 보내고 싶습니다.
왜	• 왜 커피를 마십니까?	• 영수 씨는 왜 한국어를 배웁니까?
바쁘다	• 김 선생님께서 아주 바쁘십니다.	• 저는 바쁘지 않습니다.

01. 보기 와 같이 쓰십시오.

보기 마이클 씨는 왜 비빔밥을 자주 먹습니까?

❶ 숙제가 많습니다. 아주 __________ 습니다/ㅂ니다.

❷ 운동을 자주 하지 않습니다. __________ 합니다.

❸ 가족이 보고 싶습니다. __________ 습니다/ㅂ니다.

❹ 제임스 씨가 이메일을 __________ 습니다/ㅂ니다.

02. 보기 와 같이 대화를 완성하십시오.

가: 제임스 씨, 친구를 자주 만납니까?

나: 아니요. 보기 가끔 만납니다.

가: ❶ __________ 가끔 만납니까?

나: ❷ __________ 어서/아서/여서 가끔 만납니다.

가: 친구가 보고 싶습니다. 어떻게 합니까?

나: ❸ __________ 습니다/ㅂ니다. ❹ __________ 도 보냅니다.

주제 어휘

EN Thematic Vocabulary JP テーマ語彙 CH 主題词汇

수사	하나, 둘, 셋, 넷, 다섯, 열
단위명사1	명, 개, 권

* 수사 : 부록 1 '숫자' 참고
* 단위명사 : 부록 2 '단위 명사' 참고

01. 보기 와 같이 연결하십시오.

보기 친구 • ········ • 명

❶ 공책 •

❷ 학생 • • 개

❸ 가방 • • 권

❹ 교과서 •

02. 보기 와 같이 쓰십시오.

보기 분필 (3) : 분필이 세 개 있습니다.

❶ 동생 (2) : ______________________

❷ 책 (1) : ______________________

❸ 필통 (5) : ______________________

❹ 중국 학생 (4) : ______________________

문법 1

EN Grammar JP 文法 CH 语法

한테, 에게

❶ 형이 저한테 이야기합니다.
❷ 웨이 씨가 리에 씨한테 전화합니다.
❸ 저는 원 씨에게 이메일을 보냅니다.
❹ 학생이 선생님께 인사를 합니다.

01. 보기 와 같이 쓰십시오.

보기 언니 / 동생 / 전화합니다. ➡ 언니가 동생한테 전화합니다.

❶ 친구 / 저 / 인사합니다. ➡ ________________

❷ 저 / 원 씨 / 책을 보냅니다. ➡ ________________

❸ 리에 씨 / 영수 씨 / 이야기합니다. ➡ ________________

❹ 동생 / 저 / 전화합니다. ➡ ________________

❺ 저 / 리에 씨 / 이메일을 씁니다. ➡ ________________

❻ 미선 씨 / 김 선생님 / 인사합니다. ➡ ________________

❼ 웨이 씨 / 교수님 / 이메일을 보냅니다. ➡ ________________

❽ 형 / 어머니 / 그림을 보냅니다. ➡ ________________

02. 보기 와 같이 쓰십시오.

보기 가: 형이 누구한테 책을 보냅니까?
나: 형이 동생한테 책을 보냅니다.

❶ 가: 누구한테 전화합니까? (베트남 친구)
나: ______________________________

❷ 가: 누구한테 가방을 보냅니까? (어머니)
나: ______________________________

❸ 가: 원 씨가 누구에게 인사합니까? (미선 씨)
나: ______________________________

❹ 가: 아버지께서 누구에게 전화하십니까?
나: ______________________________

❺ 가: 리에 씨가 어느 교수님께 이메일을 보냅니까?
나: ______________________________

❻ 가: 마이클 씨가 어느 선생님께 인사합니까?
나: ______________________________

❼ 가: ______________________________
나: 아버지께 이메일을 보냅니다.

❽ 가: ______________________________
나: 미선 씨가 친구한테 이야기합니다.

문법 2

EN Grammar JP 文法 CH 语法

–어서/아서/여서 [1]

-아서	ㅏ	작다	작 + 아서 → 작아서
		가다	가 + 아서 → 가서
	ㅗ	좋다	좋 + 아서 → 좋아서
		보다	보 + 아서 → 보아서 → 봐서
	ㅡ	바쁘다	바쁘 + 아서 → 바쁘아서 → 바빠서
-어서	ㅓ	먹다	먹 + 어서 → 먹어서
	ㅜ	웃다	웃 + 어서 → 웃어서
		배우다	배우 + 어서 → 배우어서 → 배워서
	ㅣ	있다	있 + 어서 → 있어서
		마시다	마시 + 어서 → 마시어서 → 마셔서
	ㅡ	만들다	만들 + 어서 → 만들어서
		크다	크 + 어서 → 크어서 → 커서
-여서	하	좋아하다	좋아하 + 여서 → 좋아하여서 → 좋아해서

❶ 저는 음악을 좋아해서 자주 듣습니다.

❷ 저는 운동을 하고 싶어서 체육관에 갑니다.

❸ 사람이 많아서 시끄럽습니다.

❹ 윈 씨는 가수여서 노래를 잘합니다.

01. 보기 와 같이 쓰십시오.

보기 도서관이 크다 / 좋습니다. ➡ 도서관이 커서 좋습니다.

❶ 기숙사가 넓다 / 좋습니다.

➡ ______________________________

❷ 시장이 싸다 / 자주 갑니다.

➡ ______________________________

❸ 비빔밥이 맛있다 / 자주 먹습니다.

➡ ______________________________

❹ 윈 씨가 친절하다 / 친구가 많습니다.

➡ ______________________________

❺ 윈 씨가 노래를 좋아하다 / 자주 부릅니다.

➡ ______________________________

❻ 가족이 한국에 오다 / 좋습니다.

➡ ______________________________

❼ 동생이 관광학을 전공하다 / 여행을 자주 합니다.

➡ ______________________________

❽ 제 친구는 기자이다 / 아주 바쁩니다.

➡ ______________________________

02. 보기 와 같이 쓰십시오.

보기 가: 왜 한국 영화를 자주 봅니까?
나: 한국 영화가 재미있어서 ~~어서/아서/여서~~ 자주 봅니다.

❶ 가: 왜 그 가수를 좋아합니까?
나: ________________ 어서/아서/여서 ________________

❷ 가: 왜 형이 컴퓨터를 잘합니까?
나: ________________ 어서/아서/여서 ________________

❸ 가: 왜 비빔밥을 자주 잡수십니까?
나: ________________ 어서/아서/여서 ________________

❹ 가: 왜 도서관에서 공부합니까?
나: ________________ 어서/아서/여서 ________________

❺ 가: 왜 시장에서 쇼핑합니까?
나: ________________ 어서/아서/여서 ________________

❻ 가: 왜 음악을 자주 듣습니까?
나: ________________ 어서/아서/여서 ________________

❼ 가: 왜 영화를 자주 보지 않습니까?
나: ________________ 어서/아서/여서 ________________

❽ 가: 도서관에서 공부합니까? 커피숍에서 공부합니까?
나: ________________ 어서/아서/여서 ________________

활동

여러분의 가족에게 무엇을 보내고 싶습니까? 보기 와 같이 이야기하십시오.

보기 우리 가족은 여행을 좋아합니다. 요즘은 바빠서 여행을 자주 가지 않습니다. 우리 가족은 한국 영화도 좋아합니다. 한국 영화가 재미있어서 자주 봅니다. 저는 한국 영화 DVD를 가족에게 보내고 싶습니다.

제4과 일상 생활

01 몇 시에 일어납니까?

02 저는 숙제를 하고 운동을 합니다

03 운동장에 가서 축구를 했습니다

04 토요일 11시에 기숙사 앞에서 만납시다

01 몇 시에 일어납니까?

학습목표
- 시간 관련 어휘를 익혀서 활용할 수 있다.
- '에(시간)', '부터~까지' 표현을 익혀서 활용할 수 있다.

영　수 : 마이클 씨, 몇 시에 일어납니까?
마이클 : 7시 30분쯤 일어납니다.
영　수 : 몇 시부터 몇 시까지 한국어를 배웁니까?
마이클 : 오전 9시부터 오후 4시까지 한국어를 배웁니다.

새 어휘

EN New Vocabulary JP 新しい語彙 CH 生词

몇	• 한국 친구가 몇 명입니까?	• 강의실에 책상이 몇 개 있습니까?
시	• 몇 시입니까?	• 10시입니다.
일어나다	• 누가 일어납니까?	• 동생이 일어납니다.
분	• 몇 시 몇 분입니까?	• 12시 40분입니다.
쯤	• 리에 씨는 8시쯤 커피를 마십니다.	• 책이 10권쯤 있습니다.
오전	• 오전 몇 시입니까?	• 오전 10시입니다.
오후	• 오후 몇 시입니까?	• 오후 5시 15분입니다.

01. 보기 와 같이 쓰십시오.

보기 12 시 30분입니다. 밥을 먹습니다.

❶ ________ 시쯤 학교에 갑니까?

❷ ________ 10시쯤 도서관에 갑니다.

❸ ________ 3시쯤 숙제를 합니다.

❹ 동생은 자고 형은 ____________ 습니다/ㅂ니다.

02. 보기 와 같이 이야기를 완성하십시오.

보기 7 시 입니다. ______________ 습니다/ㅂ니다. 밥을 먹습니다. 8시입니다. 산책을 합니다. ❷ ____________ 9시입니다. 한국말을 배웁니다. 1시 ❸ ___________ 친구하고 점심을 먹습니다. ❹ _________ 4시 30분입니다. 기숙사에 갑니다.

주제 어휘

EN Thematic Vocabulary JP テーマ語彙 CH 主题词汇

시간	언제, 아침, 점심, 저녁, 시간, 날마다, 월, 며칠, 일

01. 보기 와 같이 쓰십시오.

보기 12시 30분쯤 학생식당에서 점심을 ~~을/를~~ 먹습니다.

❶ 도서관에서 ________ 공부합니다.

❷ 날마다 몇 ________ 운동합니까?

❸ 오후 4시에 숙제를 합니다. ________ 7시쯤 기숙사에 갑니다.

❹ 몇 ________ 며칠입니까?

02. 보기 와 같이 대화를 완성하십시오.

영 수 : 몇 월 보기 며칠 입니까?

마이클 : 8월 12일입니다.

영 수 : 한국말을 배웁니까?

마이클 : 네, ❶ ________ 한국말을 배웁니다.

영 수 : 몇 ❷ ________ 배웁니까?

마이클 : 두 시간 배웁니다.

영 수 : ❸ ________ 기숙사에 갑니까?

마이클 : 오후 5시쯤 갑니다.

영 수 : 언제 ❹ ________ 을/를 먹습니까?

마이클 : 7시쯤 먹습니다.

문법 1

EN Grammar JP 文法 CH 语法

에 2

❶ 저는 아침 7시에 일어납니다.
❷ 몇 시에 학교에 갑니까?
❸ 친구가 저녁에 음악을 듣습니다.
❹ 마이클이 6월에 미국에 갑니다.

01. 보기 와 같이 쓰십시오.

보기 아침 7:30 / 일어나다 ➡ 아침 7시 30분에 일어납니다.

❶ 아침 / 커피를 마시다 ➡ ______________________

❷ 오후 2:00 / 친구하고 쇼핑하다 ➡ ______________________

❸ 12:30 / 점심을 먹다 ➡ ______________________

❹ 오전 / 공부를 하다 ➡ ______________________

❺ 오후 3:00 / 숙제를 하다 ➡ ______________________

❻ 저녁 / 음악을 듣다 ➡ ______________________

❼ 오전 10:00 / 한국어를 배우다 ➡ ______________________

❽ 9월 / 고향에 가다 ➡ ______________________

02. 보기 와 같이 쓰십시오.

보기 가: 몇 시에 잡니까? | 10시 | 11시 | 12시 |
나: 11시에 잡니다.

❶ 가: 몇 시에 일어납니까? | 6시 | 7시 | 8시 |

나: ______________________

❷ 가: 몇 시에 운동을 합니까? | 3시 30분 | 4시 30분 | 5시 30분 |

나: ______________________

❸ 가: 몇 시에 학교에 옵니까? | 9시 | 10시 | 11시 |

나: ______________________

❹ 가: 언제 숙제를 합니까? | 오전 | 오후 | 저녁 |

나: ______________________

❺ 가: 언제 커피를 마십니까? | 아침 | 점심 | 오후 |

나: ______________________

❻ 가: 언제 ______________________ (산책을 하다) | 아침 | 점심 | 저녁 |

나: ______________________

❼ 가: ______________________ (고향에 가다) | 10월 | 11월 | 12월 |

나: ______________________

❽ 가: ______________________ (여행을 가다) | 8일 | 9일 | 10일 |

나: ______________________

문법 2

EN Grammar JP 文法 CH 语法

부터 ~ 까지

❶ 저는 아침 7시부터 8시까지 운동을 합니다.

❷ 리에 씨는 오전 9시부터 오후 1시까지 한국어를 배웁니다.

❸ 몇 시부터 몇 시까지 공부합니까?

❹ 저는 3월부터 8월까지 한국에 있습니다.

01. 보기 와 같이 쓰십시오.

보기 아침 6:00 ~ 7:00 / 운동을 하다 ➡ 아침 6시부터 7시까지 운동을 합니다.

❶ 아침 7:00 ~ 8:00 / 산책을 하다

➡ ______________________

❷ 오전 9:00 ~ 11:30 / 경영학을 공부하다

➡ ______________________

❸ 오후 2:30 ~ 4:00 / 친구하고 이야기하다

➡ ______________________

❹ 4:00 ~ 6:00 / 영화를 보다

➡ ______________________

❺ 7:00 ~ 8:00 / 저녁을 먹다

➡ ______________________

❻ 저녁 8:00 ~ 9:00 / 음악을 듣다

➡ ______________________________

❼ 3월 ~ 6월 / 한국말을 배우다

➡ ______________________________

❽ 15일 ~ 17일 / 여행을 하다

➡ ______________________________

02. 리에 씨의 하루입니다. 보기 와 같이 쓰십시오.

보기

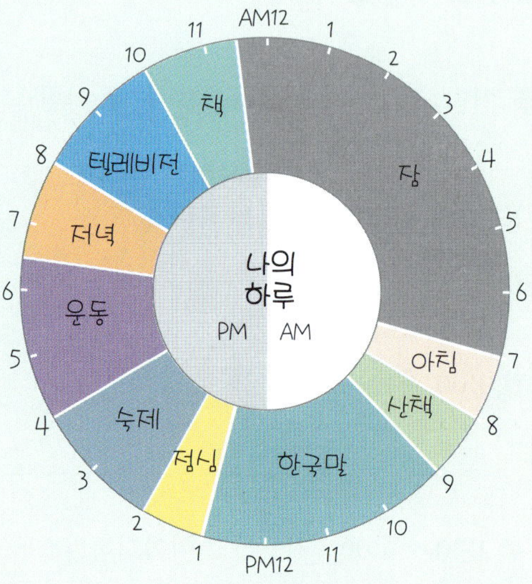

리에 씨는 보기 7시부터 8시까지 아침을 먹습니다. 아침 ❶ __________ 산책을 합니다. 오전 ❷ __________ 한국말을 배웁니다. ❸ __________ 점심을 먹습니다. ❹ __________ 숙제를 합니다. 오후 ❺ __________ 운동을 합니다. ❻ __________ 저녁을 먹습니다. ❼ __________. ❽ __________. 리에 씨는 11시 30분쯤 잡니다.

활동

보기 와 같이 친구와 하루 계획을 이야기하십시오.

마이클 씨의 하루	나의 하루
아침 7:00 ~ 8:00 운동	
오전 9:00 ~ 오후 1:00 공부	
오후 1:00 ~ 2:00 점심	

보기 미선 : 마이클 씨, 아침에 무엇을 합니까?

마이클 : 아침에 운동을 합니다. 7시부터 8시까지 운동을 합니다.
그리고 오전 9시부터 오후 1시까지 공부를 합니다.

미선 : 언제 점심을 먹습니까?

마이클 : 오후 1시부터 2시까지 점심을 먹습니다.

02 저는 숙제를 하고 운동을 합니다

학습목표

- 요일과 일과 관련 어휘를 익혀서 활용할 수 있다.
- '-고[2] (계기)', '-을 거예요[1] (예정)' 표현을 익혀서 활용할 수 있다.

미 선 : 리에 씨, 금요일 오후에 보통 무엇을 합니까?

리 에 : 저는 숙제를 하고 운동을 합니다.

미 선 : 이번 금요일에도 운동을 합니까?

리 에 : 아니요, 약속이 있어서 명동에 갈 거예요.

새 어휘

EN New Vocabulary JP 新しい語彙 CH 生词

금요일	• 웨이 씨, 금요일에 무엇을 합니까?	• 저는 금요일 저녁에 영화를 봅니다.
보통	• 저는 보통 도서관에서 공부를 합니다.	• 동생은 보통 7시에 일어납니다.
이번	• 이번 금요일에 학교에 가지 않습니다.	• 저는 이번 금요일에 영화를 봅니다.
약속	• 저는 친구하고 약속이 있습니다.	• 저는 오후에 약속이 없습니다.
명동	• 명동에 사람이 많습니다.	• 금요일 저녁에 명동이 복잡합니다.

01. 보기 와 같이 쓰십시오.

보기 금요일 오후에 무엇을 합니까?

❶ 저는 저녁에 ________ 이/가 있습니다.

❷ 제임스 씨, ________ 몇 시에 잡니까?

❸ ________ 금요일에 농구를 하고 싶습니다.

❹ 오후에 친구하고 ________ 에 갑니다.

02. 보기 와 같이 이야기를 완성하십시오.

저는 보기 보통 ❶ ________ 오전에 한국말을 공부합니다. 오후에는 숙제를 합니다. ❷ ________ 금요일 오후에는 ❸ ________ 에 갑니다. 친구하고 ❹ ________ 이/가 있습니다. 친구가 쇼핑을 하고 싶어 합니다.

주제 어휘

EN Thematic Vocabulary JP テーマ語彙 CH 主题词汇

요일	월요일, 화요일, 수요일, 목요일, 금요일, 토요일, 일요일
일과	뉴스를 보다, 빨래를 하다, 세수를 하다, 이를 닦다

01. 보기 와 같이 쓰십시오.

보기 이번 수요일 저녁에 영화관에서 영화를 봅니다.

❶ ____________부터 금요일까지 날마다 학교에 갑니다.

❷ 저녁에 텔레비전을 봅니다. ____________습니다/ㅂ니다.

❸ 저는 보통 일요일에 ____________습니다/ㅂ니다.

❹ 아침에 일어납니다. 세수를 합니다. ____________습니다/ㅂ니다.

02. 보기 와 같이 이야기를 완성하십시오.

월	화	수	목	금	토	일
학교 운동	학교 공부	학교 쇼핑	학교 운동	학교 영화	기숙사 빨래	기숙사 공부

저는 월요일부터 보기 금요일까지 학교에 갑니다. ❶ ______ 하고 목요일에 운동을 합니다. ❷ ________에 쇼핑을 합니다. 금요일에 영화를 봅니다. 토요일에 ❸ ____________습니다/ㅂ니다. 토요일하고 ❹ ________에 학교에 가지 않습니다.

문법 1

EN Grammar JP 文法 CH 语法

-고 2

❶ 리에 씨는 책을 읽고 잡니다.

❷ 저는 아침에 세수를 하고 이를 닦습니다.

❸ 마이클 씨는 아침을 먹고 공원에 갑니다.

❹ 웨이 씨, 숙제를 하고 텔레비전을 보십시오.

01. 보기 와 같이 쓰십시오.

보기 점심을 먹다 / 커피를 마시다 ➡ 점심을 먹고 커피를 마십니다.

❶ 세수를 하다 / 이를 닦다 ➡ ______________________

❷ 점심을 먹다 / 도서관에 가다 ➡ ______________________

❸ 뉴스를 보다 / 숙제를 하다 ➡ ______________________

❹ 책을 읽다 / 자다 ➡ ______________________

❺ 영화를 보다 / 밥을 먹다 ➡ ______________________

❻ 아침을 먹다 / 한국말을 배우다 ➡ ______________________

❼ 쇼핑을 하다 / 집에 가다 ➡ ______________________

❽ 한국말을 공부하다 / 운동을 하다 ➡ ______________________

02. 보기 와 같이 쓰십시오.

보기 마리아의 하루

시간	하는 일
아침 8:00	세수를 하다 / 이를 닦다
아침 9:00	아침을 먹다 / 산책을 하다
오전 10:00	커피를 마시다 / 공부하다
오후 1:00	점심을 먹다 / 쇼핑을 하다
오후 4:30	운동을 하다 / 기숙사에 가다
저녁 7:30	저녁을 먹다 / 숙제를 하다
저녁 9:00	컴퓨터를 하다 / 텔레비전을 보다
저녁 11:00	어머니께 전화를 하다 / 자다

웨 이 : 아침 8시에 무엇을 합니까?

마리아 : 보기 세수를 하고 이를 닦습니다.

웨 이 : 몇 시에 아침을 먹습니까?

마리아 : 9시에 아침을 먹습니다.

웨 이 : 아침을 먹고 무엇을 합니까?

마리아 : ❶ ____________ 고 ____________

웨 이 : 오전 10시에 무엇을 합니까?

마리아 : ❷ ____________ 고 공부를 합니다.

웨 이 : 공부를 하고 무엇을 합니까?

마리아 : ❸ ____________ 고 1시에 점심을 먹습니다.

웨 이 : 점심을 먹고 무엇을 합니까?

마리아 : ❹ ____________ 고 ____________

웨 이 : 언제 기숙사에 갑니까?

마리아 : ❺ 오후 4시 30분에 ____________ 기숙사에 갑니다.

웨 이 : 언제 숙제를 합니까?

마리아 : ❻ 7시 30분에 ________________ 숙제를 합니다.

웨 이 : 저녁 9시부터 무엇을 합니까?

마리아 : ❼ ____________________ 텔레비전을 봅니다.

웨 이 : 언제 잡니까?

마리아 : ❽ 11시에 ____________________________

문법 2

EN Grammar JP 文法 CH 语法

-을/ㄹ 거예요[1]

❶ 저는 오후에 도서관에서 책을 읽을 거예요.

❷ 저는 이번 토요일에 영화를 볼 거예요.

❸ 웨이 씨, 저녁에 뭘 먹을 거예요?

❹ 제임스 씨, 이번 금요일에 체육관에 갈 거예요?

01. **보기** 와 같이 쓰십시오.

보기 저는 집에 가다 ➡ 저는 집에 갈 거예요

❶ 저는 학교에 가다 ➡ ______________________________

❷ 친구가 노래를 부르다 ➡ ______________________________

❸ 저는 저녁을 먹고 책을 읽다 ➡ ______________________________

❹ 저녁에 이메일을 보내다 ➡ ______________________________

❺ 저는 이번 금요일에 불고기를 먹다 ➡ ____________________

❻ 밥을 먹고 이를 닦다 ➡ ____________________

❼ 저는 아침 7시에 일어나다 ➡ ____________________

❽ 우리는 오후에 백화점에서 쇼핑을 하다 ➡ ____________________

02. 보기 와 같이 쓰십시오.

보기 **가:** 오후에 무엇을 할 거예요?
나: 오후에 공부할 거예요.

❶ **가:** 오전에 산책을 할 거예요?

나: 네, ____________________

❷ **가:** 점심에 불고기를 먹을 거예요?

나: 아니요, ____________________

❸ **가:** 오후에 무엇을 ____________________

나:숙제를 ____________________

❹ **가:** 무슨 책을 ____________________

나: 경영학 책을 ____________________

❺ **가:** 이번 금요일에 무엇을 ____________________

나: 이번 금요일에 영화를 ____________________

❻ 가: 저녁에 무엇을 드실 거예요?

나: 저녁에 비빔밥을 ______________________

❼ 가: 저녁을 먹고 무엇을 할 거예요?

나: ______________________

❽ 가: 한국어를 배우고 뭘 하고 싶어요?

나: ______________________

활동

여러분은 이번 주에 무엇을 할 거예요? 보기 와 같이 쓰십시오.

보기 저는 월요일에 점심을 먹고 도서관에 갈 거예요. 화요일 오후에 친구하고 백화점에서 쇼핑을 하고 저녁을 먹을 거예요. 수요일 오전에 한국말을 공부하고 숙제를 할 거예요. 목요일 저녁에 운동을 하고 아버지께 이메일을 보낼 거예요.

____

____

____

____

03 운동장에 가서 축구를 했습니다

학습목표

- 주말 활동과 휴일 관련 어휘를 익혀서 활용할 수 있다.
- '–었–', '–어서[2] (계기)' 표현을 익혀서 활용할 수 있다.

영　수 : 웨이 씨, 지난 주말에 무엇을 했습니까?

웨　이 : 저는 청소를 했습니다.

영　수 : 청소를 하고 무엇을 했습니까?

웨　이 : 운동장에 가서 축구를 했습니다.

새 어휘

EN New Vocabulary JP 新しい語彙 CH 生词

지난	• 지난 토요일에 무엇을 먹었습니까?	• 저는 지난 화요일에 백화점에서 쇼핑을 했습니다.
주말	• 이번 주말에 바쁩니까?	• 저는 주말에 명동에 갈 거예요.
청소하다	• 이번 토요일에 점심을 먹고 청소를 할 거예요.	• 날마다 청소를 해서 교실이 깨끗해요.
운동장	• 체육관 옆에 운동장이 있습니다.	• 주말에 학교 운동장에서 농구를 합니다.
축구	• 저는 자주 운동장에서 축구를 합니다.	• 제 동생은 축구를 아주 좋아합니다.

01. 보기 와 같이 쓰십시오.

보기 지난 수요일에 무엇을 했습니까?

❶ 저는 이번 ________ 에 시장에 가고 싶습니다.

❷ 학교 ____________ 에서 가끔 운동을 합니다.

❸ 형은 축구 선수입니다. ________ 을/를 아주 잘합니다.

❹ 날마다 교실을 ______________ 습니까/ㅂ니까?

02. 보기 와 같이 이야기를 완성하십시오.

저는 보기 지난 토요일에 ❶ ____________ 에서 농구를 했습니다. 이번 ❷ __________ 에는 ❸ ________ 을/를 할 거예요. 친구가 축구를 잘합니다. 저녁에는 집에서 빨래를 하고 ❹ ____________ 을/를 할 거예요.

주제 어휘

EN Thematic Vocabulary JP テーマ語彙 CH 主题词汇

주말활동	야구를 하다, 농구를 하다, 탁구를 치다, 수영을 하다, 소풍을 가다, 아르바이트를 하다, 일하다, 쉬다
휴일	휴일, 연휴, 휴가

01. 보기 와 같이 쓰십시오.

보기 오전에 공부를 하고 오후에 수영을 합니다 ~~습니다/ㅂ니다~~.

❶ 화요일은 ________ 입니다/ㅂ니다. 학교에 가지 않고 기숙사에서 쉽니다.

❷ 저는 탁구를 좋아해서 가끔 체육관에서 ________ 습니다/ㅂ니다.

❸ 이번 토요일에 친구하고 공원에 갑니다. ________ 을/ㄹ 거예요.

❹ 웨이 씨는 날마다 회사에 갑니다. 9시부터 6시까지 ________ 습니다/ㅂ니다.

02. 보기 와 같이 대화를 완성하십시오.

야마다 : 수요일에 학교에 갑니까?

제임스 : 아니요, 보기 휴일이어서 ~~이어서/여서~~ 학교에 가지 않습니다.

야마다 : 휴일에 무엇을 할 거예요?

제임스 : 오전에 기숙사에서 ❶ ________ 고

오후에 체육관에서 ❷ ________ 을/를 칠 거예요.

야마다 : ❸ ________ 습니까/ㅂ니까?

제임스 : 아니요, 아르바이트를 하지 않습니다.

야마다 : 이번 주말에는 무엇을 할 거예요?

제임스 : 공원에 ❹ ________ 을/ㄹ 거예요.

문법 1

EN Grammar JP 文法 CH 语法

-었/았/였-

<table>
<tr><td rowspan="5">-았습니다</td><td rowspan="2">ㅏ</td><td>작다</td><td>작 + 았습니다 → 작았습니다</td></tr>
<tr><td>가다</td><td>가 + 았습니다 → 가았습니다 → 갔습니다</td></tr>
<tr><td rowspan="2">ㅗ</td><td>좋다</td><td>좋 + 았습니다 → 좋았습니다</td></tr>
<tr><td>보다</td><td>보 + 았습니다 → 보았습니다 → 봤습니다</td></tr>
<tr><td>ㅡ</td><td>바쁘다</td><td>바쁘 + 았습니다 → 바쁘았습니다 → 바빴습니다</td></tr>
<tr><td rowspan="8">-었습니다</td><td rowspan="2">ㅓ</td><td>먹다</td><td>먹 + 었습니다 → 먹었습니다</td></tr>
<tr><td>서다</td><td>서 + 었습니다 → 서었습니다 → 섰습니다</td></tr>
<tr><td rowspan="2">ㅜ</td><td>웃다</td><td>웃 + 었습니다 → 웃었습니다</td></tr>
<tr><td>배우다</td><td>배우 + 었습니다 → 배우었습니다 → 배웠습니다</td></tr>
<tr><td rowspan="2">ㅣ</td><td>있다</td><td>있 + 었습니다 → 있었습니다</td></tr>
<tr><td>마시다</td><td>마시 + 었습니다 → 마시었습니다 → 마셨습니다</td></tr>
<tr><td rowspan="2">ㅡ</td><td>예쁘다</td><td>예쁘 + 었습니다 → 예쁘었습니다 → 예뻤습니다</td></tr>
<tr><td>크다</td><td>크 + 었습니다 → 크었습니다 → 컸습니다</td></tr>
<tr><td>-였습니다</td><td>하</td><td>일하다</td><td>일하 + 였습니다 → 일하였습니다 → 일했습니다</td></tr>
</table>

❶ 마이클 씨는 오후에 공원에 갔습니다.

❷ 리에 씨는 식당에서 밥을 먹고 커피를 마셨습니다.

❸ 저는 주말에 청소를 하지 않았습니다.

❹ 비빔밥이 맛있었습니다.

01. 보기 와 같이 쓰십시오.

보기 저는 청소를 하다 ➡ 저는 청소를 했습니다.

❶ 커피를 마시다 ➡ ____________________

❷ 우리는 시장에 가다 ➡ ____________________

❸ 제리 씨가 숙제를 하지 않다 ➡ ____________________

❹ 친구가 책을 읽다 ➡ ____________________

❺ 점심을 먹지 않다 ➡ ____________________

❻ 동생이 텔레비전을 보다 ➡ ____________________

❼ 책이 싸지 않다 ➡ ____________________

❽ 저는 키가 작다 ➡ ____________________

02. 보기 와 같이 쓰십시오.

보기 가: 오전에 무엇을 했습니까?
나: 오전에 한국어를 배웠습니다.

❶ 가: 아침에 밥을 ____________________

나: 네, 아침에 밥을 ____________________

❷ 가: 오후에 수영을 ____________________

나: 아니요, 오후에 수영을 ____________________

❸ 가: 누구하고 커피숍에 ______________________

나: 친구하고 커피숍에 ______________________

❹ 가: 지난 일요일에 명동에 ______________________

나: 아니요, ______________________

❺ 가: ______________________

나: 저녁에 비빔밥을 ______________________

❻ 가: ______________________

나: 지난 금요일에 영화를 ______________________

❼ 가: 토요일에 무엇을 했습니까?

나: ______________________

❽ 가: 지난 금요일에 점심을 먹고 무엇을 했습니까?

나: ______________________

문법 2

EN Grammar JP 文法 CH 语法

-어서/아서/여서 2

❶ 저는 날마다 도서관에 가서 공부를 합니다.

❷ 제임스 씨가 한국에 와서 한국어를 배웁니다.

❸ 저는 지난 주말에 명동에 가서 쇼핑을 했습니다.

❹ 리에 씨가 한국어를 배워서 한국 사람과 이야기하고 싶어 합니다.

01. 보기 와 같이 쓰십시오.

보기 저는 기숙사에 가다 / 잘 거예요 ➡ 저는 기숙사에 가서 잘 거예요.

❶ 저는 학교에 가다 / 공부를 합니다 ➡ ____________________

❷ 아침에 일어나다 / 밥을 먹습니다 ➡ ____________________

❸ 도서관에 오다 / 공부하십시오 ➡ ____________________

❹ 우리는 소풍을 가다 / 게임을 했습니다 ➡ ____________________

❺ 기숙사에 오다 / 쉬십시오 ➡ ____________________

❻ 저는 한국말을 배우다 / 한국 사람하고 이야기하고 싶어요

➡ ____________________

❼ 컴퓨터공학을 전공하다 / 컴퓨터 회사에서 일할 거예요

➡ ____________________

❽ 미선 씨는 백화점에 가다 / 쇼핑을 했습니다

➡ ____________________

02. 보기 와 같이 이야기를 완성하십시오.

저는 아침에 보기 일어나서 ~~어서/아서/여서~~ 밥을 먹습니다. 오전에 학교에 ❶ ________ 어서/아서/여서 한국말을 배웁니다. 한국말을 ❷ ________ 어서/아서/여서 한국 회사에서 일하고 싶습니다. 1시에 식당에 ❸ ________ 어서/아서/여서 점심을 먹습니다. 점심을 먹고 도서관에 갑니다. 도서관에

❹ __________ 어서/아서/여서 숙제를 합니다. 오후 5시쯤 체육관에 ❺ ______ 어서/아서/여서 운동을 합니다. 저녁에 기숙사에 ❻ ________ 어서/아서/여서 밥을 먹습니다. 9시쯤 텔레비전을 보고 컴퓨터를 합니다. 이번 토요일에 제 동생이 한국에 옵니다. 한국에 ❼ __________ 어서/아서/여서 한국말을 배울 거예요. 동생이 한국말을 ❽ __________ 어서/아서/여서 한국 대학교에 가고 싶어 합니다.

활동

여러분은 지난 주말에 어디에 가서 무엇을 했습니까? 보기 와 같이 쓰십시오.

보기 저는 지난 주말에 운동장에 가서 축구를 했습니다. 축구를 하고 집에 와서 한국어 숙제를 했습니다. 저녁에 친구하고 같이 식당에 가서 불고기를 먹었습니다. 아주 맛있었습니다.

____

____

____

____

04 토요일 11시에 기숙사 앞에서 만납시다

학습목표

- 취미와 후식 관련 어휘를 익혀서 활용할 수 있다.
- '–을까요?[1](제안)', '–읍시다' 표현을 익혀서 활용할 수 있다.

리　에 : 다음 주말에 공원에서 자전거를 탈까요?

마리아 : 네, 꽃도 구경하고 사진도 찍읍시다.

리　에 : 좋습니다. 그럼 언제 만날까요?

마리아 : 토요일 11시에 기숙사 앞에서 만납시다.

새 어휘

EN New Vocabulary JP 新しい語彙 CH 生词

다음	• 다음 월요일부터 수요일까지 연휴입니다.	• 저는 다음 목요일에 약속이 있습니다.
자전거	• 언니는 운동장에서 자전거를 탑니다.	• 저는 지난 금요일에 자전거를 탔습니다.
꽃	• 꽃이 예쁩니다.	• 학교 안에 꽃이 많습니다.
구경하다	• 저는 명동에 가서 옷을 구경할 거예요.	• 시장에서 무엇을 구경했습니까?
사진	• 제 책상에 가족 사진이 있습니다.	• 저는 날마다 부모님 사진을 봅니다.
찍다	• 저는 공원에서 사진을 찍고 싶습니다.	• 주말에 소풍을 가서 사진을 많이 찍었습니다.
그럼	• 가: 쇼핑을 하고 싶습니다. 나: 그럼 명동에 가십시오.	• 가: 오후에 바쁩니다. 나: 그럼 저녁에 전화하십시오.
만나다	• 윈 씨는 이번 주말에 미선 씨를 만날 거예요.	• 저는 지난 토요일에 친구를 만나서 영화를 봤습니다.

01. 보기 와 같이 쓰십시오.

보기 이것은 우리 어머니 사진 입니다.

❶ ________ 화요일에 방 친구하고 백화점에 갈 거예요.

❷ 사진을 ________ 어서/아서/여서 친구에게 보냈습니다.

❸ 이번 주말에 공원에 가서 ________ 을/를 탈 거예요.

❹ 오후에 한국 친구를 ________ 어서/아서/여서 이야기를 할 거예요.

02. 보기 와 같이 이야기를 완성하십시오.

저는 지난 주말에 친구를 보기 만나서 공원에 갔습니다. 공원에 ❶ ________ 이/가 많았습니다. 아주 예뻤습니다. 사람들이 꽃을 ❷ ________ 었습니다/았습니다/였습니다. 우리는 꽃 앞에서 사진을 ❸ ________ 었습니다/았습니다/였습니다. 그리고 ❹ ________ 을/를 탔습니다.

주제 어휘

EN Thematic Vocabulary JP テーマ語彙 CH 主题词汇

취미	드라마를 보다, 사진을 찍다, 자전거를 타다, 등산을 하다
후식	우유, 주스, 차, 케이크, 아이스크림

01. 보기 와 같이 쓰십시오.

보기 저는 보통 아침에 우유를 ~~을/를~~ 마십니다.

❶ 저는 저녁에 밥을 먹고 ________ 을/를 먹었습니다.

❷ 우리는 여행을 가서 ________ 을/를 많이 ________ 었습니다/았습니다/였습니다.

❸ 한국 드라마가 재미있어서 ________ 을/를 자주 ________ 습니다/ㅂ니다.

❹ 날마다 ________ 고 학교에 옵니다.

02. 보기 와 같이 대화를 완성하십시오.

미 선 : 지난 토요일에 무엇을 했습니까?

에리코 : 공원에서 보기 자전거를 ~~을/를~~ 탔습니다. ❶ ________ 도 찍었습니다.

미 선 : 오후에 무엇을 했습니까?

에리코 : 커피숍에 가서 ❷ ________ 을/를 먹었습니다.

미 선 : 그럼 이번 토요일에 무엇을 할 거예요?

에리코 : 토요일 오전에는 ❸ ________ 을/ㄹ 거예요. 저녁에는 기숙사에서 텔레비전을 볼 거예요. 한국 ❹ ________ 을/ㄹ 거예요.

문법 1

EN Grammar JP 文法 CH 语法

-을까요/ㄹ까요? [1]

❶ 우리 같이 책을 읽을까요?
❷ 점심을 같이 먹을까요?
❸ 이번 토요일에 만날까요?
❹ 주말에 등산을 할까요?

01. 보기 와 같이 쓰십시오.

보기 농구를 하다 ➡ 농구를 할까요?

❶ 같이 커피를 마시다 ➡ ________

❷ 공원에 가다 ➡ ________

❸ 저녁을 먹다 ➡ ________

❹ 우리 교과서를 읽다 ➡ ________

❺ 같이 영화를 보다 ➡ ________

❻ 사진을 찍다 ➡ ________

❼ 백화점에 가서 구경하다 ➡ ________

❽ 같이 탁구를 치다 ➡ ________

02. 보기 와 같이 쓰십시오.

> **보기** 가: 점심을 먹지 않았습니다.
> 나: 그럼 같이 밥을 먹을까요?

❶ 가: 저는 축구를 좋아합니다.

나: 저도 좋아합니다. ______________________

❷ 가: 저는 자전거를 타고 싶습니다.

나: 그럼 ______________________

❸ 가: 도서관이 넓고 조용합니다.

나: ______________________

❹ 가: 한국 영화를 좋아합니다.

나: 저도 좋아합니다. ______________________

❺ 가: 꽃을 아주 좋아합니다.

나: ______________________

❻ 가: 한국말 공부가 재미있습니다.

나: ______________________

❼ 가: ______________________

나: 네, 좋습니다. 저도 사진을 찍고 싶었습니다.

❽ 가: ______________________

나: 네, 좋습니다. 저도 저녁을 먹지 않았습니다.

문법 2

EN Grammar JP 文法 CH 语法

-읍시다/ㅂ시다

❶ 우리 같이 저녁을 먹읍시다.
❷ 공원에서 사진을 찍읍시다.
❸ 도서관에서 공부합시다.
❹ 주말에 같이 영화를 봅시다.

01. 보기 와 같이 쓰십시오.

보기 우리 같이 도서관에 가다 ➡ 우리 같이 도서관에 갑시다.

❶ 우리 축구를 하다 ➡ ____________________

❷ 같이 점심을 먹다 ➡ ____________________

❸ 소풍을 가다 ➡ ____________________

❹ 주말에 만나다 ➡ ____________________

❺ 같이 책을 읽다 ➡ ____________________

❻ 한국어를 배우다 ➡ ____________________

❼ 우리 여행을 가다 ➡ ____________________

❽ 우리 같이 쇼핑을 하다 ➡ ____________________

02. 보기 와 같이 쓰십시오.

보기 가: 같이 공부할까요? 나: 네, 같이 공부합시다.

❶ 가: 우리 이번 금요일에 만날까요?
나: 네, ______________

❷ 가: 우리 같이 드라마를 볼까요?
나: 네, ______________

❸ 가: 우리 방학에 무엇을 할까요?
나: ______________

❹ 가: 무슨 음식을 먹을까요?
나: ______________

❺ 가: 우리 언제 소풍을 갈까요?
나: ______________

❻ 가: 명동에 가서 무엇을 할까요?.
나: ______________

❼ 가: 숙제가 많아서 도서관에 갑니다.
나: 그럼 ______________

❽ 가: 꽃이 예쁩니다.
나: ______________

활동

보기 와 같이 친구하고 여행 계획을 세우고 이야기하십시오.

	보기	나
어디에 갑니까?	제주도	
누구하고 갑니까?	미선, 리에, 마리아	
어디에서 만납니까?	김포공항	
무엇을 합니까?	등산, 사진, 수영	

보기
미선 : 우리 어디로 여행을 갈까요?
리에 : 제주도에 갑시다.
미선 : 누구하고 갈까요?
리에 : 마리아하고 같이 갑시다.
미선 : 어디에서 만날까요?
리에 : 김포공항에서 만납시다.
미선 : 제주도에서 무엇을 할까요?
리에 : 등산을 하고 사진을 찍읍시다.
미선 : 좋습니다. 우리 수영도 합시다.

제5과

학교 시설

01 선물을 사러 문구점에 가요

학습목표
- 서적, 문구류 관련 어휘와 부사 '빨리, 일찍, 열심히, 많이'를 익혀서 활용할 수 있다.
- '-어요', '-으러' 표현을 익혀서 활용할 수 있다.

웨　이 : 리에 씨, 어디에 가요?

리　에 : 선물을 사러 문구점에 가요.

웨　이 : 어제 시내에서 선물을 사지 않았어요?

리　에 : 네, 학교 문구점이 싸고 좋아요.

새 어휘

EN New Vocabulary JP 新しい語彙 CH 生词

선물	• 크리스마스 선물은 자전거입니다.	• 동생에게 무슨 선물을 보낼 거예요?
사다	• 어디에서 케이크를 살까요?	• 저는 서점에 가서 책을 샀습니다.
문구점	• 문구점은 도서관 안에 있습니다.	• 언니가 문구점에서 필통과 공책을 샀습니다.
시내	• 사람이 많아서 시내는 복잡합니다.	• 토요일에 시내에 가서 영화를 볼까요?

01. 보기 와 같이 쓰십시오.

보기 무슨 선물이 ~~이/가~~ 좋습니까?

❶ 친구하고 ____________ 에 가서 쇼핑을 했습니다.

❷ 꽃이 예뻐서 ____________ 고 싶습니다.

❸ 어머니께 ____________ 을/를 보냈습니까?

❹ ____________ 에 연필과 볼펜이 많습니다.

02. 보기 와 같이 이야기를 완성하십시오.

지난 주말에 친구하고 보기 시내에 가서 쇼핑을 했습니다.

시내 ❶ ____________ 에 공책, 필통, 볼펜이 많았습니다. 친구는 필통을 ❷ ________ 었습니다/았습니다/였습니다. 저는 공책과 볼펜을 ❸ ________ 었습니다/았습니다/였습니다. 이것은 제 동생 ❹ ________ 입니다.

주제 어휘

EN Thematic Vocabulary JP テーマ語彙 CH 主題词汇

서적류, 문구류	소설책, 잡지, 사전, 종이, 지우개, 수첩, 마우스
부사	빨리, 일찍, 열심히, 많이

01. 보기 와 같이 쓰십시오.

보기 아침에 일찍 일어납니다.

❶ 영수 씨는 날마다 __________ 공부합니다.

❷ 소설책하고 __________ 을/를 자주 읽습니다.

❸ 문구점에서 종이, __________, __________, __________ 을/를 샀습니다.

❹ 숙제가 많습니다. __________ 하십시오.

02. 보기 와 같이 이야기를 완성하십시오.

제 책상에 책이 많습니다. 저는 영화를 좋아해서 영화 보기 잡지가 이/가 많습니다. 이야기도 좋아해서 ❶ __________ 도 ❷ __________ 있습니다.저는 한국말을 배웁니다. 한국말 교과서를 많이 샀습니다. 한국말 ❸ __________ 도 샀습니다. 날마다 ❹ __________ 공부합니다.

문법 1

EN Grammar JP 文法 CH 语法

-어요/아요/여요

-아요	ㅏ	작다	작 + 아요 → **작아요**	이 옷이 좀 **작아요**.
		사다	사 + 아요 → 사아요 → **사요**	시장에서 물건을 **사요**.
	ㅗ	좋다	좋 + 아요 → **좋아요**	오늘 날씨가 **좋아요**?
		보다	보 + 아요 → 보아요 → **봐요**	텔레비전을 **봐요**.
	ㅡ	바쁘다	바쁘 + 아요 → 바쁘아요 → **바빠요**	선생님이 **바빠요**.
-어요	ㅓ	먹다	먹 + 어요 → **먹어요**	날마다 김치를 **먹어요**.
		서다	서 + 어요 → 서어요 → **서요**	버스가 정류장에 **서요**.
	ㅜ	웃다	웃 + 어요 → **웃어요**	유리 씨는 잘 **웃어요**.
		배우다	배우 + 어요 → 배우어요 → **배워요**	한국어를 **배워요**.
	ㅣ	있다	있 + 어요 → **있어요**	가방에 무엇이 **있어요**?
		마시다	마시 + 어요 → 마시어요 → **마셔요**	커피를 **마셔요**.
	ㅡ	만들다	만들 + 어요 → **만들어요**	무엇을 **만들어요**?
		크다	크 + 어요 → 크어요 → **커요**	그 사람은 키가 **커요**.
-여요	하	일하다	일하 + 여요 → 일하여요 → **일해요**	어디에서 **일해요**?

❶ 친구는 키가 작아요.

❷ 저는 학교 식당에서 점심을 먹어요.

❸ 날마다 어디에서 공부해요?

❹ 미선 씨, 빨리 오세요.

01. 보기 와 같이 쓰십시오.

보기 날마다 학교에 갑니다. ➡ 날마다 학교에 가요.

❶ 기숙사가 좋습니다. ➡ ____________________

❷ 동생이 키가 큽니다. ➡ ____________________

❸ 한국어를 배우십시오. ➡ ____________________

❹ 사진을 찍읍시다. ➡ ____________________

❺ 도서관이 시원합니까? ➡ ____________________

❻ 어디에서 공부하십니까? ➡ ____________________

❼ 저는 운동을 좋아하지 않습니다. ➡ ____________________

❽ 오빠는 오후에 탁구를 쳤습니다. ➡ ____________________

02. 보기 와 같이 쓰십시오.

보기 **가:** 학교에 식당이 있어요? **나:** 네, 있어요.

❶ **가:** 도서관이 ____________________

나: 네, ____________________

❷ **가:** 한국어를 ____________________

나: 네, ____________________

❸ **가:** 어느 나라에서 ____________________

나: ____________________

❹ 가: 어디에 ____________________

나: ____________________

❺ 가: 아침 몇 시에 ____________________

나: 7시에 ____________________

❻ 가: 주말에 무엇을 ____________________

나: 주말에 친구를 ____________________

❼ 가: 무슨 음식을 자주 ____________________

나: ____________________

❽ 가: 언제, 어디에서 만날까요?

나: ____________________

문법 2

EN Grammar JP 文法 CH 语法

-으러/러

❶ 미선 씨가 친구를 만나러 가요.

❷ 리에 씨, 밥을 먹으러 식당에 갑니까?

❸ 저는 한국말을 배우러 한국에 왔어요.

❹ 영화를 보러 갈까요?

01. 보기 와 같이 쓰십시오.

보기 저는 친구를 만나다 / 시내에 가요. ➡ 친구를 만나러 시내에 가요.

❶ 미선 씨는 커피를 마시다 / 커피숍에 갈 거예요.

➡ ______________________________

❷ 오빠가 산책을 하다 / 공원에 갔어요.

➡ ______________________________

❸ 동생이 책을 사다 / 서점에 가요.

➡ ______________________________

❹ 영수 씨, 사진을 찍다 / 공원에 갈까요?

➡ ______________________________

❺ 쇼핑을 하다 / 백화점에 갑시다.

➡ ______________________________

❻ 야마다 씨는 날마다 공부하다 / 도서관에 가요.

➡ ______________________________

❼ 웨이 씨가 운동을 하다 / 체육관에 갔어요.

➡ ______________________________

❽ 어머니가 저를 만나다 / 한국에 오셨어요.

➡ ______________________________

02. 보기 와 같이 쓰십시오.

보기 가: 왜 한국에 왔어요? | 한국어를 배우다 | 친구를 만나다 |

나: 친구를 만나러 한국에 왔어요.

❶ 가: 시장에 왜 갔어요? | 옷을 사다 | 구경하다 |

나: ______________________

❷ 가: 문구점에 무엇을 사러 가요? | 마우스하고 수첩 | 지우개하고 연필 |

나: ______________________

❸ 가: 왜 미국에 갑니까? | 할머니를 만나다 | 여행하다 |

나: ______________________

❹ 가: 공원에 무엇을 하러 갔습니까? | 산책하다 | 사진을 찍다 |

나: ______________________

❺ 가: 어디에 가요? | 책을 사다 | 친구를 만나다 |

나: ______________________

❻ 가: 오후에 어디에 갔어요? | 공부하다 | 자전거를 타다 |

나: ______________________

❼ 가: 이번 주말에 무엇을 할 거예요? | 영화를 보다 | 등산을 하다 |

나: ______________________

❽ 가: 토요일에 무엇을 할까요? | 운동하다 | 수영을 하다 |

나: ______________________

활동

여러분은 여기에 무엇을 하러 갑니까? 보기 와 같이 쓰십시오.

도서관, 체육관, 기숙사, 식당, 커피숍, 서점, 강의실

보기 저는 숙제를 하러 도서관에 가요.

02 학교 티셔츠가 한 장에 얼마입니까?

학습목표

- 쇼핑 관련 어휘와 단위 명사 '잔, 상자, 송이, 인분'을 익혀서 활용할 수 있다.
- '에[3](단위)', '-어 주다' 표현을 익혀서 활용할 수 있다.

미 선 : 학교 티셔츠가 한 장에 얼마입니까?
주 인 : 한 장에 칠천 원입니다.
미 선 : 백 장 주세요. 포장해서 배달해 주세요.

새 어휘

EN New Vocabulary JP 新しい語彙 CH 生词

티셔츠	• 저는 티셔츠가 많이 있습니다.	• 티셔츠가 예뻐서 사고 싶어요.
장	• 종이가 50장 있습니다.	• 시장에서 티셔츠를 두 장 샀어요.
얼마	• 케이크가 얼마입니까?	• 가방이 얼마입니까?
주다	• 제 친구가 동생에게 아이스크림을 주었습니다.	• 공책을 한 권 주세요.
포장하다	• 책을 사서 포장했어요.	• 선물을 포장해서 친구에게 줍니다.
배달하다	• 백화점은 몇 시부터 몇 시까지 배달합니까?	• 학교 앞 식당은 아침에 배달하지 않습니다.

01. 보기 와 같이 쓰십시오.

보기 티셔츠가 ~~이/가~~ 좋아요.

❶ 꽃을 포장해서 친구에게 ______________었어요/았어요/였어요.

❷ 중국 식당에서 무슨 음식을 ________________?

❸ 종이 열 _____ 주십시오.

❹ 교과서가 _________입니까?

02. 보기 와 같이 대화를 완성하십시오.

미선: 보기 종이를 많이 살 거예요. 배달합니까 ~~습니까/ㅂ니까~~?

주인: 네, 배달합니다.

미선: 한 장이 ❶ ________입니까?

주인: 삼십 원입니다.

미선: 천 오백 ❷ _______ ❸ ____________으십시오/십시오.

주인: 사만 오천 원이에요. ❹ ____________을까요/ㄹ까요?

미선: 네, 고맙습니다.

주제 어휘

EN Thematic Vocabulary JP テーマ語彙 CH 主题词汇

단위명사2	잔, 상자, 송이, 인분
쇼핑	꽃가게, 기념품점, 모자, 값, 계산하다

01. 보기 와 같이 쓰십시오.

보기 케이크를 몇 상자 살까요?

❶ ________ 에서 꽃을 일곱 송이 샀어요.

❷ 친구하고 불고기를 오 ______ 먹었어요.

❸ 날마다 아침에 일어나서 커피를 한 ____ 마셔요.

❹ 학교 __________ 에서 모자를 사서 동생에게 보냈어요.

02. 보기 와 같이 이야기를 완성하십시오.

오후에 태국 친구가 나를 보러 한국에 옵니다. 친구에게 선물을 주고 싶어서 학교 보기 기념품점에서 ❶ __________ 을/를 한 개 샀습니다. 값이 쌌습니다. ❷ ______ 에 가서 꽃도 열 ❸ _____ 샀습니다. 친구를 만나서 선물을 주고 커피를 마셨습니다. 친구가 커피값을 ❹ __________ 었습니다/았습니다/였습니다.

문법 1

EN Grammar JP 文法 CH 语法

에[3]

❶ 꽃은 한 송이에 얼마입니까?

❷ 주스는 한 잔에 얼마입니까?

❸ 공책 두 권에 삼천 원입니다.

❹ 지우개 세 개에 이천 원입니다.

01. 보기와 같이 쓰십시오.

보기 필통 한 개 / 얼마입니까? ➡ 필통 한 개에 얼마입니까?

❶ 연필 한 개 / 얼마입니까? ➡ ______________________

❷ 꽃 한 송이 / 얼마입니까? ➡ ______________________

❸ 책 한 권 / 만 칠천 원입니다. ➡ ______________________

❹ 종이 열 장 / 삼백 원입니다. ➡ ______________________

❺ 불고기 일 인분 / 만 원입니다. ➡ ______________________

❻ 주스 한 잔 / 육천 원입니다. ➡ ______________________

❼ 커피 한 잔 / 사천팔백 원입니다. ➡ ______________________

❽ 아이스크림 다섯 개 / 오천 원입니다. ➡ ______________________

02. 보기 와 같이 쓰십시오.

보기 가: 오렌지가 얼마입니까?

나: 여섯 개에 오천 원입니다.

❶ 가: 종이가 얼마입니까?

나: ____________________

❷ 가: 꽃이 얼마입니까?

나: ____________________

❸ 가: 아이스크림이 얼마입니까?

나: ____________________

❹ 가: 불고기가 얼마입니까?

나: ____________________

❺ 가: 바나나가 얼마입니까?

나: ______________________

❻ 가: 공책이 얼마입니까?

나: ______________________

❼ 가: 티셔츠가 얼마입니까?

나: ______________________

❽ 가: 책이 얼마입니까?

나: ______________________

문법 2

EN Grammar JP 文法 CH 语法

-어/아/여 주다

❶ 월요일에 전화해 주십시오.

❷ 이메일을 보내 주세요.

❸ 언니가 사진을 찍어 주었어요.

❹ 이것을 포장해 드릴까요?

01. **보기 와 같이 쓰십시오.**

보기 청소를 하다 ➡ 청소를 해 주세요.

❶ 책을 읽다 ➡ ______________________

❷ 빨리 오다 ➡ ______________________

❸ 커피를 사다 ➡ ______________________

❹ 숙제를 하다 ➡ ______________________

❺ 사진을 찍다 ➡ ______________________

❻ 선물을 보내다 ➡ ______________________

❼ 이것을 배달하다 ➡ ______________________

❽ 커피값을 계산하다 ➡ ______________________

02. 보기 와 같이 쓰십시오.

보기 가: 아침에 올까요?
나: 네, 아침에 와 주세요.

❶ 가: 사진을 찍어 줄까요?
나: 네, ______________________

❷ 가: 포장해 드릴까요?
나: 네, ______________________

❸ 가: 언제 이메일을 보낼까요?
나: 토요일에 ______________________

❹ 가: 크리스마스에 무엇을 사 드릴까요?
나: ______________________

❺ 가: 오전에 전화할까요?
나: 오전에는 바빠요. ______________________

❻ 가: 무엇을 먹고 싶어요?

나: 저는 케이크를 좋아해요. ______________________________

❼ 가: 무엇을 하고 싶어요?

나: 노래를 듣고 싶어요. ______________________________

❽ 가: 이것이 학교 모자하고 학교 티셔츠입니다. 드릴까요?

나: 네, 얼마입니까? ______________________________.

활동

보기 와 같이 다음에서 골라서 대화하십시오.

꽃가게	꽃 1,000원		계산하다 포장하다 배달하다
문구점	필통 5,000원,	공책 900원	
기념품점	모자 13,000원	가방 26,000원	
식당	불고기 10,000원	비빔밥 7,000원	
마트	바나나 6,000원	휴지통 8,000원	

보기 꽃가게

직원 : 뭘 드릴까요?
손님 : 꽃 한 송이에 얼마입니까?
직원 : 한 송이에 1,000 원입니다.
손님 : 백 송이 주세요.
직원 : 배달해 드릴까요?
손님 : 네, 배달해 주세요. 얼마입니까? 계산해 주세요.
직원 : 십만 원입니다.

03 저것이 비빔냉면이에요?

학습목표

- 음식 주문 관련 어휘와 형용사 '아프다, 피곤하다, 무겁다, 가볍다, 튼튼하다'를 익혀서 활용할 수 있다.
- '-으니까', '이에요, 이/가 아니에요' 표현을 익혀서 활용할 수 있다.

리　에 : 학생 식당에서 뭘 먹을까요?
영　수 : 메뉴에 사진이 있으니까 보고 주문합시다.
리　에 : 저것이 비빔냉면이에요? 맛이 어때요?
영　수 : 비빔냉면은 좀 맵습니다.

새 어휘

EN New Vocabulary JP 新しい語彙 CH 生词

메뉴	• 메뉴를 보세요.	• 메뉴에 무슨 음식이 있어요?
주문하다	• 메뉴를 보고 주문하세요.	• 무엇을 주문할까요?
비빔냉면	• 비빔냉면을 먹고 싶어요.	• 비빔냉면이 맛있어서 자주 먹어요.
맛	• 불고기 맛이 어떻습니까?	• 커피 맛이 좋습니다
좀	• 이번 주는 좀 바쁩니다.	• 시장은 좀 복잡하고 시끄럽습니다.
맵다	• 비빔냉면은 맵습니다.	• 불고기가 맵지 않습니다.

01. 보기 와 같이 쓰십시오.

보기 교실이 좀 작습니다.

❶ 친구는 커피를 ____________고 나는 차를 주문했어요.

❷ 한국 사람은 ____________을/를 많이 먹어요?

❸ 비빔냉면은 ____________이/가 어때요?

❹ 불고기는 ____________지 않고 맛있습니다.

02. 보기 와 같이 대화를 완성하십시오.

미국 친구하고 점심을 먹으러 학생식당에 갔습니다. 보기 메뉴에 ❶____________이/가 있었습니다. 우리는 비빔냉면을 ❷__________었습니다/았습니다/였습니다. 친구가 먹고 이야기했습니다. "비빔냉면은 ❸______이/가 아주 ❹________습니다/ㅂ니다."

주제 어휘

EN Thematic Vocabulary JP テーマ語彙 CH 主题词汇

음식 주문	된장찌개, 물냉면, 제육볶음, 시키다
형용사5	아프다, 피곤하다, 무겁다, 가볍다, 튼튼하다

01. 보기 와 같이 쓰십시오.

보기 된장찌개하고 제육볶음을 시켰습니다 ~~었습니다/았습니다/였습니다~~.

❶ 제 자전거는 가볍고 ____________ 어요/아요/여요.

❷ ____________ 은/는 시원합니다.

❸ 친구가 ____________ 어서/아서/여서 학교에 오지 않았습니다.

❹ 가방에 책이 많아서 ____________ 습니다/ㅂ니다.

02. 보기 와 같이 대화를 완성하십시오.

영수 : 된장찌개를 보기 시킬까요 ~~을까요/ㄹ까요~~?

미선 : 네, 물냉면하고 ❶ ____________ 을/를 시킵시다.

영수 : 이것이 미선 씨 가방입니까? 가방이 아주 무겁습니다.

미선 : 한국말 교과서가 네 권 있어서 ❷ 좀 ____________ 습니다/ㅂ니다.

영수 : 미선 씨, ❸ 어디가 ____________ 어요/아요/여요?

미선 : 아니요, 날마다 숙제가 많아서 ❹ 좀 ____________ 어요/아요/여요.

문법 1

EN Grammar JP 文法 CH 语法

-으니까/니까

❶ 낮에는 바쁘니까 저녁에 만납시다.
❷ 값이 싸니까 살까요?
❸ 피곤하니까 쉬십시오.
❹ 시장을 구경하니까 재미있습니다.

01. 보기 와 같이 쓰십시오.

보기 꽃이 예쁘다 / 사진을 찍읍시다. ➡ 꽃이 예쁘니까 사진을 찍읍시다.

❶ 도서관이 조용하다 / 도서관에 가서 공부합시다.

➡ ____________________

❷ 오빠가 보고 싶어 하다 / 자주 전화하십시오.

➡ ____________________

❸ 학교 안에 체육관이 있다 / 날마다 운동을 하십시오.

➡ ____________________

❹ 토요일에 약속이 있다 / 일요일에 만납시다.

➡ ____________________

❺ 리에 씨가 한국음식을 좋아하다 / 한국음식을 시킬까요?

➡ ____________________

❻ 피곤하다 / 커피를 한 잔 마실까요?

➡ ____________________

❼ 불고기가 맵지 않다 / 불고기를 잡수세요.

➡ ____________________

❽ 오전에는 한국어를 배우다 / 오후에 전화해 주세요.

➡ ____________________

02. 보기 와 같이 쓰십시오.

보기 가: 토요일에 만날까요?
나: 제가 토요일에 바쁘니까 ~~으니까/니까~~ 일요일에 만납시다.

❶ 가: 커피 한 잔 마실까요?

나: 네, ________________ 으니까/니까 한 잔 마십시다.

❷ 가: 산책하러 갈까요?

나: 아니요, ________________ 으니까/니까 내일 가요.

❸ 가: 교실에서 이야기합시다.

나: 아니요, ________________ 으니까/니까 밖에서 이야기합시다.

❹ 가: 어디에서 점심을 먹을까요?

나: ________________ 으니까/니까 학생 식당에서 먹어요.

❺ 가: 백화점에 가서 옷을 살까요?

나: ________________ 으니까/니까 시장에 가서 사세요.

❻ 가: 원 씨에게 무슨 선물을 사 줄까요?

나: ________________ 으니까/니까 음악 CD를 사 주세요.

❼ 가: 뭘 시킬까요?

나: ________________ 으니까/니까 불고기를 시킵시다.

❽ 가: 어디에서 운동을 할까요?

나: ________________ 으니까/니까 공원에 가서 합시다.

문법 2

EN Grammar JP 文法 CH 语法

이에요/예요, 이/가 아니에요

❶ 야마다 씨는 회사원이에요.
❷ 이것은 무슨 책이에요?
❸ 제임스 씨가 누구예요?
❹ 저는 중국 사람이 아니에요.

01. 보기 와 같이 쓰십시오.

보기 저는 학생입니다. ➡ 저는 학생이에요.

❶ 아버지는 은행원입니다. ➡ ____________________

❷ 이것은 제 컴퓨터가 아닙니다. ➡ ____________________

❸ 금요일이 아닙니다. ➡ ____________________

❹ 미영 씨가 미선 씨 동생입니까? ➡ ____________________

❺ 저것은 어느 나라 노래입니까? ➡ ____________________

❻ 이것은 미선 씨 수첩이 아닙니까? ➡ ____________________

❼ 한국 친구가 누구입니까? ➡ ____________________

❽ 이름이 무엇입니까? ➡ ____________________

02. 보기 와 같이 쓰십시오.

안녕하세요. 제 이름은 보기 왕웨이예요(왕웨이).

저는 ❶ ________________(중국 사람). 연세 대학교 ❷ ________________ (학생). 제 전공은 ❸ ________________(컴퓨터 공학). 전공 공부가 재미있어요. 이것은 제 ❹ ________________(컴퓨터). 날마다 컴퓨터를 하고 전공 공부를 해요. 이것은 제 어머니, 아버지 ❺ ________________(사진). 어머니는 은행원이시고 아버지는 ❻ ________________(회사원). 날마다 바쁘세요. 저는 날마다 한국말을 배워요. 이것은 제 한국어 ❼ ________ (교과서). 교과서가 ❽ ________________(네 권).

활동

친구들과 같이 식당에 갔습니다. 보기 와 같이 음식을 주문하십시오.

메뉴

제육볶음	6,000원	불고기(1인분)	10,000원
물냉면	7,000원	비빔밥	7,000원
비빔냉면	7,000원		

보기 **주인** : 뭘 드릴까요?
손님 : 비빔냉면은 맛이 어떻습니까?
주인 : 좀 맵습니다. 물냉면이 시원하니까 물냉면을 드세요.
손님 : 불고기는 일 인분에 얼마예요?
주인 : 일 인분에 만 원이에요. 불고기를 드릴까요?
손님 : 불고기 이 인분하고 물냉면 하나 주세요.

04 저기 큰 건물 206호예요

학습목표
- 학교 건물, 시설 관련 어휘와 동사 '살다, 찾다, 닫다, 열다, 기다리다'를 익혀서 활용할 수 있다.
- 관형형 '-은', '-은/는/을' 표현을 익혀서 활용할 수 있다.

마이클 : 미선 씨가 공부하는 교실이 어디에 있어요?
미　선 : 저기 큰 건물 206호예요.
마이클 : 점심은 1층에 있는 식당에서 먹어요?
미　선 : 네, 지금 점심을 먹으러 갈까요?

새 어휘

EN New Vocabulary JP 新しい語彙 CH 生词

저기	• 제임스 씨가 친구하고 저기에서 커피를 마셔요.	• 저기에 우리학교 기숙사가 있어요
건물	• 학교 건물이 크고 깨끗해요.	• 학교 안에 건물이 많아서 복잡해요.
호	• 우리 교실은 403호예요.	• 한국어 강의실이 몇 호예요?
층	• 우리 교실은 3층에 있어요.	• 미선 씨는 도서관 몇 층에서 공부해요?
지금	• 언니가 지금 자요.	• 영수 씨, 지금 무엇을 해요?

01. 보기 와 같이 쓰십시오.

보기 301 호에서 만납시다.

❶ ______에 가서 이야기할까요?

❷ 기숙사 옆에 무슨 ______이/가 있어요?

❸ 미선 씨가 ______ 체육관에서 운동해요.

❹ 제임스 씨 교실은 몇 ______에 있어요?

02. 보기 와 같이 대화를 완성하십시오.

한국친구 : 보기 지금 마이클 씨는 학교 기숙사에 있어요?

제 임 스 : 네, ❶ ______ 10층 ❷ ______이/가 기숙사예요.

한국친구 : 마이클 씨 방은 몇 층이에요?

제 임 스 : ❸ 7____에 있어요. ❹ 710 ____이에요/예요.

주제 어휘

EN Thematic Vocabulary JP テーマ語彙 CH 主题词汇

학교 건물과 시설	사무실, 자료실, 컴퓨터실, 멀티미디어룸, 엘리베이터
동사4	살다, 찾다, 닫다, 열다, 기다리다

01. 보기 와 같이 쓰십시오.

보기 자료실에 한국어 교과서가 있어요?

❶ 약속이 있어서 커피숍에서 친구를 ________ 었어요/았어요/였어요.

❷ 미선 씨 오빠는 어디에 ________ 어요/아요/여요?

❸ 시끄럽습니다. 창문을 ________ 어/아/여 주십시오.

❹ 김 선생님을 만나러 ________ 에 가요.

02. 보기 와 같이 쓰십시오.

마이클 : 한국 음악 잡지를 보고 싶어요.

리　에 : 도서관 자료실에 가서 보기 찾으세요.

마이클 : ❶ ________ 이/가 어디에 있어요?

리　에 : 6층에 있으니까 ❷ ________ 을/를 타고 가세요.

마이클 : 자료실은 몇 시에 문을 ❸ ________ 어요/아요/여요?

리　에 : 저녁 6시에 닫아요.

마이클 : 제임스 씨는 오지 않았어요?

리　에 : 다섯 시에 올 거예요. 좀 ❹ ________ 어/아/여 주세요.

문법 1

EN Grammar JP 文法 CH 语法

-은/ㄴ

❶ 키가 작은 사람이 우리 언니예요.
❷ 미선 씨는 친절한 사람입니다.
❸ 친구가 백화점에서 싸고 예쁜 옷을 샀어요.
❹ 맵지 않은 음식을 시켰어요.

01. 보기 와 같이 쓰십시오.

보기 예쁘다 / 가방이 많이 있어요. ➡ 예쁜 가방이 많이 있어요.

❶ 좋다 / 친구를 만났습니다. ➡ ____________

❷ 깨끗하다 / 식당에서 밥을 먹어요. ➡ ____________

❸ 시원하다 / 주스를 마시고 싶어요. ➡ ____________

❹ 아프다 / 사람은 일찍 가십시오. ➡ ____________

❺ 꽃이 많다 / 공원에서 사진을 찍었어요. ➡ ____________

❻ 머리가 짧다 / 사람이 제 동생이에요. ➡ ____________

❼ 조용하다 / 음악을 좋아하세요? ➡ ____________

❽ 복잡하지 않다 / 가게에 가서 구경합시다.

➡ ____________

02. 보기 와 같이 쓰십시오.

보기 가: 누가 미선 씨 일본 친구예요? (키가 작다)
나: 키가 작은 사람이 제 일본 친구예요.

❶ 가: 친구는 어떤 사람이에요? (친절하다)
나: ______________________________

❷ 가: 누가 미선 씨 선생님이에요? (재미있고 잘생겼다)
나: ______________________________

❸ 가: 어떤 가방이 미선 씨 가방이에요? (무겁고 크다)
나: ______________________________

❹ 가: 미선 씨, 어떤 옷을 샀어요? (귀엽고 예쁘다)
나: ______________________________

❺ 가: 어떤 강의실에서 한국말을 배워요?(넓다)
나: ______________________________

❻ 가: 미선 씨는 어떤 기숙사에서 살고 싶어요? (조용하고 깨끗하다)
나: ______________________________

❼ 가: 기숙사 식당에 어떤 음식이 있어요? (맛있고 싸다)
나: ______________________________

❽ 가: 미선 씨 학교 옆에 무엇이 있어요? (학교 옆 시장이 시끄럽고 복잡하다)
나: ______________________________

문법 2

EN Grammar JP 文法 CH 语法

-은/ㄴ, 는, 을/ㄹ

❶ 저는 일본에서 온 야마다입니다. ❷ 제가 자주 먹는 음식은 비빔밥이에요.
❸ 이것은 동생에게 줄 선물입니다. ❹ 맛있는 음식을 먹고 싶어요.

01. 보기 와 같이 쓰십시오.

보기 지난 주말에 만났어요. / 사람이 김 선생님이에요.
➡ 지난 주말에 만난 사람이 김 선생님이에요.

❶ 아침에 전화를 했어요. / 사람이 누구예요?

➡ ______

❷ 제가 보냈어요. / 이메일을 읽었어요?

➡ ______

❸ 여행을 좋아해요. / 사람이 많습니다.

➡ ______

❹ 숙제를 하지 않아요. / 학생이 있어요?

➡ ______

❺ 저녁에 먹을 거예요. / 밥이 없어요.

➡ ______

❻ 시내에 가서 살 거예요. / 그것이 뭐예요?

➡ ______

❼ 재미있어요. / 영화를 보고 싶어요.

➡ ______

❽ 교과서가 없어요. / 학생이 누구예요?

➡ ______

02. 보기 와 같이 쓰십시오.

보고 싶어 하다, 오다, 보다, 마시다, 있다, 하다, 시키다, 먹다, 사다

주말에는 영화를 보기 보는 사람이 많아요. 저도 지난 주말에 친구가 ❶ __________ 영화가 있어서 같이 영화를 보러 갔어요. 영화관 5층에서 나는 팝콘과 콜라를 샀어요. 영화관에는 영화를 보러 ❷ __________ 사람이 많았어요. 우리는 6층에 ❸ __________ 영화관에 갔어요. 영화관 안에는 커피를 ❹ __________ 사람도 있고 옆 사람하고 이야기를 ❺ __________ 사람도 있고 전화를 하는 사람도 있었어요. 우리는 5층에서 ❻ __________ 팝콘과 콜라를 먹었어요. 영화를 보고 영화관 앞에 있는 식당에서 저녁을 먹었어요. 내가 ❼ __________ 음식은 시원한 물냉면이었어요. 내 친구는 맵지 않은 된장찌개를 시켰어요. 밥을 먹고 집에 가서 ❽ __________ 오렌지도 샀어요.

활동

보기 와 같이 다음 질문 중에서 하나를 골라서 쓰고 이야기하십시오.

질문1. 좋아하는 친구는 어떤 사람입니까?

질문2. 어떤 선생님을 만나고 싶습니까?

질문3. 어떤 일을 하고 싶습니까? 어떤 일을 하고 싶지 않습니까?

보기 질문1. 제가 좋아하는 친구는 친절한 사람입니다.
열심히 공부하는 친구를 좋아합니다.
키가 크고 멋있는 친구도 좋아합니다.
재미있는 이야기를 하는 친구도 좋아합니다.

제6과

학교 생활

01 수업이 어렵지만 참 재미있어요

02 방학에 운전과 태권도를 배웠어요

03 기숙사가 하숙집보다 편해요?

04 편의점에서 김밥이나 컵라면을 먹읍시다

01 수업이 어렵지만 참 재미있어요

학습목표
- 수업 관련 어휘를 익혀서 활용할 수 있다.
- '-지만', 'ㅂ동사' 표현을 익혀서 활용할 수 있다.

웨 이 : 수업이 재미있어요?
리 에 : 네, 수업이 어렵지만 참 재미있어요.
웨 이 : 무엇이 어려워요?
리 에 : 듣기가 제일 어려워요.

새 어휘

EN New Vocabulary JP 新しい語彙 CH 生词

수업	• 월요일부터 금요일까지 한국어 수업이 있어요.	• 지금 듣는 수업이 어때요?
어렵다	• 전공 공부가 어렵습니다.	• 한국어 소설책이 어려웠어요.
참	• 케이크가 참 맛있어요.	• 친구가 공부를 참 열심히 해요.
듣기	• 저는 한국 노래 듣기를 좋아해요.	• 한국어 듣기가 어렵습니다.
제일	• 서울에서 제일 높은 건물이 뭐예요?	• 저는 비빔밥을 제일 좋아해요.

01. 보기 와 같이 쓰십시오.

보기 날마다 한국어 수업이 ~~이/가~~ 있습니다.

❶ 저는 음악 ______________ 을/를 좋아해요.

❷ 동생이 ______________ 귀엽습니다.

❸ 서울에서 어디가 ______________ 복잡해요?

❹ 오늘 숙제는 ______________ 지 않습니다.

02. 보기 와 같이 대화를 완성하십시오.

가: 한국어 보기 수업이 ~~이/가~~ 어떻습니까?

나: 수업이 ❶______________ 재미있습니다.

가: ❷______________ 은/는 어떻습니까?

나: 저는 듣기가 ❸______________ 습니다/ㅂ니다.

가: 저도 듣기가 ❹______________ 어렵습니다.

주제 어휘

EN Thematic Vocabulary JP テーマ語彙 CH 主题词汇

수업	듣기, 말하기, 쓰기, 읽기, 시간표, 시험, 점수 가르치다, 배우다, 쉽다, 어렵다, 수업을 듣다

01. 보기 와 같이 쓰십시오.

보기 수업 시간표를 ~~을/를~~ 보십시오.

❶ 김 선생님은 대학교에서 한국어를 ________습니다/ㅂ니다.

❷ 한국어를 ________는, 은/ㄴ 학생이 많습니다.

❸ 말하기, 듣기, 쓰기, 읽기 ________을/를 봅니다.

❹ 쓰기 시험 ________이/가 제일 좋습니다.

02. 보기 와 같이 이야기를 완성하십시오.

우리는 한국어 보기 수업을 듣습니다 ~~습니다/ㅂ니다~~. 김 선생님께서 ❶________으십니다/십니다. 우리는 말하기, 듣기, 쓰기, 읽기를 ❷________습니다/ㅂ니다. 말하기하고 듣기는 재미있고 ❸________습니다/ㅂ니다. ❹________하고 읽기는 좀 어렵습니다.

문법 1

EN Grammar JP 文法 CH 语法

-지만

❶ 탁구를 좋아하지만 자주 치지 않아요.

❷ 수업이 어렵지만 재미있어요.

❸ 열심히 공부했지만 점수가 좋지 않아요.

❹ 제임스 씨는 미국사람이지만 한국말을 잘해요.

01. 보기 와 같이 쓰십시오.

보기 키가 작다 / 농구를 잘해요. ➡ 키가 작지만 농구를 잘해요.

❶ 바쁘다 / 자주 전화해요. ➡ ____________________

❷ 드라마를 좋아하다 / 날마다 보지 않아요. ➡ ____________________

❸ 시장이 복잡하다 / 재미있어요. ➡ ____________________

❹ 한국 음식이 맛있다 / 맵습니다. ➡ ____________________

❺ 음식이 많다 / 먹고 싶은 것이 없어요. ➡ ____________________

❻ 친구와 영화를 보고 싶다 / 바빠요. ➡ ____________________

❼ 방학이다 / 시간이 없습니다. ➡ ____________________

❽ 시간이 많았다 / 숙제를 하지 않았어요. ➡ ____________________

02. 보기 와 같이 쓰십시오.

공부하다	넓다	만나고 싶다	많다	바쁘다	어렵다
자고 싶다	잘하다	재미있다	피곤하다		

원 씨는 학교에서 한국어를 공부합니다. 한국어 공부가 보기 재미있지만 어렵습니다. 숙제를 열심히 합니다. 숙제하기가 ❶ ______ 날마다 합니다. 교실에 아시아 학생이 ❷ ______ 태국 학생은 적습니다. 교실이 ❸ ______ 학생은 많지 않습니다. 선생님이 친절하고 재미있습니다. 할 일이 많아서 좀 ❹ ______ 열심히 수업을 듣습니다.

지난주 금요일에 시험을 봤습니다. 지난주에 친구를 ❺ ______ 만나지 않았습니다. 날마다 일찍 자지 않고 공부했습니다. 일찍 ❻ ______ 커피를 마시고 공부했습니다. 시험에서 쓰기하고 읽기는 ❼ ______ 듣기하고 말하기는 점수가 좋지 않습니다. 다음에는 듣기하고 말하기도 잘하고 싶습니다. 시험을 보고 ❽ ______ 오후에 친구를 만나러 갔습니다.

문법 2

EN Grammar JP 文法 CH 语法

ㅂ동사

❶ 동생이 참 귀여워요.

❷ 미선 씨는 매운 음식을 좋아해요.

❸ 시험이 어려워서 점수가 좋지 않아요.

❹ 가방에 책이 많아서 무거웠어요.

01. 보기 와 같이 쓰십시오.

	-어요/아요/여요	-었어요/았어요/였어요	-은/ㄴ	-으니까/니까
맵다	보기 매워요	매웠어요	매운	매우니까
쉽다	❶	쉬웠어요	❷	쉬우니까
어렵다	어려워요	어려웠어요	어려운	❸
가볍다	가벼워요	❹	가벼운	가벼우니까
무겁다	무거워요	무거웠어요	❺	무거우니까
귀엽다	❻	❼	귀여운	귀여우니까
시끄럽다	시끄러워요	시끄러웠어요	시끄러운	❽

02. 보기 와 같이 쓰십시오.

지난 주말에 마이클을 만났어요. 참 보기 반가웠어요. ~~었어요/았어요/였어요~~.
(반갑다)

마이클은 좀 ❶ ________ 지만 친절하고 ❷ ________ 은/ㄴ 친구예요. 학교 근처
(시끄럽다) (귀엽다)

식당에 갔어요. 마이클은 ❸ ________ 은/ㄴ 음식을 좋아하지 않아요. 제육볶음은
(맵다)

❹ ________ 어서/아서/여서 불고기를 먹었어요. 시장에도 갔어요. 시장에 사람이
(맵다)

많아서 ❺ ________ 었어요/았어요/였어요.
(시끄럽다)

가방이 ❻ ________ 어서/아서/여서 좀 피곤했어요. 저는 마이클하고 이야기
(무겁다)

하기가 ❼ ________ 었어요/았어요/였어요. 마이클이 ❽ ________ 은/ㄴ 영어를
(어렵다) (쉽다)

했지만 어려웠어요.

활동

무슨 수업을 듣습니까? 수업이 어떻습니까? 보기 와 같이 이야기하십시오.

보기 저는 한국어 읽기 수업을 듣습니다. 월요일부터 금요일까지 날마다 듣습니다. 수업이 재미있지만 어렵습니다. 어려운 숙제가 많지만 날마다 합니다.

____

____

____

02 방학에 운전과 태권도를 배웠어요

학습목표
- 방학 생활 관련 어휘를 익혀서 활용할 수 있다.
- '과/와', '-지 못하다' 표현을 익혀서 활용할 수 있다.

리 에 : 지난 방학에 무엇을 했어요?
영 수 : 방학에 운전과 태권도를 배웠어요.
리 에 : 고향에 갔어요?
영 수 : 시간이 없어서 가지 못했어요.

새 어휘

EN New Vocabulary JP 新しい語彙 CH 生词

방학	• 우리 학교는 7월부터 8월까지 방학입니다.	• 방학에 친구를 만나러 일본에 갈 거예요.
운전	• 이번 방학에 운전을 배울 거예요.	• 저는 서울에서 운전을 하지 않아요.
태권도	• 저는 태권도를 좋아해서 한국에 왔어요.	• 제임스 씨가 태권도를 잘해서 멋있어요.
고향	• 할아버지께서 고향에 계십니다.	• 저는 고향에 가서 쉬고 싶어요

01. 보기 와 같이 쓰십시오.

보기 제 고향은 ~~은/는~~ 부산입니다.

❶ 저는 한국에서 ____________ 을/를 배우고 싶어요.

❷ 서울이 복잡해서 ____________ 을/를 하지 않습니다.

❸ ____________ 에 아르바이트를 하는 친구가 많습니다.

❹ 저는 연휴에 ____________ 에 가고 싶습니다.

02. 보기 와 같이 대화를 완성하십시오.

우리 학교는 7월과 8월이 보기 방학이에요. ~~이에요/예요~~. 방학이 길어서 ❶ ____________ 에 가는 학생이 많아요. 저는 한국에서 태권도를 배웠어요. 방학에 고향에 가서 동생에게 ❷ ____________ 을/를 가르쳐 주고 주말에는 ❸ ____________ 을/를 배울 거예요. 저는 지금 ❹ ____________ 을/를 기다려요.

주제 어휘

EN Thematic Vocabulary JP テーマ語彙 CH 主题词汇

방학 생활	고향에 가다, 민속촌에 가다, 박물관에 가다, 아르바이트를 하다, 여행을 하다, 역사를 공부하다, 운전을 배우다, 외국어를 배우다, 태권도를 배우다

01. 보기 와 같이 쓰십시오.

보기 방학에는 아버지, 어머니께서 계시는 고향에 갑니다 ~~습니다/ㅂ니다~~.

❶ 저는 운동을 좋아해서 ____________ 습니다/ㅂ니다.

❷ 미선 씨는 날마다 저녁에 커피숍에서 ____________ 습니다/ㅂ니다.

❸ 저는 전공이 국제학이어서 열심히 ____________ 어요/아요/여요.

❹ 한국에서 ____________ 고 싶어요. 부산하고 제주도에 가고 싶어요.

02. 보기 와 같이 이야기를 완성하십시오.

방학에 저는 한국 친구 보기 고향에 갔어요 ~~었어요/았어요/였어요~~. 저는 한국 ❶ ____________ 으러/러 민속촌하고 ❷ ____________ 었어요/았어요/였어요. 한국드라마에서 본 것이 많아서 아주 재미있었어요. 저는 다음 방학에 많은 나라를 ❸ ____________ 고 싶어요. 지금부터 ❹ ____________ 을/ㄹ 거예요.

문법 1

EN Grammar JP 文法 CH 语法

과/와

❶ 고향에 형과 동생이 있어요.

❷ 저는 서점에서 소설책과 잡지를 샀어요

❸ 말하기와 듣기가 어렵습니다.

❹ 지난 주말에 어머니와 아버지가 서울에 오셨어요.

01. 보기 와 같이 알맞은 것을 고르십시오.

보기 교실에 책상((과), 와) 의자가 많아요.

❶ 저는 농구(과, 와) 야구를 자주 해요.

❷ 저는 언니(과, 와) 오빠가 있어요.

❸ 우리 학교 근처에 시장(과, 와) 백화점이 없어요.

❹ 미선 씨는 영어(과, 와) 일본어를 잘해요.

❺ 리에 씨는 문구점에서 수첩(과, 와) 볼펜을 샀어요.

❻ 저는 월요일(과, 와) 금요일에 수업이 없어요.

❼ 우리는 아침(과, 와) 점심을 학교 식당에서 먹었어요.

❽ 불고기(과, 와) 냉면을 시킬까요?

02. 보기 와 같이 두 가지를 선택하여 쓰십시오.

보기 가: 서점에서 무엇을 살 거예요? | (소설책) | 교과서 | (잡지) |
나: 소설책과 잡지를 살 거예요.

❶ 가: 방학에 어디에 여행가고 싶어요? | 태국 | 베트남 | 일본 |

나: ______________________

❷ 가: 주말에 누구를 만났어요? | 제임스 | 제리 | 윈 |

나: ______________________

❸ 가: 점심에 무엇을 먹었어요? | 불고기 | 된장찌개 | 물냉면 |

나: ______________________

❹ 가: 무엇을 시킬까요? | 케이크 | 커피 | 우유 |

나: ______________________

❺ 가: 무슨 운동을 좋아해요? | 수영 | 축구 | 농구 |

나: ______________________

❻ 가: 무슨 요일에 아르바이트를 해요? | 금요일 | 토요일 | 일요일 |

나: ______________________

❼ 가: 무슨 선물을 샀어요? | 꽃 | 케이크 | 모자 |

나: ______________________

❽ 가: 무슨 공부를 해요? | 쓰기 | 읽기 | 듣기 |

나: ______________________

문법 2

EN Grammar JP 文法 CH 语法

-지 못하다

❶ 제가 시간이 없어서 가지 못해요.

❷ 리에 씨는 매운 음식을 먹지 못해요.

❸ 저는 운전을 하지 못해요.

❹ 저는 미선 씨를 못 봤어요.

01. 보기 와 같이 쓰십시오.

보기 저는 학교에 가요. ➡ 저는 학교에 가지 못해요.

❶ 리에는 고향에 자주 전화해요. ➡ ____________________

❷ 저는 탁구를 쳐요. ➡ ____________________

❸ 제임스 씨는 매운 음식을 먹어요. ➡ ____________________

❹ 저는 방학에 고향에 가요. ➡ ____________________

❺ 형은 운동을 잘해요. ➡ ____________________

❻ 동생은 커피를 마셔요. ➡ ____________________

❼ 마이클 씨가 한국 소설책을 읽어요. ➡ ____________________

❽ 저는 자전거를 타요. ➡ ____________________

02. 보기 와 같이 쓰십시오.

보기 **가:** 학교에 갈 거예요.
나: 아니요, 고향에서 동생이 와서 가지 못해요.

❶ **가:** 텔레비전 뉴스를 듣습니까?
나: 아니요, 뉴스가 어려워서 ______________________

❷ **가:** 주말에 친구를 만났어요?
나: 아니요, 시간이 없어서 ______________________

❸ **가:** 방학에 여행을 가세요?
나: 아니요, 아르바이트를 해서 ______________________

❹ **가:** 지금 게임을 해요?
나: 아니요, 시험이 있어서 ______________________

❺ **가:** 고향에 가세요?
나: 고향에 가고 싶지만 __________어서/아서/여서 ______________

❻ **가:** 뉴스를 볼 거예요?
나: 뉴스를 보고 싶지만 ______________________

❼ **가:** 운동을 하세요?
나: 운동을 하고 싶지만 ______________________

❽ **가:** 고향에 자주 전화해요?
나: ______________________

활동

방학에 무엇을 해요? 무엇을 하지 못해요? 보기 와 같이 쓰십시오.

보기 방학에 친구하고 학교에서 컴퓨터와 영어를 배울 거예요.
방학에 고향에 가고 싶지만 할 일이 많아서 가지 못해요.

	무엇을 해요?	무엇을 하지 못해요?	왜 하지 못해요?
방학			
주말			
휴일			

03 기숙사가 하숙집보다 편해요?

학습목표

- 기숙사 관련 어휘와 동사 '다니다, 말하다, 시작하다, 앉다'를 익혀서 활용할 수 있다.
- '-는데[1] (도입)', '보다' 표현을 익혀서 활용할 수 있다.

마리아 : 방이 깨끗한데 기숙사비가 비싸요?

애리코 : 네, 기숙사비가 좀 비싸요.

마리아 : 기숙사가 하숙집보다 편해요?

애리코 : 네, 학교 안에 있어서 더 편해요.

새 어휘

EN New Vocabulary JP 新しい語彙 CH 生词

방	• 제 방이 넓고 깨끗해요.	• 방 안에 침대와 책상이 있어요.
기숙사비	• 어머니께서 기숙사비를 주셨어요.	• 학교 기숙사는 기숙사비가 싸서 좋아요.
비싸다	• 기념품이 예쁘지만 값이 비싸요.	• 백화점은 물건이 비싸니까 시장에서 삽시다.
하숙집	• 학교 옆에 하숙집이 많아요?	• 우리 하숙집에 한국어를 공부하는 외국 사람이 많아요.
편하다	• 저는 편한 침대에서 자고 싶어요.	• 기숙사 옆에 도서관이 있어서 편해요.
더	• 누가 키가 더 커요?	• 커피를 한 잔 더 주세요.

01. 보기 와 같이 쓰십시오.

보기 하숙집이 ~~이/가~~ 학교 앞에 있어요.

❶ 밥을 ________ 많이 주세요.

❷ 하숙집 ________ 이/가 작지만 깨끗해요.

❸ 백화점 식당 음식은 값이 ____________ 어요/아요/여요.

❹ 강의실 의자가 ____________ 어서/아서/여서 좋아요.

02. 보기 와 같이 이야기를 완성하십시오.

보기 하숙집 친구에게 줄 선물을 사러 갔어요. ❶ ______ 좋은 것을 사고 싶었지만 ❷ ______ 어서/아서/여서 사지 못했어요. 가게 주인이 선물을 포장해 줘서 ❸ ______ 었어요/았어요/였어요. 저녁에 친구 ❹ ______ 에 가서 선물을 주었어요.

주제 어휘

EN Thematic Vocabulary JP テーマ語彙 CH 主题词汇

기숙사	독서실, 샤워실, 휴게실, 세탁실, 화장실, 헬스클럽
동사5	다니다, 말하다, 시작하다, 앉다

01. 보기 와 같이 알맞은 것끼리 연결하십시오.

보기 샤워하러 가요 (샤워실)

❶ 빨래하러 가요 (　　　　　　)

❷ TV를 보러 가요 (　　　　　　)

❸ 운동하러 가요 (　　　　　　)

❹ 공부하러 가요 (　　　　　　)

02. 보기 와 같이 이야기를 완성하십시오.

저는 기숙사 독서실에서 3시쯤 한국어 숙제를 보기 시작했어요. ~~었어요/았어요/였어요.~~ 숙제를 하고 친구들과 휴게실에 ❶ ____________ 어서/아서/여서 커피를 마셨어요. 저녁에는 ❷ ____________ 에 가서 빨래를 했어요. ❸ ____________ 에 가서 1시간쯤 운동도 했어요. 그리고 ❹ ____________ 에서 샤워를 하고 잤어요.

문법 1

EN Grammar JP 文法 CH 语法

는데, 은데/ㄴ데[1]

❶ 농구를 잘하는데 언제부터 했어요?

❷ 방이 더러운데 청소를 하지 않았어요?

❸ 제리 씨는 미국사람인데 언제 한국에 왔어요?

❹ 영수 씨가 열심히 공부했는데 시험 점수가 어때요?

01. 보기 와 같이 쓰십시오.

보기 사과가 맛있다 / 어디에서 샀어요? ➡ 사과가 맛있는데 어디에서 샀어요?

❶ 날마다 뉴스를 듣다 / 듣기가 어렵지 않아요?

➡ ______

❷ 기숙사에 독서실이 있다 / 학생들이 많이 가요?

➡ ______

❸ 컴퓨터가 좋다 / 어느 회사 컴퓨터예요?

➡ ______

❹ 예쁜 기념품이 많다 / 사고 싶어요?

➡ ______

❺ 미선 씨가 열심히 공부하다 / 무슨 시험이 있어요?

➡ ______

❻ 숙제가 어렵다 / 어떻게 해요? ➡ ______

❼ 영수 씨가 없다 / 어디에 갔어요? ➡ ______

❽ 제가 방청소를 했다 / 어때요? ➡ ______

02. 보기 와 같이 쓰십시오.

• 기념품이 예쁘다	• 냉면을 자주 먹다	• 모자가 예쁘다
• 수영을 잘하다	• 시험이 있다	• 어제 축구를 하다
• 연휴이다	• 점수가 좋다	• 한국말을 잘하다

보기 가: 모자가 예쁜데 ~~는데/은데/ㄴ데~~ 어디에서 샀어요?
나: 학교 기념품점에서 샀어요.

❶ 가: ____________는데, 은데/ㄴ데 언제부터 배웠어요?

나: 대학교에서 지난 9월부터 배웠어요.

❷ 가: ____________는데, 은데/ㄴ데 무엇을 할 거예요?

나: 여행을 갈 거예요.

❸ 가: ____________는데, 은데/ㄴ데 언제부터 공부할 거예요?

나: 이번 주말부터 할 거예요.

❹ 가: ____________는데, 은데/ㄴ데 비싸요?

나: 아니요, 비싸지 않아요.

❺ 가: ____________는데, 은데/ㄴ데 왜 안 왔어요?

나: 고향에서 친구가 와서 오지 못했어요.

❻ 가: ______________________________

나: 아니요, 조금 공부했어요.

❼ 가: ______________________________

나: 집근처 체육관에서 배웠어요.

❽ 가: ______________________________

나: 학교 앞 식당이 맛있어요.

문법 2

EN Grammar JP 文法 CH 语法

보다

❶ 저는 듣기가 말하기보다 어려워요.

❷ 리에 씨가 저보다 열심히 공부해요.

❸ 저는 부산보다 제주도에 더 가고 싶어요.

❹ 마이클은 농구를 축구보다 더 좋아해요.

01. 보기 와 같이 쓰십시오.

보기 기숙사 / 하숙집 / 편해요 ➡ 기숙사가 하숙집보다 편해요.

❶ 동생 / 형 / 키가 커요 ➡ ____________________

❷ 읽기 / 듣기 / 어려워요 ➡ ____________________

❸ 소설책 / 영화 / 재미있어요 ➡ ____________________

❹ 교실 / 기숙사 방 / 넓어요 ➡ ____________________

❺ 시장 / 백화점 / 싸요 ➡ ____________________

❻ 농구 / 축구 / 잘해요 ➡ ____________________

❼ 커피 / 차 / 좋아해요 ➡ ____________________

❽ 물냉면 / 비빔냉면 / 자주 먹어요 ➡ ____________________

02. 보기 와 같이 쓰십시오.

보기 가: 제리 씨 고향은 복잡해요?
나: 네, 제 고향이 서울보다 더 복잡해요.

❶ 가: 리에 씨가 열심히 공부해요? 민철 씨가 열심히 공부해요?

나: ______________________________

❷ 가: 말하기 점수가 좋아요? 쓰기 점수가 좋아요?

나: ______________________________

❸ 가: 영화가 재미있었어요? 소설이 재미있었어요?

나: ______________________________

❹ 가: 동생이 키가 커요?

나: 네, ______________________________

❺ 가: 토요일이 좋아요?

나: 네, ______________________________

❻ 가: 탁구를 좋아해요?

나: 네, ______________________________

❼ 가: 마이클 씨가 밥을 많이 먹어요?

나: 네, ______________________________

❽ 가: 기숙사 독서실이 넓어요?

나: 네, ______________________________

활동

친구와 다음을 비교하여 **보기** 와 같이 대화하십시오.

보기

	마이클	야마다
공부 시간	1일 4시간	1일 5시간
쓰기 점수	85점	90점
듣기 점수	88점	80점

마이클: 야마다 씨, 저보다 쓰기 점수가 좋은데 어떻게 공부했어요?

야마다: 날마다 5시간쯤 공부했어요. 듣기는 저보다 마이클 씨가 잘했는데 날마다 몇 시간 공부해요?

마이클: 저는 날마다 4시간쯤 공부해요.

	나	친구
키		
자주 먹는 음식		
잘하는 과목		
자주 하는 운동		

04 편의점에서 김밥이나 컵라면을 먹읍시다

학습목표

- 편의점 관련 어휘를 익혀서 활용할 수 있다.
- '-는데요[1] (상황 설명)', '이나' 표현을 익혀서 활용할 수 있다.

아마라 : 배가 좀 고픈데요. 같이 편의점에 갈까요?

영　수 : 네, 편의점에서 김밥이나 컵라면을 먹읍시다.

아마라 : 돈이 없으니까 돈도 찾읍시다.

새 어휘

EN New Vocabulary JP 新しい語彙 CH 生词

배가 고프다	• 아침밥을 먹지 않아서 배가 고픕니다.	• 배가 고프니까 밥을 많이 주세요.
같이	• 저는 수업이 끝나고 친구와 같이 농구를 했어요.	• 이번 주말에 같이 영화 보러 갈까요?
편의점	• 리에 씨는 편의점에서 주스와 아이스크림을 샀어요.	• 저는 오후 4시부터 9시까지 편의점에서 아르바이트를 해요.
김밥	• 친구들하고 소풍을 가서 김밥을 먹었어요.	• 여기요, 김밥 2인분 주세요.
컵라면	• 컵라면이 편해서 가끔 먹어요.	• 바쁘니까 컵라면을 먹읍시다.
돈	• 돈이 없어서 점심을 먹지 못했어요.	• 민철 씨가 돈을 찾으러 은행에 갔어요.

01. 보기 와 같이 쓰십시오.

보기 기숙사 앞에 편의점이 ~~이/가~~ 있어서 자주 가요.

❶ ________ 어서/아서/여서 밥을 많이 먹었어요.

❷ 시간이 없어서 점심에 ________ 과/와 컵라면을 먹을 거예요.

❸ 공원에서 친구와 ________ 자전거를 탔어요.

❹ ________ 이/가 많지 않아서 좋은 선물을 사지 못했어요.

02. 보기 와 같이 이야기를 완성하십시오.

친구와 보기 같이 체육관에서 농구를 했어요. 두 시간쯤 했는데 ❶ ________ 었어요/았어요/였어요. 우리는 ❷ ________ 에 가서 김밥과 ❸ ________ 을/를 먹었어요. ❹ ________ 이/가 없어서 돈도 찾았어요.

주제 어휘

EN Thematic Vocabulary JP テーマ語彙 CH 主题词汇

편의점	만두, 만화책, 물, 양말, 우산, 장갑, 지갑, 소포

01. 보기 와 같이 쓰십시오.

보기 점심에 만두를 ~~을/를~~ 먹었어요.

❶ ________ 에 돈하고 가족 사진이 있어요.

❷ 운동을 하고 ________ 을/를 많이 마셨어요.

❸ 친구들이 저에게 예쁜 우산과 양말, ________ 을/를 선물했어요.

❹ 친구들하고 재미있는 ________ 을/를 봤어요.

02. 보기 와 같이 이야기를 완성하십시오.

비가 와서 보기 우산을 ~~을/를~~ 사러 편의점에 갔어요. 저는 배가 고파서 맛있는 ❶ ________ 도 먹었어요. ❷ ________ 을/를 보내러 온 기숙사 친구를 만났어요. 친구는 재미있는 ❸ ________ 을/를 샀어요. 친구는 마실 ❹ ________ 도 하나 샀어요.

문법 1

EN Grammar JP 文法 CH 语法

-는데요, 은데요/ㄴ데요[1]

❶ 가: 큰 가방을 찾는데요.
나: 그럼 이쪽으로 오세요

❷ 가: 밖이 시끄러운데요.
나: 그럼 창문을 닫을까요?

❸ 가: 이 모자는 값이 좀 비싼데요.
나: 그럼 저 모자는 어때요?

❹ 가: 이 사과가 크고 맛있는데요.
나: 그럼 10개 주세요.

01. 보기 와 같이 쓰십시오.

보기 아침을 먹지 않아서 배가 고파요. ➡ 아침을 먹지 않아서 배가 고픈데요.

❶ 강의실에 학생이 없어요. ➡ ____________________

❷ 김밥이 맛있어요. ➡ ____________________

❸ 이 가방은 좀 비싸요. ➡ ____________________

❹ 저는 이번 주말부터 아르바이트를 해요.

➡ ____________________

❺ 버스를 타고 와요. ➡ ____________________

❻ 목요일부터 방학이에요. ➡ ____________________

❼ 저는 매운 음식을 먹지 않아요. ➡ ____________________

❽ 휴게실에 사람이 많지 않아요. ➡ ____________________

02. 보기 와 같이 쓰십시오.

• 서울 구경을 하고 싶다	• 농구가 재미있다	• 비빔냉면은 맵다
• 숙제가 어렵다	• 커피를 마시지 않다	• 배가 고프다
• 선물을 사고 싶다	• 월요일은 문을 닫다	• 물이 없다

보기 가: 배가 고픈데요. 나: 그럼 밥을 먹으러 갈까요?

❶ 가: ____________________

나: 그럼 남산에 갑시다.

❷ 가: ____________________

나: 그럼 화요일에 갈까요?

❸ 가: ____________________

나: 그럼 맵지 않은 물냉면을 먹읍시다.

❹ 가: ____________________

나: 그럼 같이 농구를 할까요?

❺ 가: ____________________

나: 그럼 무슨 차를 드릴까요?

❻ 가: ____________________

나: 그럼 슈퍼에 갑시다.

❼ 가: ____________________

나: 제가 좀 도와 드릴까요?

❽ 가: ____________________

나: 학교 앞 백화점에 가서 사세요.

문법 2

EN Grammar JP 文法 CH 语法

이나/나

❶ 저는 저녁에 소설책이나 잡지를 읽어요.

❷ 주스나 물을 좀 주세요.

❸ 날마다 아침이나 저녁에 운동을 해요.

❹ 저는 강의실이나 도서관에서 공부를 해요.

01. 보기 와 같이 쓰십시오.

보기 버스/지하철을 타요 ➡ 버스나 지하철을 타요.

❶ 축구/농구를 자주 해요. ➡ ____________

❷ 쓰기/읽기를 공부할 거예요. ➡ ____________

❸ 박물관/민속촌에 가고 싶어요. ➡ ____________

❹ 지갑/장갑을 선물해요. ➡ ____________

❺ 캐나다/미국에 여행갈 거예요. ➡ ____________

❻ 김밥/만두를 먹을까요? ➡ ____________

❼ 청소/빨래를 할 거예요. ➡ ____________

❽ 일본어/중국어를 배우고 싶어요. ➡ ____________

02. 보기 와 같이 쓰십시오.

보기 가: 서점에서 무엇을 살 거예요?
나: 소설책이나 잡지를 살 거예요.

❶ 가: 방학에 어디에 여행가고 싶어요?
나: ______________________________

❷ 가: 주말에 무엇을 할 거예요?
나: ______________________________

❸ 가: 저녁에 무엇을 먹고 싶어요?
나: ______________________________

❹ 가: 대학에서 무엇을 공부하고 싶어요?
나: ______________________________

❺ 가: 무슨 운동을 할까요?
나: ______________________________

❻ 가: 도서관에서 무엇을 해요?
나: ______________________________

❼ 가: 무슨 요일에 만날까요?
나: ______________________________

❽ 가: 밥 먹고 뭘 마시고 싶어요?
나: ______________________________

활동

친구와 학교생활에 대해 보기 와 같이 이야기하십시오.

보기 **가:** 보통 어디에서 공부를 해요?

나: 도서관이나 커피숍에서 하는데요.

가: 그럼 오늘 숙제는 커피숍에 가서 할까요?

나: 네, 좋아요.

제 7 과

교통

01 똑바로 가면 빵집이 있어요

학습목표

- 교통 수단 관련 어휘를 익혀서 활용할 수 있다.
- '-으면', '-는 것 같다' 표현을 익혀서 활용할 수 있다.

웨　이 : 이 근처에 빵집이 있어요?

리　에 : 네, 저 은행 앞에서 똑바로 가면 빵집이 있어요.

웨　이 : 그 빵집이 어때요?

리　에 : 빵이 맛있어요. 친구들도 자주 가는 것 같아요.

새 어휘

EN New Vocabulary JP 新しい語彙 CH 生词

이/그/저	• 저는 이 지갑을 시장에서 샀어요.	• 마이클 씨는 저 강의실에서 수업을 들어요.
근처	• 학교 근처에 식당과 커피숍이 많습니다.	• 체육관은 기숙사 근처에 있어요.
빵집	• 저는 빵집에서 케이크를 샀어요.	• 학교 앞 빵집은 7시에 문을 열어요.
은행	• 윈 씨는 돈을 찾으러 은행에 갔어요.	• 학교 안에 은행이 있어서 편해요.
똑바로	• 똑바로 가세요. 꽃가게 옆에 문구점이 있어요.	• 제임스 씨, 똑바로 앉으세요.
빵	• 저는 보통 아침에 빵과 우유를 먹어요.	• 이 빵은 선물이니까 포장해 주세요.

01. 보기 와 같이 쓰십시오.

보기 저는 밥보다 빵을 ~~을~~/를 좋아해요.

❶ 영수 씨는 케이크를 사러 ________에 갔어요.

❷ 하숙집이 시장 ________에 있어서 시끄러워요.

❸ ________ 가세요. 영화관 옆에 커피숍이 있어요.

❹ 돈이 없으니까 ________에 가서 찾읍시다.

02. 보기 와 같이 이야기를 완성하십시오.

우리 학교 보기 근처에 건물이 많습니다. 제일 큰 건물은 ❶________ 입니다. 은행 건물 1층에 있는 ❷________은/는 케이크가 아주 맛있습니다. ❸______도 맛있고 쌉니다. 은행 옆에는 서점이 있고 서점에서 ❹________ 가면 공원이 있습니다.

주제 어휘

EN Thematic Vocabulary JP テーマ語彙 CH 主题词汇

교통 수단	지하철, 버스, 택시, 기차, 케이티엑스(KTX), 고속버스, 비행기, 배

01. 보기 와 같이 쓰십시오.

보기 고속버스를 ~~을/를~~ 타고 부산에 갑니다.

❶ 미국에 ______________ 을/를 타고 갑니다.

❷ 한강에 가서 ______________ 을/를 탔어요.

❸ 시내에서는 버스보다 ______________ 이/가 빨리 가요.

❹ 시간이 없으니까 ______________ 을/를 탑시다.

02. 보기 와 같이 대화를 완성하십시오.

가: 제주도까지 보기 비행기를 ~~을/를~~ 타고 갈까요?

나: 비행기는 비싸니까 부산에 가서 ❶__________ 을/를 탑시다.

가: 그럼 부산까지 무엇을 타고 갈까요?

나: 기차가 편하니까 ❷__________ 을/를 탑시다.

가: 기숙사에서 서울역까지는 ❸__________ 을/를 타고 갈까요?

나: 시내 교통이 복잡하니까 ❹__________ 을/를 탑시다.

문법 1

EN Grammar JP 文法 CH 语法

-으면/면

❶ 예쁜 사진을 찍으면 저에게 보내 주세요.

❷ 똑바로 가면 기숙사가 있어요.

❸ 음식이 매우면 물을 드세요.

❹ 오늘 바쁘시면 내일 만날까요?

01. 보기 와 같이 쓰십시오.

보기 한국에 오다 / 저에게 전화하세요. ➡ 한국에 오면 저에게 전화하세요.

❶ 똑바로 가다 / 편의점이 있어요. ➡ ______________________

❷ 물건을 많이 사다 / 배달해 줘요. ➡ ______________________

❸ 운전을 배우다 / 자동차를 살 거예요. ➡ ______________________

❹ 가족이 보고 싶다 / 사진을 봐요. ➡ ______________________

❺ 가방이 예쁘다 / 사세요. ➡ ______________________

❻ 방이 더럽다 / 청소를 하세요. ➡ ______________________

❼ 버스가 복잡하다 / 지하철을 탑시다. ➡ ______________________

❽ 음식이 맵지 않다 / 많이 먹을 거예요. ➡ ______________________

02. 보기 와 같이 쓰십시오.

• 같이 산책하다	• 좀 쉬다	• 차를 마시다
• 은행에서 찾다	• 숙제를 같이 하다	• 점심을 먹으러 가다
• 불고기를 시키다	• 고향에 있는 회사에서 일하다	
• 한국 대학교에서 경영학을 공부하다		

보기 가: 지금 시간이 있어요.
나: 지금 시간이 있으면 같이 산책합시다.

❶ 가: 숙제가 어려워요.
나: ______________________________

❷ 가: 배가 고파요.
나: ______________________________

❸ 가: 돈이 없어요.
나: ______________________________

❹ 가: 피곤해요.
나: ______________________________

❺ 가: 고기를 먹고 싶어요.
나: ______________________________

❻ 가: 저는 커피를 좋아하지 않아요.
나: ______________________________

❼ 가: 한국말을 배우고 무엇을 할 거예요?
나: ______________________________

❽ 가: 고향에 가서 무엇을 하고 싶어요?
나: ______________________________

문법 2

EN Grammar JP 文法 CH 语法

-는 것 같다

❶ 밖에 비가 오는 것 같아요.
❷ 원 씨가 날마다 한식을 먹는 것 같아요.
❸ 할머니께서 주무시는 것 같아요.
❹ 동생이 방에 없는 것 같아요.

01. **보기** 와 같이 쓰십시오.

보기 동생이 공부해요. ➡ 동생이 공부하는 것 같아요.

❶ 형이 밖에서 운동해요. ➡ ____________________

❷ 미선 씨가 집에 없어요. ➡ ____________________

❸ 마이클 씨가 태권도를 배워요. ➡ ____________________

❹ 영수 씨가 날마다 도서관에 가요. ➡ ____________________

❺ 마리아 씨가 책을 읽어요. ➡ ____________________

❻ 제임스 씨가 강의실에 있어요. ➡ ____________________

❼ 원 씨가 한국 사람에게 영어를 가르쳐요.

➡ ____________________

❽ 야마다 씨는 매운 음식을 좋아하지 않아요.

➡ ____________________

02. 보기 와 같이 쓰십시오.

보기 가: 왼 씨가 누구를 기다려요?
나: 왼 씨가 친구를 기다리는 것 같아요.

❶ 가: 교수님께서 어디에 계세요?
나: ___________________________

❷ 가: 왼 씨가 어디에서 공부해요?
나: ___________________________

❸ 가: 미선 씨가 휴게실에서 무엇을 해요?
나: ___________________________

❹ 가: 영수 씨가 체육관에서 무엇을 배워요?
나: ___________________________

❺ 가: 동생이 조용합니다.
나: ___________________________

❻ 가: 친구가 날마다 탁구를 쳐요.
나: ___________________________

❼ 가: 리에 씨가 제육볶음을 안 먹어요.
나: ___________________________

❽ 가: 마이클 씨 방에 책이 아주 많아요.
나: ___________________________

활동

학교 근처에 무엇이 있어요? 거기에 어떻게 가요? 거기에서 다른 사람들이 무엇을 하는 것 같아요? 보기 와 같이 이야기하십시오.

보기 저는 시간이 있으면 송도 공원에 가요. 버스나 지하철을 타고 가면 편해요. 사람들은 공원에서 책을 읽고 운동을 해요. 사진도 찍고 재미있는 이야기도 많이 하는 것 같아요.

02 여기에서 공항까지 얼마나 걸려요?

학습목표
- 교통 시설 관련 어휘를 익혀서 활용할 수 있다.
- '에서 ~까지', '-은 것 같다' 표현을 익혀서 활용할 수 있다.

리　에 : 여기에서 공항까지 얼마나 걸려요?
영　수 : 버스를 타면 30분쯤 걸려요.
리　에 : 버스가 지하철보다 빠른 것 같아요.
영　수 : 네, 버스는 돌아가지 않아서 빨리 가는 것 같아요.

새 어휘

EN New Vocabulary JP 新しい語彙 CH 生词

여기	• 저는 여기에서 수업을 듣습니다.	• 여기에 있는 음식을 같이 먹읍시다.
공항	• 언니는 공항에서 1시 비행기를 탔어요.	• 공항에는 여행을 가는 사람이 아주 많아요.
얼마나	• 한국말을 얼마나 공부했어요?	• 날마다 운동을 얼마나 해요?
걸리다	• 시험 보는 시간이 얼마나 걸려요?	• 버스를 타면 한국대학교까지 1시간쯤 걸려요.
빠르다	• 이 시간에는 지하철이 버스보다 빠릅니다.	• 케이티엑스(KTX)는 빠르고 편해요.
돌아가다	• 버스를 타면 많이 돌아가요.	• 이 길은 좀 돌아가지만 더 빠릅니다.

01. 보기 와 같이 쓰십시오.

보기 배달 시간이 30분쯤 걸려요 ~~어요/아요/여요~~.

❶ 케이티엑스는 ____________지만 좀 비싸요.

❷ 학교까지 시간이 ____________ 걸려요?

❸ 저는 미국에서 오는 친구를 만나러 ____________에 갈 거예요.

❹ 버스를 타면 ____________으니까/니까 지하철을 타세요.

02. 보기 와 같이 이야기를 완성하십시오.

내일 부모님께서 일본에서 오십니다. 저는 버스를 타고 보기 공항에 갈 거예요. ❶__________에서 공항까지 30분쯤 ❷__________습니다/ㅂ니다. 공항까지는 버스가 ❸__________습니다/ㅂ니다. 지하철은 ❹__________어서/아서/여서 시간이 더 걸립니다.

주제 어휘

EN Thematic Vocabulary JP テーマ語彙 CH 主题词汇

교통 시설	지하철역, 버스 정류장, 기차역, 고속버스 터미널, 공항, 여객 터미널, 횡단보도, 육교, 지하도, 건너다

01. 보기 와 같이 쓰십시오.

보기

(공항)

❶ (   )

❷ (   )

❸ (   )

❹ (   )

02. 보기 와 같이 대화를 완성하십시오.

가: 이 근치에 빵집이 어디에 있어요?

나: 보기 버스 정류장 앞에 ❶ ________ 이/가 있어요. 그 횡단보도를 ❷ ________ 으세요/세요. 편의점이 있어요. 편의점에서 똑바로 가면 ❸ ________ 이/가 있어요. 그 육교를 건너면 커피숍이 있어요. 커피숍에서 똑바로 가세요. ❹ ________ 옆에 빵집이 있어요.

문법 1

EN Grammar JP 文法 CH 语法

에서 ~까지

❶ 지하철역에서 집까지 얼마나 걸려요?

❷ 택시를 타면 공항에서 기숙사까지 20분쯤 걸려요.

❸ 이 건물은 2층에서 5층까지 강의실이에요.

❹ 12시에서 1시까지 점심시간이에요.

01. 보기 와 같이 쓰십시오.

보기 서울 / 부산 / 3시간 걸려요. ➡ 서울에서 부산까지 3시간 걸려요.

❶ 서울 / 경주 / 가요. ➡ ______________________

❷ 서울 / 제주도 / 1시간 걸려요. ➡ ______________________

❸ 여기 / 은행 / 15분쯤 걸려요. ➡ ______________________

❹ 송도 / 신촌 / 버스를 타고 가요. ➡ ______________________

❺ 도서관 / 기숙사 / 걸어서 가요. ➡ ______________________

❻ 한국 / 일본 / 배를 타고 갔어요. ➡ ______________________

❼ 오후 5시 / 8시 / 아르바이트해요. ➡ ______________________

❽ 오전 9시 / 오후 4시 / 공부해요. ➡ ______________________

02. 보기 와 같이 쓰십시오.

	어디에서 가요?	어디까지 가요?	무엇을 타고 가요?	시간이 얼마나 걸려요?
	보기 집	학교	지하철	40분
❶	학교	회사	지하철	25분
❷	기숙사	강의실	자전거	5분
❸	송도캠퍼스	신촌캠퍼스	버스	1시간
❹	인천공항	송도캠퍼스	버스	30분
❺	신촌	명동	택시	10분
❻	인천	제주도	배	13시간
❼	서울	부산	케이티엑스	2시간 40분
❽	한국	일본	비행기	2시간

보기 집에서 학교까지 지하철을 타면 40분 걸려요.

❶ ______________________________

❷ ______________________________

❸ ______________________________

❹ ______________________________

❺ ______________________________

❻ ______________________________

❼ ______________________________

❽ ______________________________

문법 2

EN Grammar JP 文法 CH 语法

-은/ㄴ 것 같다

❶ 점심에 윈 씨가 비빔밥을 먹은 것 같아요.

❷ 제임스 씨가 고향에 간 것 같아요.

❸ 아침에는 백화점에 사람이 적은 것 같아요.

❹ 윈 씨 형이 키가 큰 것 같아요.

01. 보기 와 같이 쓰십시오.

보기 영수 씨가 지갑을 찾았어요. ➡ 영수 씨가 지갑을 찾은 것 같아요.

❶ 영수 씨가 화장실에 갔어요. ➡ ____________________

❷ 리에 씨가 생일 케이크를 샀어요. ➡ ____________________

❸ 미선 씨가 책을 많이 읽었어요. ➡ ____________________

❹ 그 학생이 숙제를 하지 않았어요. ➡ ____________________

❺ 제임스 씨가 바빠요. ➡ ____________________

❻ 기숙사가 하숙집보다 편해요. ➡ ____________________

❽ 제육볶음이 좀 매워요. ➡ ____________________

02. 보기 와 같이 쓰십시오.

보기 가: 이 방이 원 씨 방보다 넓어요?
나: 네, 이 방이 원 씨 방보다 넓은 것 같아요.

❶ 가: 듣기 시험이 쓰기 시험보다 어려워요?

나: 네, ______________________________

❷ 가: 영수 씨가 태권도를 오래 배웠어요?

나: 네, ______________________________

❸ 가: 교과서가 사전보다 무거워요?

나: 아니요, ______________________________

❹ 가: 리에 씨가 백화점에서 무엇을 샀어요?

나: ______________________________

❺ 가: 누엔 씨가 어느 나라에서 왔어요?

나: ______________________________

❻ 가: 마이클 씨가 지난 주말에 누구를 만났어요?

나: ______________________________

❼ 가: 야마다 씨가 왜 학교에 오지 않았어요?

나: ______________________________

❽ 가: 리에 씨가 왜 비빔냉면을 먹지 않았어요?

나: ______________________________

활동

고향집에서 여기까지 어떻게 왔습니까? 교통이 어떤 것 같습니까? 보기 와 같이 쓰십시오.

보기 북경에 있는 우리 집에서 북경 공항까지 택시로 30분쯤 걸렸어요. 북경 공항에서 인천공항까지 비행기로 2시간쯤 걸렸어요. 인천공항에서 연세대학교 송도 캠퍼스까지 버스로 30분쯤 걸렸어요. 한국 버스가 아주 빠른 것 같아요.

03 저쪽으로 가서 버스를 탑시다

학습목표

- 장소 방향 지시어와 동사 '들어가다, 나오다, 올라가다, 내려오다, 걸어가다'를 익혀서 활용할 수 있다.
- '-는데[2] (제안의 이유)', '으로[1] (방향)' 표현을 익혀서 활용할 수 있다.

웨　이 : 차가 좀 밀리는데 지하철을 탈까요?

마리아 : 지하철은 갈아타기가 불편해요.

웨　이 : 그럼 저쪽으로 가서 버스를 탑시다.

마리아 : 그럽시다.

새 어휘

EN New Vocabulary JP 新しい語彙 CH 生词

차	• 차가 많아서 시내가 복잡해요.	• 저는 운전을 배우고 차를 살 거예요.
밀리다	• 아침에 차가 밀려서 시간이 많이 걸려요.	• 이번 주는 바빠서 숙제가 밀렸어요.
갈아타다	• 시청역에서 지하철을 갈아탔어요.	• 이 버스를 타면 갈아타지 않아서 편해요.
불편하다	• 이 근처에는 지하철역이 없어서 불편해요.	• 불편한 침대에서 자면 아주 피곤해요.
저쪽	• 저쪽에 있는 건물이 우리 기숙사예요.	• 학생들이 저쪽에서 무엇을 합니까?

01. 보기 와 같이 쓰십시오.

보기 여기는 자료실이고 컴퓨터실은 저쪽에 있어요.

❶ 제 ____________ 은/는 작아서 운전하기가 편해요.

❷ 밤에는 차가 ____________ 지 않아서 빨리 가요.

❸ 한국어를 잘하지 못해서 쇼핑하기가 ____________ 어요/아요/여요.

❹ 이 지하철은 인천까지 가지 않으니까 이번 역에서 ____________ 으세요/세요.

02. 보기 와 같이 이야기를 완성하십시오.

가: 오늘은 시내에 보기 차가 많지 않은 것 같아요.

나: 차가 ❶ ____________ 지 않으니까 버스를 탈까요?

가: 네, 여기에서 학교까지 가는 버스가 없으니까 백화점 앞에서 ❷ ____________ 읍시다/ㅂ시다.

나: 버스를 갈아타면 ❸ ____________ 지만 학교까지 빨리 가는 것 같아요.

가: 네, 버스 정류장이 ❹ ____________ 에 있으니까 갑시다.

주제 어휘

EN Thematic Vocabulary JP テーマ語彙 CH 主题词汇

장소 방향 지시어	이쪽, 그쪽, 저쪽, 왼쪽, 오른쪽
동사6	들어가다, 나오다, 올라가다, 내려오다, 걸어가다

01. 보기 와 같이 쓰십시오.

보기 마이클 씨, 제가 그쪽 교실에 갈까요?

❶ 저쪽에 있는 사과보다 __________ 에 있는 사과가 싸고 좋은데요.

❷ 극장은 근처에 있으니까 __________ 읍시다/ㅂ시다.

❸ 영화가 재미없어서 극장에서 __________ 었어요/았어요/였어요.

❹ 조용한 커피숍에 __________ 어서/아서/여서 이야기합시다.

02. 보기 와 같이 이야기를 완성하십시오.

오전에 4층 강의실에서 수업이 있었어요. 제 보기 왼쪽에 마이클 씨가 앉고 제 ❶ __________ 에 리에 씨가 앉았어요. 저는 쉬는 시간에 1층 편의점에 ❷ __________ 어서/아서/여서 주스를 사고 5층 컴퓨터실에 ❸ __________ 어서/아서/여서 친구에게 이메일을 보냈어요. 그리고 빨리 4층에 내려와서 강의실에 ❹ __________ 었어요/았어요/였어요.

문법 1

EN Grammar JP 文法 CH 语法

-는데, 은데/ㄴ데²

❶ 이번 주말에 민속촌에 가는데 같이 갈까요?

❷ 토요일에 시간이 있는데 영화를 볼까요?

❸ 숙제가 어려운데 같이 할까요?

❹ 백화점은 비싼데 시장에서 쇼핑하세요.

01. 보기 와 같이 쓰십시오.

보기 김밥이 맛있다 / 잡수세요. ➡ 김밥이 맛있는데 잡수세요.

❶ 배가 고프다 / 점심을 먹으러 갑시다. ➡ ______________________

❷ 태권도가 재미있다 / 같이 배울까요? ➡ ______________________

❸ 시험이 어렵다 / 열심히 공부하세요. ➡ ______________________

❹ 피곤하다 / 좀 쉴까요? ➡ ______________________

❺ 창문 옆에 의자가 있다 / 앉읍시다. ➡ ______________________

❻ 차가 밀리다 / 지하철을 탑시다. ➡ ______________________

❼ 시원한 음식을 먹고 싶다 / 물냉면을 시킬까요?

➡ ______________________

❽ 영어를 잘하시다 / 저에게 가르쳐 주세요.

➡ ______________________

02. 보기 와 같이 쓰십시오.

• 머리가 아프다	• 꽃이 예쁘다	• 그 영화가 재미있다
• 한식을 좋아하다	• 친구들이 기다리다	• 사과 상자가 무겁다
• 이번 주말은 바쁘다	• 커피가 맛있다	• 매운 음식을 좋아하지 않다

보기 가: 머리가 아픈데 좀 쉴까요?
나: 네, 쉽시다.

❶ 가: ______________________

나: 네, 한 잔 더 시킵시다.

❷ 가: ______________________

나: 네, 사진을 찍읍시다.

❸ 가: ______________________

나: 네, 한식을 먹읍시다.

❹ 가: ______________________

나: 네, 그 영화를 봅시다.

❺ 가: ______________________

나: 네, 빨리 갑시다.

❻ 가: ______________________

나: 네, 다음 주말에 만납시다.

❼ 가: ______________________

나: 네, 불고기를 시킵시다.

❽ 가: ______________________

나: 네, 배달해 주세요.

문법 2

EN Grammar JP 文法 CH 语法

으로/로[1]

❶ 이 버스는 남산으로 갑니다.

❷ 빵집 앞에서 왼쪽으로 가면 서점이 있어요.

❸ 어디로 가세요?

❹ 저는 사무실로 갈 거예요.

01. 보기 와 같이 쓰십시오.

보기 이쪽 / 오세요. ➡ 이쪽으로 오세요.

❶ 어디 / 갈까요? ➡ ______

❷ 학교 / 갑시다. ➡ ______

❸ 고향 / 돌아가요. ➡ ______

❹ 1층 / 내려오세요. ➡ ______

❺ 운동장 / 나갈까요? ➡ ______

❻ 강의실 / 들어갑시다. ➡ ______

❼ 3층 / 올라갈까요? ➡ ______

❽ 브라질 / 여행을 가고 싶어요. ➡ ______

02. 보기 와 같이 쓰십시오.

〈연세 하숙집에 가는 길〉

연세은행 ➡ 지하철역쪽 (50m)
1) 꽃집 ➡ 왼쪽 (50m)
2) 책방 ➡ 오른쪽 (30m)
3) 우체국 ➡ 왼쪽 (20m)
4) 편의점 ➡ 위쪽 (20m)
5) 하숙집 ➡ 건물 안
6) 건물 1층 ➡ 2층
7) 2층 ➡ 왼쪽
8) 사무실에서 전화하기

가: 여보세요, 책을 배달하러 가는데요. 연세 하숙집에 어떻게 갑니까?

나: 연세은행 앞에서 보기 지하철역쪽으로 50미터(m)쯤 오세요.

꽃집이 있어요. 꽃집 앞에서 ❶ ____________. 책방이 있어요.

책방 앞에서 ❷ ____________. 우체국이 있어요.

우체국 앞에서 ❸ ____________. 편의점이 있어요.

편의점 앞에서 ❹ ____________ 올라오세요. 연세 하숙집이 있어요.

하숙집에 도착하면 ❺ ____________ 들어오세요.

건물 1층에서 ❻ ____________.

2층에 올라오면 ❼ ____________. 사무실이 있어요.

❽ ____________ 제 방으로 전화하세요.

활동

여러분은 어디에 자주 갑니까? 어떻게 갑니까? 보기 와 같이 대화하십시오.

• 식당	• 커피숍	• 영화관	• 서점

보기 연세 식당

가: 배가 고픈데 어디에서 점심을 먹을까요?

나: 저는 연세 식당에 자주 가는데 그 식당에 갈까요?

가: 거기에 어떻게 가요?

나: 학교 정문 앞에서 횡단보도를 건너면 꽃가게가 있어요. 꽃가게에서 왼쪽으로 가면 연세식당이 있어요.

가: 그럼 거기에서 점심을 먹읍시다.

04 들어가지 마세요

학습목표

- 교통 방법 관련 어휘를 익혀서 활용할 수 있다.
- '–지 말다', '–을 것 같다' 표현을 익혀서 활용할 수 있다.

택시기사 : 한국대학교에 도착했는데 안으로 들어갈까요?

리　　에 : 아니요, 들어가지 마세요. 학교 안이 복잡할 것 같아요.

택시기사 : 그럼 정문 앞에서 내리십시오.

리　　에 : 네, 기사님, 여기에서 세워 주세요.

새 어휘

EN New Vocabulary JP 新しい語彙 CH 生词

기사	• 우리 아버지는 택시 기사입니다.	• 기사님, 인천역으로 가 주세요.
대학교	• 저는 한국 대학교 학생입니다.	• 웨이 씨는 대학교에서 경영학을 전공했습니다.
도착하다	• 브라질에서 오는 비행기가 오후 1시에 도착할 거예요.	• 고속버스가 터미널에 도착했으니까 내릴 준비를 합시다.
정문	• 기숙사에서 학교 정문까지 걸어갔어요.	• 토요일 오후에 정문 앞에서 만납시다.
내리다	• 택시에서 내리면 전화하세요.	• 백화점 앞에서 내려서 횡단보도를 건너면 우리 하숙집이 있어요.
세우다	• 병원 근처에서 택시를 세워 주세요.	• 차를 건물 앞에 세우고 들어갑시다.

01. 보기 와 같이 쓰십시오.

보기 제 직업은 택시를 운전하는 택시 기사입니다.

❶ 지금 나가니까 회사 __________ 앞에서 기다려 주세요.

❷ 시내에는 차를 __________지 못하니까 버스를 타고 가세요.

❸ 다음 역에서 __________으니까/니까 문쪽으로 갑시다.

❹ 버스 정류장에 __________으면/면 전화해 주세요.

02. 보기 와 같이 대화를 완성하십시오.

영수 : 마이클 씨, 지금 어디예요?

마이클 : 한국 보기 대학교 앞이에요. 지금 버스에서 ❶ __________었어요/았어요/였어요.

영수 : 저는 학교 ❷ __________ 근처에 차를 ❸ __________었어요/았어요/였어요.

마이클 : 그럼 정문 앞에서 만날까요? 제임스 씨가 ❹ __________으면/면 같이 들어갑시다.

주제 어휘

EN Thematic Vocabulary JP テーマ語彙 CH 主题词汇

교통 방법	좌회전, 우회전, 직진, 유턴, 터널, 택시 요금, 출발하다, 길이 막히다

01. 보기 와 같이 쓰십시오.

보기 지금까지 온 길을 돌아가고 싶으면 유턴해요.

❶ 가방이 무거워서 택시를 탔는데 ____________ 이/가 비쌌어요.

❷ 서울에는 차가 많아서 길이 자주 ____________ 어요/아요/여요.

❸ 택시를 타고 똑바로 가고 싶으면 " ____________ 해 주세요"라고 말해요.

❹ 이 기차는 2시에 _________ 어서/아서/여서 4시 40분에 부산에 도착합니다.

02. 보기 와 같이 대화를 완성하십시오.

택시 기사: 어디로 갈까요?

슈테판 : 인천 버스 터미널로 가 주세요.

택시 기사: 시내는 보기 길이 막히는데 ~~는데, 은데/ㄴ데~~ ❶ _________ 으로/로 갈까요?

슈테판 : 터널로 가면 ❷ _________ 이/가 더 비쌉니까?

택시 기사: 시내보다 좀 비싸지만 빨리 갑니다.

슈테판 : 학교까지 가는 버스가 터미널에서 6시에 ❸ _________ 어요/아요/여요. 시간이 없으니까 빨리 갑시다.

택시 기사: 터널에서 나가서 왼쪽으로 갈까요?

슈테판 : 네, ❹ _________ 해 주세요.

문법 1

EN Grammar JP 文法 CH 语法

-지 말다

❶ 박물관에서 사진을 찍지 마십시오.

❷ 길이 막히니까 버스를 타지 마세요.

❸ 오늘은 바쁘니까 만나지 말까요?

❹ 주말에는 교통이 복잡하니까 가지 맙시다.

01. 보기 와 같이 쓰십시오.

보기 저를 기다리세요. ➡ 저를 기다리지 마세요.

❶ 수업을 시작하세요. ➡ ____________________

❷ 모자를 포장하세요. ➡ ____________________

❸ 자전거를 탑시다. ➡ ____________________

❹ 여기에 앉읍시다. ➡ ____________________

❺ 학교 앞에서 내립시다. ➡ ____________________

❻ 창문을 닫으세요. ➡ ____________________

❼ 돈을 찾읍시다. ➡ ____________________

❽ 된장찌개를 더 시킵시다. ➡ ____________________

02. 보기 와 같이 쓰십시오.

보기 가: 같이 그 영화를 볼까요?
나: 아니요, 그 영화는 재미없으니까 보지 맙시다.

❶ 가: 택시를 탈까요?

나: 아니요, 길이 막히니까 ______________________

❷ 가: 우리는 토요일에 만날까요?

나: 아니요, 약속이 있으니까 ______________________

❸ 가: 제가 창문을 열까요?

나: 아니요, 밖이 시끄러우니까 ______________________

❹ 가: 제가 문 옆에 앉을까요?

나: 아니요, 문 옆은 추우니까 ______________________

❺ 가: 제가 기다릴까요?

나: 아니요, 일이 오래 걸리니까 ______________________

❻ 가: 휴일에 같이 백화점에 갈까요?

나: 아니요, ______________________

❼ 가: 비빔냉면을 시킬까요?

나: 아니요, ______________________

❽ 가: 우리 좀 쉴까요?

나: 아니요, ______________________

문법 2

EN Grammar JP 文法 CH 语法

-을/ㄹ 것 같다

❶ 원 씨가 매운 음식을 잘 먹을 것 같아요.

❷ 동생이 이 음악을 좋아할 것 같아요.

❸ 이번 시험은 어려울 것 같아요.

❹ 주말이어서 백화점이 복잡할 것 같아요.

01. 보기 와 같이 쓰십시오.

보기 된장찌개가 맛있어요. ➡ 된장찌개가 맛있을 것 같아요.

❶ 동생이 일이 많아서 피곤해요. ➡ ______________________

❷ 빵집이 10시쯤 닫아요. ➡ ______________________

❸ 할머니께서 안 주무세요. ➡ ______________________

❹ 친구가 다음 주에 바빠요. ➡ ______________________

❺ 그 가방이 비싸지 않아요. ➡ ______________________

❻ 기차를 타면 2시간쯤 걸려요. ➡ ______________________

❼ 리에 씨 가방이 무거워요. ➡ ______________________

❽ 이 시간에는 차가 많이 밀려요. ➡ ______________________

02. 보기 와 같이 쓰십시오.

보기 가: 찌개 맛이 어떨 것 같아요? 나: 찌개 맛이 매울 것 같아요.

❶ 가: 지금 길이 복잡할 것 같아요?
나: 네, ____________________

❷ 가: 버스가 빠를 것 같아요?
나: 아니요, ____________________

❸ 가: 그 영화가 재미있을 것 같아요?
나: 아니요, ____________________

❹ 가: 일이 언제 끝나요?
나: 오후 6시쯤 ____________________

❺ 가: 학교에서 공항까지 시간이 얼마나 걸려요?
나: ____________________

❻ 가: 학교 앞 문구점이 몇 시에 문을 닫아요?
나: ____________________

❼ 가: 읽기 책이 어떨 것 같아요?
나: ____________________

❽ 가: 학교 앞 커피숍이 어떨 것 같아요?
나: ____________________

활동

친구와 함께 보기 와 같이 대화하십시오.

• 점심 식사 메뉴 • 쇼핑할 장소 • 공부할 장소 • 같이 할 운동

보기 점심 식사 메뉴

가: 점심에 불고기를 먹을까요?
나: 불고기는 비쌀 것 같으니까 먹지 맙시다.
가: 그럼 닭갈비를 먹을까요?
나: 닭갈비는 매울 것 같으니까 먹지 맙시다.
가: 그럼 무엇을 먹을까요?
나: 비빔밥이나 냉면을 먹읍시다.

제8과 전화

01 미안하지만 모임이 있는데요
02 가기 전에 송별회를 합시다
03 제가 나중에 다시 전화할게요
04 잠깐만 기다리세요

01 미안하지만 모임이 있는데요

학습목표

- 전화와 시간 관련 어휘를 익혀서 활용할 수 있다.
- '-은 후에', '-는데요[2] (거절)' 표현을 익혀서 활용할 수 있다.

야마다 : 오늘 회의가 끝난 후에 같이 이야기를 좀 더 할까요?

에리코 : 미안하지만 모임이 있는데요.

야마다 : 그럼 이따가 전화해 주세요. 제 휴대 전화 번호는 010-1234-9870이에요.

에리코 : 네, 알겠어요.

새 어휘

EN New Vocabulary JP 新しい語彙 CH 生词

오늘	• 오늘이 몇 월 며칠입니까?	• 오늘 오후에 선물을 사러 백화점에 갈 거예요.
회의	• 오전 9시에 회의가 있습니다.	• 오늘 사장님과 회의를 했어요.
끝나다	• 한국어 수업이 오후 4시에 끝나요.	• 시험이 끝나고 친구들과 여행을 가고 싶어요.
미안하다	• 가: 오늘 시간이 있으세요? 나: 미안하지만 시간이 없습니다.	• 가: 같이 숙제를 할까요? 나: 미안하지만 저는 숙제를 했어요.
모임	• 오늘 친구 모임이 있어요.	• 이번 토요일에 우리 같이 모임에 갑시다.
이따가	• 바쁘니까 이따가 전화하세요.	• 비가 오는데 이따가 운동을 할까요?
휴대전화	• 휴대 전화가 없어서 불편해요.	• 한국에 와서 휴대 전화를 샀습니다.
번호	• 사무실 전화 번호 좀 가르쳐 주세요.	• 마이클 씨, 휴대 전화 번호가 몇 번이에요?

01. 보기 와 같이 쓰십시오.

보기 어제 이 휴대 전화를 ~~을~~/를 샀는데 어때요?

❶ 제 전화________이/가 010-2134-5678이에요.

❷ 이번 시험이 언제 ________어요/아요/여요?

❸ ________ 수영하러 체육관에 갈 거예요.

❹ 회사에서 날마다 아침에 ________을/를 합니다.

02. 보기 와 같이 대화를 완성하십시오.

민 철 : 보기 오늘 오후에 도서관에 가서 같이 공부할까요?

마리아 : ❶________어요/아요/여요. 이따가 친구들하고 ❷________이/가 있어요.

민 철 : 그럼 모임이 ❸________고 만날까요?

마리아 : 좋아요. ❹________번호 좀 가르쳐 주세요.

민 철 : 제 번호는 010-1234-5428이에요.

주제 어휘

EN Thematic Vocabulary JP テーマ語彙 CH 主题词汇

전화1	전화번호, 연락처, 전화번호/연락처를 알다, 전화번호/연락처를 모르다
시간2	어제, 오늘, 내일, 모레

01. 보기 와 같이 쓰십시오.

보기 미선 씨 집 전화번호가 ~~이/가~~ 몇 번이에요?

❶ 오늘 시간이 없으니까 내일이나 ________ 만납시다.

❷ 제임스 씨 ________ 을/를 알면 가르쳐 주세요.

❸ ________ 저는 친구와 같이 저녁을 먹고 한국 드라마를 봤어요.

❹ 웨이 씨, 마리아 씨 전화번호를 ________ 어요/아요/여요?

02. 보기 와 같이 대화를 완성하십시오.

영수: 리에 씨, 보기 내일 오후에 시간이 있어요? 같이 영화를 보러 갑시다.

리에: 내일은 약속이 있는데요.

영수: 그럼, ❶ ________ 저녁은 어때요?

리에: 오늘은 시간이 있어요.

영수: 에리코 씨와 윈 씨에게도 연락하고 싶은데 ❷ ________ 을/를 알아요?

리에: 에리코 씨 ❸ ________ 은/는 010-3478-2950이에요.

윈 씨 전화번호는 ❹ ________ 습니다/ㅂ니다.

문법 1

EN Grammar JP 文法 CH 语法

-은/ㄴ 후에

❶ 웨이 씨, 책을 다 읽은 후에 텔레비전을 보십시오.

❷ 저는 어제 탁구를 친 후에 집에 가서 쉬었어요.

❸ 마리아는 보통 수업이 끝난 후에 친구를 만나요.

❹ 1시간 후에 비행기가 도착합니다.

01. 보기 와 같이 쓰십시오.

보기 공부하다 / 아르바이트를 해요. ➡ 공부한 후에 아르바이트를 해요.

❶ 아침을 먹다 / 신문을 읽어요 ➡ ____________________

❷ 수업이 끝나다 / 도서관에 가요 ➡ ____________________

❸ 한국말을 배우다 / 중국어를 배울 거예요 ➡ ____________________

❹ 농구를 하다 / 저녁을 먹을 거예요 ➡ ____________________

❺ 책을 읽다 / 잤습니다 ➡ ____________________

❻ 점심을 먹다 / 커피를 마셨어요. ➡ ____________________

❼ 빵집 앞에 차를 세우다 / 조금 기다리세요 ➡ ____________________

❽ 30분 / 만납시다 ➡ ____________________

02. 보기 와 같이 쓰십시오.

제임스의 하루 생활			
AM 7:30	세수	PM 2:30~4:30	태권도
AM 8:00	아침	PM 5:00~7:00	아르바이트
AM 9:00~12:00	한국어 수업	PM 7:30	저녁
PM 12:00	점심	PM 9:00	집청소
PM 1:00~2:00	숙제	PM 10:00	책읽기

미선 : 아침에 일어나서 무엇을 해요?

제임스: 보기 세수를 한 후에 아침을 먹어요.

미선 : 언제 학교에 가요?

제임스: ❶ ________________ 학교에 가요. 학교에서 한국말을 배워요.

미선 : ❷ ________________ 무엇을 해요?

제임스: 친구하고 점심을 먹어요.

미선 : 언제 숙제를 해요?

제임스: ❸ ________________ 숙제를 해요.

미선 : 숙제를 하고 무엇을 해요?

제임스: ❹ ________________ 태권도를 배워요.

미선 : ❺ ________________ 무엇을 해요?

제임스: 아르바이트를 해요. 영어를 가르쳐요.

미선 : 그럼 저녁은 언제 먹어요?

제임스: ❻ ________________ 저녁을 먹어요.

미선 : 저녁을 먹고 무엇을 해요?

제임스: ❼ ________________

미선 : 언제 자요?

제임스: ❽ ________________

문법 2

EN Grammar JP 文法 CH 语法

-는데요, 은데요/ㄴ데요[2]

❶ 가: 이야기할 시간이 있어요? 나: 미안하지만 시간이 없는데요.

❷ 가: 학교 전화 번호 좀 가르쳐 주세요. 나: 저도 잘 모르는데요.

❸ 가: 내일 만날까요? 나: 내일은 좀 바쁜데요.

❹ 가: 같이 숙제를 할까요? 나: 저는 벌써 숙제를 했는데요.

01. 보기 와 같이 쓰십시오.

보기 내일 모임이 있다 ➡ 내일 모임이 있는데요.

❶ 좀 바쁘다 ➡ ______________________

❷ 주말에 시간이 없다 ➡ ______________________

❸ 이름을 모르다 ➡ ______________________

❹ 좀 어렵다 ➡ ______________________

❺ 옷이 편하지 않다 ➡ ______________________

❻ 숙제를 안 했다 ➡ ______________________

❼ 매운 음식을 좋아하지 않다 ➡ ______________________

❽ 벌써 밥을 먹었다 ➡ ______________________

02. 보기 와 같이 쓰십시오.

• 오늘은 좀 바쁘다	• 저는 숙제를 했다	• 저도 잘 모르다
• 저는 벌써 밥을 먹었다	• 숙제를 다 못했다	• 금요일에 약속이 있다
• 전화 번호를 모르다	• 오후에 모임이 있다	

보기
가: 오늘 오후에 같이 공부할까요?
나: 미안하지만 오후에 모임이 있는데요.

❶ **가:** 우리 밥을 먹읍시다.
나: ______________________________

❷ **가:** 같이 산책할까요?
나: 미안하지만 ______________________. 내일 산책합시다.

❸ **가:** 숙제하러 도서관에 갑시다.
나: ______________________. 다음에 같이 합시다.

❹ **가:** 우리 이번 금요일에 만날까요?
나: 미안하지만 ______________________________

❺ **가:** 길 좀 가르쳐 주세요.
나: ______________________________

❻ **나:** 날씨가 좋은데 오후에 공원에 갑시다.
나: 미안하지만 ______________________________

❼ **가:** 숙제를 다 했으면 같이 영화를 봅시다.
나: ______________________. 다음에 같이 봅시다.

❽ **나:** 제임스 씨에게 전화해 주세요.
나: ______________________________

활동

보기 와 같이 친구의 제안을 거절하는 대화를 해 보십시오.

보기 **제리** : 야마다 씨, 보통 아침을 먹고 무엇을 해요?

마리아: 아침을 먹고 한국어를 배우러 학교에 가요.

제리 : 점심은 언제 먹어요?

마리아: 한국어 수업이 끝난 후에 점심을 먹어요.

제리 : 오늘 점심을 먹은 후에 우리 만날까요?

마리아: 미안하지만 약속이 있는데요.

제리 : 그럼, 저녁을 같이 먹을까요?

마리아: 저녁에는 아르바이트가 있는데요. 내일 시간이 있으니까 내일 만납시다.

02 가기 전에 송별회를 합시다

학습목표

- 모임과 휴일 활동 관련 어휘를 익혀서 활용할 수 있다.
- '-으려고 하다', '-기 전에' 표현을 익혀서 활용할 수 있다.

민　철 : 이번 학기가 끝나면 뭘 할 거예요?

제　리 : 저는 고향에 돌아가려고 해요.

민　철 : 그래요? 그럼, 가기 전에 모두 모여서 송별회를 합시다. 제가 친구들 연락처를 아니까 전화할까요?

제　리 : 네, 고마워요. 그 날은 오래 이야기합시다.

새 어휘

EN New Vocabulary JP 新しい語彙 CH 生词

학기	• 이번 학기에 무슨 수업을 듣습니까?	• 이번 학기는 3월부터 6월까지입니다.
모두	• 사람들이 모두 모임에 왔어요.	• 한국어 말하기, 듣기, 읽기, 쓰기 수업이 모두 재미있습니다.
모이다	• 학생들이 모두 모였으니까 출발합시다.	• 가족이 모두 모여서 재미있는 이야기를 했어요.
송별회	• 에릭 씨가 고향에 가니까 송별회를 합시다.	• 학교 앞 식당에서 친구 송별회를 했습니다.
고맙다	• 미선 씨, 한국말을 가르쳐 줘서 고마워요.	• 고마운 분께 선물을 드렸어요.
오래	• 제임스 씨는 한국말을 오래 배워서 잘해요.	• 버스가 지하철보다 더 오래 걸려요.

01. 보기 와 같이 쓰십시오.

보기 이번 학기에 한국어 말하기 수업을 듣고 싶어요.

❶ 한국에서 제일 ________ 은/ㄴ 사람이 누구예요?

❷ 내일 학교 정문 앞에서 ________ 어서/아서/여서 같이 갑시다.

❸ 고향에 돌아가는 친구가 있어서 다음주에 ________ 을/를 할 거예요.

❹ 학생들이 오늘 학교에 ________ 왔어요?

02. 보기 와 같이 대화를 완성하십시오.

민 철 : 언제 일본에 갑니까?

에리코 : 이번 보기 학기가 ~~이/가~~ 끝나고 갈 거예요.

민 철 : 언제 돌아옵니까?

에리코: 모릅니다. ❶________ 있을 것 같아요.

민 철 : 그럼, 다음 주에 우리 같이 ❷________ 읍시다/ㅂ시다. 마리아 씨도 불러서 같이 ❸________ 을/를 합시다.

에리코 : 좋아요. ❹________ 어요/아요/여요.

주제 어휘

EN Thematic Vocabulary JP テーマ語彙 CH 主题词汇

모임	동창회, 반모임, 생일 파티, 송별회, 회식
휴일 활동	놀이공원에 가다, 바다를 구경하다, 파티를 하다, 여행을 가다

01. 보기 와 같이 쓰십시오.

보기 어제 학교 동창회에 가서 친구들을 많이 만났어요.

❶ 이번 토요일이 친구 생일이어서 친구들과 생일 ________ 을/ㄹ 거예요.

❷ 저는 바다를 좋아해서 휴일에 ________ 으러/러 자주 가요.

❸ 지난 주말에 ________ 을/를 했어요. 반 친구들이 모두 왔어요.

❹ 회사일이 끝난 후에 회사 사람들과 가끔 ________ 을/를 해요.

02. 보기 와 같이 이야기를 완성하십시오.

지난 금요일에 날씨가 좋아서 친구들과 보기 놀이공원에 갔어요 ~~었어요/았어요/였어요~~. 토요일 낮에는 반친구들과 ❶ ________ 을/를 했어요. 저녁에는 마리아 씨 생일이어서 ❷ ________ 도 하고 고향에 돌아가는 제임스 씨 ❸ ________ 도 했어요. 일요일에는 ❹ ________ 으러/러 인천에 갔어요.

문법 1

EN Grammar JP 文法 CH 语法

-으려고/려고 하다

❶ 저는 주말에 집에서 책을 읽으려고 합니다.

❷ 저녁에 친구들하고 불고기를 먹으려고 해요.

❸ 휴일에 영화관에 가서 영화를 보려고 합니다.

❹ 동생은 경영학을 전공하고 은행에서 일하려고 해요.

01. 보기 와 같이 쓰십시오.

보기 저는 오늘 친구를 만나다 ➡ 저는 오늘 친구를 만나려고 해요.

❶ 저는 1시에 점심을 먹다 ➡ ______________________

❷ 미선 씨가 오후에 백화점에 가다 ➡ ______________________

❸ 친구가 중국말을 배우다 ➡ ______________________

❹ 원 씨가 주말에 여행을 가다 ➡ ______________________

❺ 지하철을 타다 ➡ ______________________

❻ 커피숍에서 커피를 마시다 ➡ ______________________

❼ 공원에서 사진을 찍다 ➡ ______________________

❽ 친구가 오후에 선물을 사러 가다 ➡ ______________________

02. 보기 와 같이 쓰십시오.

	제임스	마리아
수업 후	도서관에 가다 시험 공부를 하다	친구를 만나다 명동에 가다
이번 토요일	운동을 하다 저녁을 먹다	집에서 쉬다 송별회를 하다
이번 일요일	공원에 가다 사진을 찍다	숙제를 하다 영화를 보다

마리아: 제임스 씨, 오늘 수업이 끝나고 무엇을 할 거예요?

제임스: 도서관에 가서 보기 시험 공부를 하려고 해요.

마리아 씨는 오늘 무엇을 ❶ ______________________?

마리아: 저는 오늘 ❷ ____________________

친구하고 ❸ ____________________

제임스: 이번 주말에는 뭘 할 거예요?

마리아: 토요일 오전에는 ❹ ____________________

저녁에는 친구 ❺ ________________ 제임스 씨는요?

제임스: 저는 토요일에 친구하고 운동을 하고 ❻ ________________

일요일에는 공원에 갈 거예요. 공원에 꽃이 많아서 ❼ ____________

____

마리아: 저는 일요일에 숙제를 하고 ❽ ____________________

문법 2

EN Grammar JP 文法 CH 语法

-기 전에

❶ 영화관에서 영화를 보기 전에 화장실에 갔어요.

❷ 민철 씨는 아침을 먹기 전에 커피를 마셔요.

❸ 친구집에 가기 전에 전화를 하세요.

❹ 1년 전에 한국에 왔어요.

01. 보기 와 같이 쓰십시오.

보기 아침을 먹다 / 운동을 해요 ➡ 아침을 먹기 전에 운동을 해요.

❶ 잠을 자다 / 드라마를 봅니다 ➡ ______________________

❷ 학교에 오다 / 신문을 읽어요 ➡ ______________________

❸ 의자에 앉다 / 인사합니다 ➡ ______________________

❹ 한국말을 배우다 / 일본말을 배웠어요 ➡ ______________________

❺ 한국에 오다 / 회사에서 일했어요 ➡ ______________________

❻ 비행기를 타다 / 친구에게 전화해요 ➡ ______________________

❼ 고향에 돌아가다 / 가족에게 줄 선물을 살 거예요

➡ ______________________

❽ 10분 / 오세요 ➡ ______________________

02. 보기 와 같이 쓰십시오.

저는 아침에 일찍 일어납니다. 날마다 아침에 운동을 합니다. 아침을 보기 먹기 전에 운동을 합니다. 집 근처에 있는 수영장에 수영을 하러 갑니다. 수영을 ❶__________ 가벼운 운동을 합니다. 수영을 하고 집에 와서 아침을 먹습니다. 아침을 ❷__________ 물을 조금 마십니다. 그리고 아침을 먹고 학교에 갑니다. 학교에 ❸__________ 집에서 커피를 한 잔 마십니다. 집에서 버스 정류장까지 5분쯤 걸어갑니다. 버스를 ❹__________ 친구에게 전화를 합니다. 버스를 타고 학교에 갑니다. 우리는 수업 시간 20분 ❺__________ 학교에 도착합니다. 교실로 ❻__________ 편의점에서 물을 삽니다. 교실에 들어가서 의자에 ❼__________ 친구들에게 인사합니다. 조금 이따가 수업을 시작합니다. 수업을 ❽__________ 친구들과 이야기를 합니다.

활동

보기 와 같이 이번 방학 계획을 쓰십시오. 그리고 그 전에 해야 할 일도 쓰십시오.

보기 이번 방학에 제주도로 여행을 가려고 합니다. 제주도에 가서 맛있는 음식도 먹고 바다도 구경하려고 합니다. 지금 돈이 많지 않습니다. 그래서 여행을 가기 전에 편의점에서 아르바이트를 하려고 합니다.

____

____

____

03 제가 나중에 다시 전화할게요

학습목표
- 전화 관련 어휘를 익혀서 활용할 수 있다.
- '-을 수 있다', '-을게요' 표현을 익혀서 활용할 수 있다.

웨 이 : 여보세요, 미선 씨. 저 웨이예요. 지금 통화할 수 있어요?
미 선 : 지금은 좀 어려운데요. 손님이 계셔서요.
웨 이 : 그럼, 제가 나중에 다시 전화할게요.

새 어휘

EN New Vocabulary JP 新しい語彙 CH 生词

여보세요	• 여보세요, 리에 씨 계세요?	• 여보세요, 거기 010-2178-6480 아니에요?
통화하다	• 저는 고향 친구와 자주 통화합니다.	• 저는 어머니가 보고 싶어서 날마다 어머니와 통화합니다.
손님	• 손님, 뭘 드릴까요?	• 오늘도 그 가게에 손님이 아주 많아요.
나중에	• 오늘은 시간이 없으니까 나중에 만납시다.	• 지금은 바쁘니까 나중에 전화하십시오.
다시	• 다시 한 번 말씀해 주세요.	• 지난 시간에 배운 것을 다시 공부했어요.

01. 보기 와 같이 쓰십시오.

보기 저는 가족하고 자주 통화하지 못해요.

❶ 지금 아주 피곤하니까 ________ 청소합시다.

❷ 점심 시간에 그 식당에 ________이/가 많으니까 좀 일찍 갑시다.

❸ ________, 김 선생님 계십니까?

❹ 그 드라마가 너무 재미있어서 ________ 보고 싶어요.

02. 보기 와 같이 이야기를 완성하십시오.

오전에 은행에서 일하는 친구에게 전화를 했습니다. 그런데 친구와 보기 통화하지 못했습니다. ❶________이/가 많아서 바쁜 것 같았습니다. 오후에 ❷________ 전화를 했습니다. 우리는 ❸________었습니다/았습니다/였습니다. 우리는 ❹________ 만날 거예요.

주제 어휘

EN Thematic Vocabulary JP テーマ語彙 CH 主题词汇

전화2	전화하다, 전화를 드리다, 연락하다, 전화가 오다, 전화를 걸다, 전화를 받다, 전화를 바꾸다, 전화를 끊다, 전화를 기다리다, 잘못 걸다

01. 보기 와 같이 쓰십시오.

보기 고향에 계시는 어머니께 전화를 자주 드려요 ~~어요/아요/여요~~?

❶ 친구가 저한테 전화를 할 거예요. 그래서 지금 ________어요/아요/여요.

❷ 친구에게 전화를 했는데 친구가 아니었어요. 전화를 ________었어요/았어요/였어요.

❸ 김 선생님 계십니까? ________어/아/여 주세요.

❹ 모르는 사람한테서 전화가 와서 ________었어요/았어요/였어요.

02. 보기 와 같이 이야기를 완성하십시오.

어제 밤에 친구한테서 보기 전화가 왔습니다 ~~었습니다/았습니다/였습니다~~. 친구와 조금 이야기를 했습니다. 친구가 일이 있어서 전화를 빨리 ❶________었습니다/았습니다/였습니다. 저는 친구의 전화를 ❷________었지만/았지만/였지만 전화가 오지 않았습니다. 저는 친구에게 전화를 ❸________었습니다/았습니다/였습니다. 친구가 전화를 ❹________었습니다/았습니다/였습니다. 우리는 재미있는 이야기를 많이 했습니다.

문법 1

EN Grammar JP 文法 CH 语法

-을/ㄹ 수 있다

❶ 저는 자전거를 탈 수 있습니다.

❷ 마이클 씨는 수영을 할 수 있어요.

❸ 한국말이 어려워서 한국 신문을 읽을 수 없습니다.

❹ 오늘은 바빠서 모임에 갈 수 없어요.

01. 보기 와 같이 쓰십시오.

보기 저는 한국 소설책을 읽다 ➡ 저는 한국 소설책을 읽을 수 있어요.

❶ 마리아 씨가 탁구를 치다 ➡ ______________________

❷ 저는 바다에서 수영을 하다 ➡ ______________________

❸ 마이클 씨가 중국말을 하다 ➡ ______________________

❹ 내일 만나다 ➡ ______________________

❺ 제리 씨가 태권도를 하다 ➡ ______________________

❻ 저는 길을 잘 찾다 ➡ ______________________

❼ 바쁘지만 생일 파티에 가다 ➡ ______________________

❽ 시끄럽지만 잘 자다 ➡ ______________________

02. 보기 와 같이 쓰십시오.

저는 이번 방학에 친구하고 일본으로 여행을 갈 거예요. 저는 배를 타고 싶지만 친구가 배를 보기 탈 수 없어서 ~~어서/아서/여서~~ 우리는 비행기를 탈 거예요. 저는 일본말을 배우지 않아서 일본말을 ❶ ________ 지만 친구는 일본말을 ❷ ________ 어요/아요/여요. 친구가 지도를 보고 길을 잘 ❸ ________ 어서/아서/여서 여기저기 다니기가 어렵지 않을 것 같아요. 우리는 운전을 배우지 않아서 운전을 ❹ ________ 지만 자전거는 ❺ ________ 어요/아요/여요. 자전거를 타고 여기저기 구경을 할 거예요. 바다에도 가고 싶어요. 저는 수영을 배워서 수영을 ❻ ________ 지만 친구는 수영을 ❼ ________ 어요/아요/여요. 우리는 사진도 많이 찍을 거예요. 경치가 좋아서 멋있는 바다 사진도 ❽ ________ 어요/아요/여요. 우리는 맛있는 일본 음식도 많이 먹을 거예요.

문법 2

EN Grammar JP 文法 CH 语法

-을게요/ㄹ게요

❶ 제가 교과서를 읽을게요.

❷ 제가 5시쯤 전화할게요.

❸ 게임을 많이 하지 않을게요.

❹ 지하철역에서 기다릴게요.

01. 보기 와 같이 쓰십시오.

보기 제가 읽다 ➡ 제가 읽을게요.

❶ 오늘 저녁은 제가 만들다 ➡ ____________________

❷ 제가 내일 전화하다 ➡ ____________________

❸ 열심히 공부하다 ➡ ____________________

❹ 제가 음식을 주문하다 ➡ ____________________

❺ 교실에서 자지 않다 ➡ ____________________

❻ 제가 선물을 사다 ➡ ____________________

❼ 밤에 많이 먹지 않다 ➡ ____________________

❽ 제가 전화를 받다 ➡ ____________________

02. 보기 와 같이 쓰십시오.

보기 가: 커피를 많이 마시지 마세요.
나: 네, 커피를 많이 마시지 않을게요.

❶ 가: 이 일을 오늘까지 끝내세요.

나: 네, ____________________

❷ 가: 교실에서 김밥을 먹지 마세요.

나: 네, ____________________

❸ 가: 리에 씨 생일인데 누가 선물을 삽니까?

나: ____________________

❹ **가:** 피곤한데 일찍 주무세요.

나: 네, ______________________________

❺ **가:** 누가 마이클 씨에게 전화를 합니까?

나: ______________________________

❻ **가:** 텔레비전을 보지 말고 빨리 숙제를 하십시오.

나: 네, ______________________________

❼ **가:** 내일 시험인데 열심히 공부하십시오.

나: 네, ______________________________

❽ **가:** 리에 씨, 오늘 아침을 안 먹었는데 이 빵을 드세요.

나: 네, ______________________________

활동

보기 와 같이 친구와 전화로 약속 시간과 장소를 정하십시오.

	민철	친구1	친구2
약속 시간	오후 5:00		
약속 장소	학교 앞		

보기
웨 이 : 여보세요, 민철 씨. 저 웨이예요.
민 철 : 안녕하세요? 웨이 씨, 무슨 일이에요?
웨 이 : 같이 운동을 하고 싶은데 오후 5시에 만날 수 있어요?
민 철 : 네, 만날 수 있어요. 어디에서 만날까요?
웨 이 : 학교 앞에서 만납시다.
민 철 : 네, 좋아요. 제가 5시까지 학교 앞으로 갈게요.
웨 이 : 그럼 제가 출발하기 전에 다시 전화할게요.

04 잠깐만 기다리세요

학습목표

- 통화 관련 어휘와 동사 '놀다, 웃다, 울다, 만들다, 빌리다, 세일하다'를 익혀서 활용할 수 있다.
- '만', '-고 있다' 표현을 익혀서 활용할 수 있다.

제임스 : 여보세요, 영수 씨. 제가 리포트를 쓰고 있는데 좀 도와 줄 수 있어요?

영　수 : 잠깐만 기다리세요. 이메일 하나만 보내고 그쪽으로 갈게요.

제임스 : 알겠어요. 고마워요.

새 어휘

EN New Vocabulary JP 新しい語彙 CH 生词

리포트	• 언제 교수님께 리포트를 보낼 거예요?	• 제 리포트를 읽고 이야기해 주세요.
쓰다	• 이번주에 쓸 리포트가 많아요.	• 책하고 공책에 이름을 쓰세요.
돕다	• 미선 씨, 숙제가 어려운데 좀 도와주세요.	• 그 의사는 아픈 사람을 돕고 싶어 합니다.
잠깐	• 밖에서 잠깐 기다려 주십시오.	• 한국에 잠깐 살아서 한국말을 잘 못해요.
알겠다	• 가: 이번 시험이 어려우니까 열심히 공부하세요 . 나: 알겠습니다.	• 가: 저녁에는 교통이 복잡하니까 집에 일찍 들어가세요. 나: 알겠어요. 일찍 들어갈게요.

01. 보기 와 같이 쓰십시오.

보기 도와 ~~어/아/여~~ 주셔서 고맙습니다.

❶ 이번주에 시험은 없지만 ____________ 은/는 많아요.

❷ 에리코 씨는 한국어학당에서 ________ 한국말을 배웠어요.

❸ 시험을 보기 전에 이름을 ____________ 으십시오/십시오.

❹ 제가 지금 아주 바쁜데 좀 ____________ 어/아/여 주십시오.

02. 보기 와 같이 이야기를 완성하십시오.

어제 저는 기숙사에서 운동을 보기 잠깐 한 후에 도서관에 갔습니다. 이번 주에 교수님께 드릴 ❶ __________ 을/를 ❷ __________ 기가 어려웠는데 한국 친구가 ❸ __________ 어/아/여 줬습니다. 그래서 리포트를 잘 ❹ __________ 었습니다/았습니다/였습니다.

주제 어휘

EN Thematic Vocabulary JP テーマ語彙 CH 主题词汇

통화	통화중이다, 통화가 끝나다, 화상통화를 하다, 문자메시지를 보내다
동사7	놀다, 웃다, 울다, 만들다, 빌리다, 세일하다

01. 보기 와 같이 쓰십시오.

보기 조금 후에 통화가 끝나니까 ~~으니까/니까~~ 잠깐 기다려 주세요.

❶ 친구에게 전화를 했는데 ________ 이어서/여서 이야기하지 못했어요.

❷ 휴일에 친구들과 같이 놀이공원에 가서 ________ 었어요/았어요/였어요.

❸ 저는 가끔 제가 좋아하는 한국 음식을 ________ 어서/아서/여서 먹어요.

❹ 어제 도서관에 책을 ________ 으러/러 갔는데 문을 닫아서 못 ________ 었어요/았어요/였어요.

02. 보기 와 같이 이야기를 쓰십시오.

고향에 있는 친구들이 저에게 가끔 이메일과 보기 문자메시지를 보냅니다 ~~습니다/ㅂ니다~~. 이메일이나 문자메시지를 받으면 참 반갑습니다. 지난주에 보고 싶은 친구하고 ❶ ________ 었습니다 /았습니다/였습니다. 저는 친구를 보고 너무 반가워서 ❷ ________ 었습니다 /았습니다/였습니다. ❸ ________ 고 그 친구의 사진을 봤습니다. 친구하고 찍은 사진을 보니까 고향에 돌아가서 그 친구와 ❹ ________ 고 싶었습니다.

문법 1

EN Grammar JP 文法 CH 语法

만

❶ 저는 아침에 우유만 마셔요.

❷ 미선 씨는 한식을 좋아해서 한식만 먹어요.

❸ 우리 교실에 중국 학생만 있어요.

❹ 잠깐만 기다리세요.

01. **보기 와 같이 쓰십시오.**

보기 주말에 잠 / 잤어요. ➡ 주말에 잠만 잤어요.

❶ 공부 / 했어요 ➡ ______________________

❷ 저는 불고기 / 만들 수 있어요 ➡ ______________________

❸ 그 사람 이름 / 알아요 ➡ ______________________

❹ 저는 아침에 커피 / 마셔요 ➡ ______________________

❺ 여기에 미국 사람 / 있어요 ➡ ______________________

❻ 꽃 한 송이 / 주세요 ➡ ______________________

❼ 저 / 노래를 잘 못해요 ➡ ______________________

❽ 제 친구는 도서관에서 / 공부해요 ➡ ______________________

02. 보기 와 같이 쓰십시오.

보기 가: 보통 무슨 책을 읽어요?
나: 저는 소설책만 읽어요.

❶ 가: 편의점에서 빵하고 주스를 샀어요?

나: 아니요, ______________________

❷ 가: 그 사람을 잘 알아요?

나: 아니요, ______________________

❸ 가: 학생이 모두 왔어요?

나: 아니요, ______________________

❹ 가: 지금 시작할까요?

나: ______________ 기다리세요.

❺ 가: 사과 몇 개 드릴까요?

나: ______________________

❻ 가: 불고기를 몇 인분 시킬까요?

나: 배가 고프지 않으니까 ______________________

❼ 가: 그 식당에 무슨 음식이 맛있어요?

나: ______________________

❽ 가: 누구 노래를 자주 들어요?

나: ______________________

문법 2

EN Grammar JP 文法 CH 语法

-고 있다

❶ 저는 한국에서 한국말을 배우고 있어요.

❷ 미선 씨는 지금 학교 정문 앞에서 친구를 기다리고 있습니다.

❸ 지금 음악을 듣고 있는 사람이 제임스예요.

❹ 어머니는 청소를 하고 계시고 동생은 숙제를 하고 있어요.

01. 보기 와 같이 쓰십시오.

보기 제리 씨가 수영을 하다 ➡ 제리 씨가 수영을 하고 있어요.

❶ 원 씨가 밥을 먹다 ➡ ________________

❷ 형이 열심히 공부하다 ➡ ________________

❸ 저는 지금 책을 읽다 ➡ ________________

❹ 지하철역에서 친구를 기다리다 ➡ ________________

❺ 언니가 지금 불고기를 만들다 ➡ ________________

❻ 제리 씨가 운동을 하다 ➡ ________________

❼ 할머니께서 주무시다 ➡ ________________

❽ 어머니께서 커피를 드시다 ➡ ________________

02. 보기 와 같이 쓰십시오.

보기 가: 지금 뭘 하세요?
나: 지금 집에서 밥을 먹고 있어요.

❶ 가: 마이클 씨가 지금 텔레비전을 봐요?
나: 아니요, ____________

❷ 가: 아버지께서 교수님이세요?
나: 네, 대학교에서 ____________

❸ 가: 지금 어머니는 뭐 하세요?
나: 피곤해서 집에서 ____________

❹ 가: 지금 어디에 살아요?
나: ____________

❺ 가: 저기에서 사람들이 무엇을 해요?
나: ____________

❻ 가: 날마다 무엇을 배우세요?
나: ____________

❼ 가: 지금 공원에서 사람들이 무엇을 해요?
나: ____________

❽ 가: 선생님께서 지금 뭘 하세요?
나: ____________

활동

쉬는 시간입니다. 반 친구들이 지금 무엇을 하고 있습니까?
보기 와 같이 이야기하십시오.

보기 윈 씨는 지금 음악을 듣고 있어요.
한국 음악을 좋아해서 K-pop만 들어요.
리에 씨가 지금 커피를 마시고 있어요.
리에 씨는 날마다 커피를 한 잔만 마셔요.

날씨와 계절

제 9 과

01 학교에 늦게 가면 안 돼요

학습목표
- 날씨 관련 어휘를 익혀서 활용할 수 있다.
- '-으면 안 되다', '-어도 되다' 표현을 익혀서 활용할 수 있다.

마리아 : 오늘 시험이 있어서 학교에 늦게 가면 안 돼요.

리 에 : 아직 시간이 있으니까 천천히 가도 돼요.

마리아 : 눈이 많이 오니까 빨리 나갑시다.

새 어휘

EN New Vocabulary JP 新しい語彙 CH 生词

늦게	• 회의가 늦게 끝났어요.	• 친구가 늦게 와서 많이 기다렸어요.
아직	• 친구가 회사에서 아직 일하고 있어요.	• 일이 많아서 아직 밥을 먹지 못했어요.
천천히	• 시간이 많으니까 천천히 먹어요.	• 한국말을 잘 모르니까 천천히 이야기해 주세요.
눈	• 어젯밤에 눈이 많이 왔어요.	• 눈이 많이 와서 길이 막혀요.

01. 보기 와 같이 쓰십시오.

보기 12월에 눈이 ~~이/가~~ 많이 내려요.

❶ 오늘 학교에 ________ 온 학생이 누구예요?

❷ 지금은 ________ 이/가 많이 오니까 이따가 출발합시다.

❸ 빨리 가지 말고 좀 ________ 가세요.

❹ 저는 1년 전에 한국에 왔는데 ________ 한국에서 공부하고 있어요.

02. 보기 와 같이 대화를 완성하십시오.

마리아 : 지금은 보기 눈이 ~~이/가~~ 오지 않는데 ❶________ 걸어갈까요?

리 에 : 천천히 걸어가면 ❷________ 도착할 것 같은데요.

마리아 : 영화는 한 시간 후에 시작하니까 ❸________ 시간이 있어요.

리 에 : 다시 ❹________이/가 오기 전에 지금 나갑시다.

주제 어휘

EN Thematic Vocabulary JP テーマ語彙 CH 主题词汇

날씨1	눈이 오다, 비가 오다, 눈이 내리다, 비가 내리다, 맑다, 개다, 바람이 불다, 안개가 끼다, 흐리다

01. 보기와 같이 쓰십시오.

보기 저는 비나 눈이 ~~이/가~~ 내리면 밖에 나가고 싶지 않아요.

❶ 지금 ________ 이/가 많이 불어서 산책할 수 없어요.

❷ 안개가 많이 ________ 어서/아서/여서 비행기가 출발하지 못했어요.

❸ 어제는 맑았는데 오늘은 ________ 어서/아서/여서 비가 올 것 같아요.

❹ 지금은 비가 많이 오니까 이따가 좀 ________ 으면/면 나갑시다.

02. 보기와 같이 이야기를 완성하십시오.

어제는 보기 비가 ~~이/가~~ 많이 내리고 바람도 ❶ ____________ 어서/아서/여서 빨래를 하지 않았습니다. 오늘도 아침부터 ❷ ________________ 이/가 많이 끼고 ❸ ______________ 어서/아서/여서 밖에 나가지 않고 집에 있었습니다. 내일은 ❹ _______________ 으면/면 쇼핑하러 가려고 합니다.

문법 1

EN Grammar JP 文法 CH 语法

-어도/아도/여도 되다

❶ 이 빵을 먹어도 돼요?
❷ 여기에 앉아도 돼요.
❸ 지금 게임을 해도 괜찮아요?
❹ 시험이 끝나면 교실 밖으로 나가도 돼요.

01. 보기 와 같이 쓰십시오.

보기 밤에 전화를 걸다 ➡ 밤에 전화를 걸어도 돼요.

❶ 피곤하면 좀 쉬다 ➡ ______________________

❷ 여기에서 커피를 마시다 ➡ ______________________

❸ 선생님은 이 책을 읽다 ➡ ______________________

❹ 공원에서 자전거를 타다 ➡ ______________________

❺ 내일 학교에 늦게 오다 ➡ ______________________

❻ 쉬는 시간이니까 노래를 하다 ➡ ______________________

❼ 날마다 바쁘면 주말에 청소하다 ➡ ______________________

❽ 돈이 많이 있으니까 음식을 많이 시키다

➡ ______________________

02. 보기 와 같이 쓰십시오.

여기에서 무엇을 해도 돼요? 다음 중에서 골라서 쓰십시오.

• 커피를 마시다	• 컴퓨터를 하다	• 노래하다	• 이를 닦다
• 사전을 보다	• 전화하다	• 문자메시지를 보내다	• 음식을 먹다
• 음식을 만들다	• 사진을 찍다	• 책을 읽다	• 리포트를 쓰다
• 잠을 자다	• 운동하다	• 파티를 하다	

보기 도서관에서 커피를 마셔도 돼요.

❶ 교실에서 ______________________

❷ 기숙사에서 ______________________

❸ 비행기에서 ______________________

❹ 지하철에서 ______________________

❺ 공원에서 ______________________

❻ 서점에서 ______________________

❼ 박물관에서 ______________________

❽ 화장실에서 ______________________

문법 2

EN Grammar JP 文法 CH 语法

-으면/면 안 되다

❶ 박물관에서 사진을 찍으면 안 됩니다.

❷ 여기에서 자면 안 됩니다.

❸ 창문을 열면 안 돼요.

❹ 아르바이트를 하면 안 돼요.

01. 보기 와 같이 쓰십시오.

보기 수업 시간에 자다 ➡ 수업 시간에 자면 안 돼요.

❶ 밤에 등산을 하다 ➡ ______________________

❷ 커피를 많이 마시다 ➡ ______________________

❸ 약속 시간에 늦게 오다 ➡ ______________________

❹ 여기에 차를 세우다 ➡ ______________________

❺ 이 지하철역에서 갈아타다 ➡ ______________________

❻ 회의 시간에 전화를 받다 ➡ ______________________

❼ 매운 음식을 많이 먹다 ➡ ______________________

❽ 밤늦게 전화를 걸다 ➡ ______________________

02. 보기 와 같이 쓰십시오.

보기 가: 여기에 앉아도 돼요?
나: 아니요, 여기에 앉으면 안 돼요.

❶ 가: 지금 책을 읽어도 돼요?

나: 아니요, ______________________

❷ 가: 창문을 열어도 돼요?

나: 아니요, ______________________

❸ 가: 지금 점심을 먹으러 가도 돼요?

나: 아니요, ______________________

❹ 가: 시험 시간을 바꿔도 돼요?

나: 아니요, ______________________

❺ 가: 그 파티에 학생이 가도 돼요?

나: 아니요, ______________________

❻ 가: 선생님께 이것을 말해도 돼요?

나: 아니요, ______________________

❼ 가: 저쪽에 있는 문으로 들어가도 돼요?

나: 아니요, ______________________

❽ 가: 길이 막히는데 여기에서 좌회전해도 괜찮아요?

나: 아니요, ______________________

활동

보기 와 같이 쓰고 이야기하십시오.

상황	해도 되는 것	하면 안 되는 것
수업 시간에	보기 사전을 봐도 돼요	친구하고 이야기하면 안 돼요
시험 시간에		
비행기에서		
영화관에서		
기숙사에서		

보기 수업 시간에 사전을 봐도 되지만 친구하고 이야기하면 안 돼요.

02 더울 때 한국 사람들은 무슨 음식을 먹어요?

학습목표

- 날씨 관련 어휘를 익혀서 활용할 수 있다.
- '-는데[3](대조)', '-을 때' 표현을 익혀서 활용할 수 있다.

마리아 : 지금 우리 고향은 덥지 않은데 한국 날씨는 아주 더워요.
원 : 더울 때 한국 사람들은 무슨 음식을 먹어요?
마리아 : 한국에서는 냉면과 팥빙수를 많이 먹어요.

새 어휘

EN New Vocabulary JP 新しい語彙 CH 生词

덥다	• 더우면 창문을 여세요.	• 날씨가 더우니까 시원한 냉면을 먹읍시다.
날씨	• 오늘 날씨가 어때요?	• 주말에 날씨가 좋으면 바다를 구경하러 가요.
들	• 학생들이 열심히 공부합니다.	• 케이크를 만들어서 친구들과 같이 먹었어요.
팥빙수	• 날씨가 더우니까 팥빙수를 먹고 싶어요.	• 팥빙수가 시원하고 맛있어요.

01. 보기와 같이 쓰십시오.

보기 바람도 불고 눈도 와요. 날씨가 ~~이/가~~ 좋지 않아요.

❶ 오늘은 ___________으니까/니까 아이스크림을 먹읍시다.

❷ ___________이/가 맑아서 아주 좋아요.

❸ 날씨가 더우면 사람들이 시원한 ___________을/를 많이 먹어요.

❹ 방학에 고향에 가는 친구_______이/가 많습니다.

02. 보기와 같이 대화를 완성하십시오.

미선 : 오늘은 보기 날씨가 ~~이/가~~ 아주 더워요.

마리아: ❶________이/가 ❷_________으니까/니까 시원한 음식을 먹고 싶어요.

미선 : 그럼 ❸_________을/를 먹으러 갈까요?

마리아: 좋아요. 이 일을 빨리 하고 사무실 사람 ❹________과/와 같이 먹으러 가요.

주제 어휘

EN Thematic Vocabulary JP テーマ語彙 CH 主题词汇

날씨2	춥다, 따뜻하다, 선선하다, 쌀쌀하다, 습도가 높다, 습도가 낮다 기온이 높다, 기온이 낮다

01. 보기 와 같이 쓰십시오.

보기 한국은 1월과 2월에 제일 추워요 ~~어요/아요/여요~~.

❶ 추워서 ________ 은/ㄴ 방에서 자고 싶어요.

❷ 오늘 -15℃예요. ________ 이/가 아주 ________ 어요/아요/여요.

❸ 이번 3월에는 비가 많이 오지 않아서 ________ 이/가 ________ 어요/아요/여요.

❹ 10월에는 날씨가 덥지 않고 ________ 어요/아요/여요.

02. 보기 와 같이 이야기를 완성하십시오.

한국 날씨는 1월과 2월에 보기 기온이 ~~이/가~~ 제일 낮고 ❶ ________ 습니다/ㅂ니다. 그렇지만 3월과 4월에는 예쁜 꽃도 피고 날씨도 ❷ ________ 습니다/ㅂ니다. 7월에는 덥고 비가 많이 와서 ❸ ________ 습니다/ㅂ니다. 11월에는 바람도 자주 불어서 날씨가 좀 ❹ ________ 습니다/ㅂ니다.

문법 1

EN Grammar JP 文法 CH 语法

-는데, 은데/ㄴ데3

❶ 저는 운동을 좋아하는데 동생은 좋아하지 않아요.

❷ 한국 친구는 있는데 일본 친구는 없어요.

❸ 저는 키가 작은데 언니는 키가 커요.

❹ 시장은 값이 싼데 백화점은 비싸요.

01. 보기 와 같이 쓰십시오.

보기 한국은 선선하다 / 태국은 더워요. ➡ 한국은 선선한데 태국은 더워요.

❶ 저는 매운 음식을 잘 먹다/친구는 잘 먹지 못해요.

➡ ______________________________

❷ 어머니는 사과를 좋아하시다/ 아버지는 바나나를 좋아하세요.

➡ ______________________________

❸ 어제는 흐리고 비가 왔다/ 오늘은 아주 맑아요.

➡ ______________________________

❹ 학교 교실은 시원하다/제 방은 더워요.

➡ ______________________________

❺ 아침에는 기온이 낮다/낮에는 높아요.

➡ ______________________________

❻ 커피를 마시기 전에는 피곤했다/ 지금은 괜찮아요.

➡ ______________________________

❼ 교과서하고 연필은 있다/공책은 없어요.

➡ ______________________________

❽ 쓰기는 좀 어렵다/ 말하기는 어렵지 않아요.

➡ ______________________________

02. 보기 와 같이 쓰십시오.

상황	나	친구
보기 키	키가 작다	키가 크다
1) 좋아하는 음식	한식	양식
2) 운전	할 수 있다	하지 못 한다
3) 사는 집	기숙사	하숙집
4) 자주 가는 가게	시장에 있는 가게	백화점
5) 학교 수업	오전에 있다	오후에 있다
6) 많이 읽는 책	소설책	만화책
7) 보통 자는 시간	6시간	8시간
8) 주말에 많이 하는 것	영화 보기	컴퓨터 게임

보기 나는 키가 좀 작은데 친구는 키가 커요.

❶ ____________________

❷ ____________________

❸ ____________________

❹ ____________________

❺ ____________________

❻ ____________________

❼ ____________________

❽ ____________________

문법 2

EN Grammar JP 文法 CH 语法

-을/ㄹ 때

❶ 피곤할 때 이 노래를 들어요.

❷ 시간이 있을 때 영화를 보러 가요.

❸ 저녁을 먹을 때 전화가 왔어요.

❹ 제가 자고 있을 때 친구는 공부를 하고 있었어요.

01. 보기 와 같이 쓰십시오.

보기 고향에 가다 / 비행기를 타고 가요. ➡ 고향에 갈 때 비행기를 타고 가요.

❶ 식사를 하다 / 텔레비전을 봐요.

➡ ______________________

❷ 집에서 쉬다 / 한국음식을 만들어서 먹어요.

➡ ______________________

❸ 커피를 마시고 있다 / 친구가 전화를 했어요.

➡ ______________________

❹ 어제 비가 오다 / 이 우산을 샀어요.

➡ ______________________

❺ 아침에 수업이 있다 / 일찍 일어나요.

➡ ______________________

❻ 날씨가 좋다 / 빨래를 하세요.

➡ ______________________

❼ 아프다 / 기숙사 친구가 도와주었어요.

➡ ______________________

❽ 사람들이 많이 있다 / 이야기할까요?

➡ ______________________

02. 보기 와 같이 쓰십시오.

어머니가 보고 싶다	친구가 바쁘다	시간이 없다
미선 씨가 쉬다	친구가 보고 싶다	저녁을 먹다
아침에 학교에 가다	친구 생일 파티에 갔다	한국어 수업을 하다

보기 **가:** 언제 고향에 가고 싶어요?
나: 어머니가 보고 싶을 때 가고 싶어요.

❶ **가:** 언제 김밥을 먹어요?
나: ______________________

❷ **가:** 언제 친구를 도와줄 거예요?
나: ______________________

❸ **가:** 미선 씨 집에 언제 놀러 갈까요?
나: ______________________

❹ **가:** 언제 친구하고 화상통화를 하세요?
나: ______________________

❺ **가:** 언제 텔레비전 뉴스를 봐요?
나: ______________________

❻ **가:** 언제 커피를 마셨어요?
나: ______________________

❼ **가:** 오늘 언제 비가 왔어요?
나: ______________________

❽ **가:** 영수 씨를 언제 만났어요?
나: ______________________

활동

다음 상황에서 여러분과 친구는 어떻게 합니까? 보기 와 같이 쓰고 이야기하십시오.

상황	나	친구
보기 쇼핑해요	집 근처 시장에 가요	백화점이나 편의점에 가요
운동해요	학교 체육관에서 해요	공원에서 해요
밥 먹어요		천천히 먹어요
숙제해요	도서관에 가서 해요	

보기 쇼핑할 때 저는 집 근처 시장에 가는데 친구는 백화점이나 편의점에 가요.

03 마실 물과 손수건이 있어야 해요

학습목표
- 자연과 계절 관련 어휘를 익혀서 활용할 수 있다.
- '–는 동안', '–어야 하다' 표현을 익혀서 활용할 수 있다.

원　　: 주말에 뭘 할까요?
민　철 : 꽃이 피었는데 산에 갈까요? 등산을 하는 동안 경치를 구경합시다.
원　　: 뭘 준비해야 해요?
민　철 : 땀이 많이 나니까 마실 물과 손수건이 있어야 해요.

새 어휘

EN New Vocabulary JP 新しい語彙 CH 生词

피다	• 한국에는 3월에 무슨 꽃이 피어요?	• 꽃이 많이 필 때 꽃구경을 하러 가요.
산	• 한국에는 산이 많아요.	• 산을 좋아하는 사람들이 주말에 등산을 가요.
경치	• 남산타워에서 보면 서울 경치가 아주 좋아요.	• 경치가 좋으면 사진을 많이 찍어요.
준비하다	• 여행가기 전에 준비할 것이 많아요.	• 내일 우리 집에서 파티를 하는데 같이 준비합시다.
땀이 나다	• 운동을 하면 땀이 나요.	• 땀이 많이 나서 샤워를 했어요.
손수건	• 저는 손수건이 열 장쯤 있어요.	• 친구가 저에게 예쁜 손수건을 선물했어요.

01. 보기 와 같이 쓰십시오.

보기 더울 때 등산을 하면 땀이 나요 ~~어요/아요/여요~~.

❶ 한국은 ________ 이/가 많은 나라예요.

❷ 남산이 서울에서 제일 ________ 이/가 좋으니까 같이 갑시다.

❸ 공원에 꽃이 ________ 으면/면 꽃구경 하러 갈까요?

❹ 고향에 돌아가기 전에 부모님께 드릴 선물을 ________ 었어요/았어요/였어요.

02. 보기 와 같이 이야기를 완성하십시오.

5월에 꽃이 보기 피면 ~~으면/면~~ 남산은 ❶________ 이/가 아주 좋아요. 저는 이번 주말에 남산에 사진을 찍으러 갈 거예요. 산 위까지 걸어가면 ❷________ 을/ㄹ 것 같아요. 저는 마실 물과 ❸________ 을/를 ❹________ 을/ㄹ 거예요.

주제 어휘

EN Thematic Vocabulary JP テーマ語彙 CH 主题词汇

자연과 계절	봄, 여름, 가을, 겨울, 강, 바다, 나무 꽃이 피다, 땀이 나다, 단풍이 들다, 길이 미끄럽다

01. 보기 와 같이 쓰십시오.

보기 봄 - 꽃이 피고 따뜻해요.

❶ ________ - 비가 많이 내리고 더워요.

❷ ________ - 날씨가 선선하고 ❸ ________ 어요/아요/여요.

❹ ________ - 눈이 내리고 날씨가 추워요.

02. 보기 와 같이 글을 완성하십시오.

우리 가족은 봄에 보기 꽃이 피면 으면/면 꽃을 구경하러 가요. 여름에 시원한 강이나 ❶ ________ 으로/로 휴가를 가요. 가을에는 산에 ❷ ________ 어서/아서/여서 경치가 좋아요. ❸ ________ 에는 눈이 와서 경치가 좋지만 ❹ ________ 어요/아요/여요.

문법 1

EN Grammar JP 文法 CH 语法

-는 동안

❶ 한국에 있는 동안 같이 부산에 갑시다.

❷ 친구가 돈을 찾는 동안 저는 전화통화를 했어요.

❸ 마이클 씨는 방학 동안 여기저기 여행을 했어요.

❹ 퓨퓨 씨는 정문 앞에서 한 시간 동안 친구를 기다렸어요.

01. 보기 와 같이 쓰십시오.

보기 우리가 여행하다 / 날씨가 좋았어요.
➡ 우리가 여행하는 동안 날씨가 좋았어요.

❶ 비행기를 타고 오다 / 저는 영화를 봤어요.

➡ ____________________

❷ 기차를 타고 가다 / 미선 씨는 잡지를 읽어요.

➡ ____________________

❸ 우리가 쉬다 / 날씨가 갰어요.

➡ ____________________

❹ 회의를 하다 / 손님이 밖에서 기다렸어요.

➡ ____________________

❺ 친구를 기다리다 /저는 드라마를 봤어요.

➡ ____________________

❻ 리에 씨는 한국에 살다 / 여행을 많이 하고 싶어 해요.

➡ ______________________________

❼ 1시간/우리는 산책했어요. ➡ ______________________

❽ 방학/운전을 배울 거예요. ➡ ______________________

02. 보기 와 같이 쓰십시오.

어디로	부산	제주도
얼마나	3일	4일
어떻게	기차(3시간)	배(12시간)

한국에서 대학에 보기 다니는 동안 여행하고 싶은 곳을 수첩에 썼어요. 부산하고 제주도였어요. 먼저 부산에 갔어요. 기차를 ❶________ 옆에 앉은 한국 사람과 이야기를 많이 했어요. 부산을 ❷________ 사진을 많이 찍었어요. 저는 바다 근처 호텔에서 잤어요. 저는 부산에 ❸________ 있었어요. 거기에 ❹________ 바다 구경을 많이 했어요. 제가 ❺________ 날씨가 맑아서 참 좋았어요. 부산을 구경한 후에 저는 제주도로 갔어요. ❻________ 배를 탔어요. 배를 타고 제주도에 ❼________ 서울에 있는 친구들에게 이메일도 쓰고 사진도 보냈어요. 제가 서울에 ❽________ 친구들은 저를 보고 싶어 했어요. 여행이 재미있었지만 저도 친구들이 보고 싶었어요.

문법 2

EN Grammar JP 文法 CH 语法

-어야/아야/여야 하다

❶ 자기 전에 이를 닦아야 해요.

❷ 비행기 출발 2시간 전에 공항에 도착해야 해요.

❸ 두 명이 같이 사니까 방이 넓어야 해요.

❹ 농구 선수는 키가 커야 해요?

01. 보기 와 같이 쓰십시오.

보기 피곤하면 쉬어요. ➡ 피곤하면 쉬어야 해요.

❶ 일찍 출발해요. ➡ ______________________

❷ 교과서를 많이 읽어요. ➡ ______________________

❸ 돈이 없어서 찾아요. ➡ ______________________

❹ 10시 비행기를 타요. ➡ ______________________

❺ 손님에게 친절해요. ➡ ______________________

❻ 바람이 많이 부니까 창문을 닫아요. ➡ ______________________

❼ 차가 밀리면 지하철을 타요. ➡ ______________________

❽ 수영을 하기 전에 준비운동을 해요. ➡ ______________________

02. 보기 와 같이 쓰십시오.

이번 주에 해야 할 일	
월요일	은행 카드 만들기
화요일	오전 7시 운동
수요일	리에 씨 생일 선물 사기, 생일 파티(오후 6시)
목요일	저녁 7시 제임스와 약속
금요일	한국어 읽기 시험
토요일	인천 공항 친구 오후 2시 도착
일요일	청소와 빨래

보기 이번 주에 읽기 시험 준비를 해야 해요.

❶ 월요일에 ______________________.

❷ 화요일 아침에 ______________________.

❸ 수요일에 ______________________.

❹ 리에 씨 생일 파티에 ______________________.

❺ 목요일에 ______________________.

❻ 금요일에 ______________________.

❼ 토요일에 ______________________.

❽ 일요일에 ______________________.

활동

보기 와 같이 다음 기간 동안 해야 할 일이나 하고 싶은 일을 써 보십시오.

한국에 사는 동안	• 한국에 사는 동안 한국 친구를 많이 만나야 해요. 그러면 더 재미있을 거예요. • 한국에 사는 동안 여행을 많이 하고 싶어요.
여름 방학	
연휴	
한국말을 배우는 동안	

04

테드 씨가 스키를 잘 탈까요?

학습목표

- 겨울 활동 관련 어휘를 익혀서 활용할 수 있다.
- '-을까요?[2] (추측)', '-을 거예요[2] (추측)' 표현을 익혀서 활용할 수 있다.

리 에 : 테드 씨가 스키를 잘 탈까요?

영 수 : 캐나다에서 왔으니까 아마 잘 탈 거예요.

리 에 : 그럼 이번 주말에 테드 씨하고 같이 스키장에 갈까요?

영 수 : 그럽시다. 그런데 주말에 학생 할인을 해서 사람이 많을 거예요.

새 어휘

EN New Vocabulary JP 新しい語彙 CH 生词

스키	• 제 고향은 춥고 눈이 많이 와서 스키를 타는 사람이 많아요.	• 산에서 스키를 타고 내려오는 마이클 씨가 멋있었어요.
아마	• 아마 지금 사무실에 가면 선생님이 계실 것 같아요.	• 테드 씨는 캐나다 사람이니까 아마 매운 음식을 먹지 못할 것 같아요.
잘	• 철민 씨는 운동을 잘 해서 친구들이 좋아해요.	• 저는 노래를 잘 부르고 싶어요.
스키장	• 주말에는 스키장이 복잡해요.	• 스키장에서 스키를 탈 때 모자를 써야 해요.
그런데	• 제리 씨는 노래를 좋아해요. 그런데 잘 부르지 못해요.	• 저는 친구를 오래 기다렸어요. 그런데 친구가 오지 않았어요.
할인	• 할인을 해 주면 많이 살게요.	• 10명이 같이 기차(KTX)를 타면 할인을 받을 수 있어요.

01. 보기 와 같이 쓰십시오.

보기 겨울 방학에 친구들하고 같이 스키장에 놀러 가요.

❶ 아침 일찍 영화관에 가면 ____________ 을/를 해줘요.

❷ 윈 씨는 ____________ 내일도 늦게 올 것 같아요.

❸ 저도 음식을 ____________ 만들고 싶어요.

❹ 스키장에 갔지만 안개가 껴서 ____________ 을/를 타지 못했어요.

02. 보기 와 같이 이야기를 완성하십시오.

이번 주말에 보기 아마 눈이 많이 올 거예요. 그래서 ❶ __________ 을/를 타러 갈 거예요. 저는 지난 주말에 스키 모자와 장갑을 사러 백화점에 갔어요. ❷ ________ 백화점에서 주말 할인을 해서 보통 때보다 좀 쌌어요. 따뜻하고 튼튼한 것을 ❸ ______ 산 것 같아요. 빨리 ❹ _________ 에 가고 싶어요.

주제 어휘

EN Thematic Vocabulary JP テーマ語彙 CH 主题词汇

겨울 활동	눈사람, 눈싸움, 스노보드, 스키, 스케이트 스키복을 입다, 모자를 쓰다, 선글라스를 끼다, 장갑을 끼다

01. 보기 와 같이 쓰십시오.

보기 스키를 을/를 탈 때는 스키복을 입어요.

❶ 저기 모자를 쓰고 ________ 은/ㄴ 사람이 우리 형이에요.

❷ 우리는 눈이 많이 오면 운동장에 나가서 ________ 을/를 해요.

❸ 눈이 올 때 귀여운 ________ 을/를 만들었어요.

❹ 이번에는 스키장에서 스키를 타지 않고 ________ 타는 것을 배웠어요.

02. 보기 와 같이 이야기를 완성하십시오.

겨울에는 형, 동생과 보기 눈싸움도 하고 ❶ ________ 도 만들어요. 스키장에도 가요. 스키장에 가면 형은 보통 ❷ ________ 을/를 타고 저와 동생은 ❸ ________ 을/를 타요. 저는 스키보다 스노보드가 좋아요. 스키장에서는 추우니까 ❹ ________ 고 모자를 쓰고 따뜻한 장갑을 껴야 해요.

문법 1

EN Grammar JP 文法 CH 语法

-을까요/ㄹ까요?²

❶ 손님이 매운 음식을 잘 먹을까요?

❷ 내일 비가 올까요?

❸ 날씨가 맑을까요?

❹ 저 사람이 어느 나라 사람일까요?

01. 보기 와 같이 쓰십시오.

보기 회사가 언제 끝나요? ➡ 회사가 언제 끝날까요?

❶ 시험이 어려워요? ➡ ____________________

❷ 강의실에 학생이 없어요? ➡ ____________________

❸ 지금 나가면 차가 밀려요? ➡ ____________________

❹ 아르바이트가 힘들어요? ➡ ____________________

❺ 왼 씨가 지금 기숙사에 있어요? ➡ ____________________

❻ 이번 여름이 더워요? ➡ ____________________

❼ 손님들이 많이 먹어요? ➡ ____________________

❽ 모자가 미선 씨한테 좀 작아요? ➡ ____________________

02. 보기 와 같이 쓰십시오.

보기 가: 오후에는 눈이 그칠까요?
나: 네, 오후에는 눈이 그칠 것 같아요.

❶ 가: ____________________

나: 네, 파티가 재미있을 것 같아요.

❷ 가: ____________________

나: 네, 바람이 불어서 시원할 것 같아요.

❸ 가: ____________________

나: 아니요, 윈 씨 시험 점수가 나쁠 것 같아요.

❹ 가: ____________________

나: 네, 리에 씨가 열심히 공부할 것 같아요.

❺ 가: ____________________

나: 아니요, 맵지 않을 것 같아요.

❻ 가: ____________________

나: 아마 도서관에 있을 것 같아요.

❼ 가: ____________________

나: 제리 씨가 마이클 씨 전화번호를 알 것 같아요.

❽ 가: ____________________

나: 지하철이 빨리 갈 것 같아요.

문법 2

EN Grammar JP 文法 CH 语法

-을/ㄹ 거예요[2]

❶ 퓨퓨 씨는 매운 음식을 좋아해서 비빔냉면을 잘 먹을 거예요.

❷ 지금 출발하면 아마 차가 밀릴 거예요.

❸ 주말이어서 놀이공원에 사람이 많을 거예요.

❹ 제리 씨는 파티를 하고 와서 아마 피곤할 거예요.

01. 보기 와 같이 쓰십시오.

보기 눈이 와서 길이 미끄러워요. ➡ 눈이 와서 길이 미끄러울 거예요.

❶ 시장이 값이 싸요. ➡ ______

❷ 산에 올라가기 힘들어요. ➡ ______

❸ 밖이 시원해요. ➡ ______

❹ 원 씨가 학교에 안 와요. ➡ ______

❺ 식당에 손님이 많아요. ➡ ______

❻ 영화가 재미있어요. ➡ ______

❼ 걸어가면 시간이 많이 걸려요. ➡ ______

❽ 학생이 한 명도 없어요. ➡ ______

02. 보기 와 같이 쓰십시오.

보기 가: 내일 날씨가 어떨까요?
나: 아마 날씨가 좋을 거예요.

❶ 가: 퓨퓨 씨가 한국 음식을 잘 먹을까요?

나: 네, ______________________

❷ 가: 친구가 이 선물을 좋아할까요?

나: 네, ______________________

❸ 가: 이번 시험이 어려울까요?

나: 네, ______________________

❹ 가: 도서관에 사람이 많을까요?

나: 네, ______________________

❺ 가: 제리 씨가 일찍 학교에 올까요?

나: 네, ______________________

❻ 가: 지금 가면 약속 시간에 좀 늦게 도착할까요?

나: 네, ______________________

❼ 가: 오늘 저녁 파티가 어떨까요?

나: ______________________

❽ 가: 어디로 가면 빠를까요?

나: ______________________

활동

보기 와 같이 알고 싶은 것을 서로 질문해 보십시오.

알고 싶은 것	
보기 시장	가: 동대문 시장이 쌀까요? 남대문 시장이 쌀까요? 나: 동대문 시장보다 남대문 시장이 쌀 거예요. 가: 토요일에 남대문 시장이 복잡할까요? 나: 주말이니까 아마 복잡할 거예요.
학교 앞 식당	
반 친구	

제10과 음식

01 비빔밥인데 아주 맛있어요

학습목표

- 맛과 양념 관련 어휘를 익혀서 활용할 수 있다.
- '–는데[4] (소개, 도입)', '으로[2]' 표현을 익혀서 활용할 수 있다.

원 : 이 음식은 이름이 뭐예요?

영 수 : 비빔밥인데 아주 맛있어요.

원 : 무엇으로 만들었어요?

영 수 : 쇠고기와 채소를 볶아서 만들었어요. 고추장을 넣고 밥과 비벼서 먹어요.

새 어휘

EN New Vocabulary JP 新しい語彙 CH 生词

쇠고기	• 우리 가족은 쇠고기를 좋아해서 자주 먹어요.	• 저녁에는 쇠고기를 사서 불고기를 만들려고 해요.
채소	• 저는 고기를 좋아하지 않아서 채소만 먹어요.	• 제 동생은 고기와 채소를 모두 잘 먹어서 아주 튼튼해요.
볶다	• 김치와 밥을 볶아서 김치볶음밥을 만들었어요.	• 채소와 고기를 같이 볶지 마세요.
고추장	• 고추장은 맵지만 맛있어요.	• 우리 할머니는 집에서 고추장을 만드세요.
넣다	• 주스를 냉장고에 넣으세요.	• 찌개에 물을 많이 넣어서 맛이 없어요
비비다	• 냉면과 고추장을 잘 비비세요.	• 밥을 불고기에 비벼서 먹으면 아주 맛있어요.

01. 보기 와 같이 쓰십시오.

보기 돈을 지갑에 잘 넣으세요 ~~으세요/세요~~.

❶ 비빔밥에 고추장을 넣어서 __________ 으세요/세요.

❷ 저는 고기보다 __________ 을/를 더 좋아해요.

❸ 저는 __________ 은/ㄴ 고기를 좋아해서 제육볶음을 자주 먹어요.

❹ 친구들과 불고기 파티를 하고 싶어서 __________ 을/를 많이 샀어요.

02. 보기 와 같이 이야기를 완성하십시오.

우리 어머니께서 만든 음식은 참 맛있어요. 제가 제일 좋아하는 음식은 고기를 보기 볶아서 ~~어서/아서/여서~~ 만든 제육볶음이에요. 형과 동생은 ❶ ______ 을/를 좋아해서 우리는 불고기도 자주 먹어요. 어머니는 비빔밥도 자주 만드시는데 고기와 ❷ __________ 을/를 많이 ❸ __________ 으세요/세요. 거기에 고추장을 넣고 밥과 잘 ❹ __________ 어서/아서/여서 먹으면 아주 맛있어요.

주제 어휘

EN Thematic Vocabulary JP テーマ語彙 CH 主题词汇

맛	달다, 맵다, 짜다, 시다, 쓰다, 싱겁다
양념	설탕, 소금, 식초, 된장, 고추장

01. 보기 와 같이 쓰십시오.

보기 케이크는 달지만 아주 맛있어요.

❶ 음식이 싱거워서 ________ 을/를 넣었어요.

❷ 이 된장찌개는 좀 ________ 지만 맵지 않아요.

❸ 커피가 ________ 으니까/니까 설탕을 주세요.

❹ 저는 매운 음식을 좋아해서 ________ 을/를 많이 넣어요.

02. 보기 와 같이 대화를 완성하십시오.

영 수 : 비빔냉면 맛이 어때요?

마리아 : 좀 보기 싱거워요 ~~어요/아요/여요~~. 고추장을 주세요.

영 수 : 마리아 씨는 ❶ ________ 은/ㄴ 음식을 좋아하는 것 같아요.

마리아 : 네, 그리고 신 맛도 좋아하니까 ❷ ________ 도 좀 주세요.

영 수 : 후식은 뭘 먹을까요?

마리아 : ❸ ________ 은/ㄴ 케이크나 아이스크림을 먹고 싶어요. 영수 씨는요?

영 수 : 저는 커피를 마시고 싶어요.

마리아 : 저는 커피가 ❹ ________ 어서/아서/여서 잘 마시지 못하는데 영수 씨는 괜찮아요?

영 수 : 저는 커피의 쓴 맛을 아주 좋아해요.

문법 1

EN Grammar JP 文法 CH 语法

-는데, 은데/ㄴ데[4]

❶ 저는 기숙사에 사는데 아주 넓고 깨끗해요.

❷ 제 방에는 침대가 있는데 작지만 편해요.

❸ 이 책은 한국어 교과서인데 참 재미있어요.

❹ 제 친구는 태국에서 왔는데 한국말을 잘해요.

01. 보기 와 같이 쓰십시오.

보기 이것은 물냉면이다 / 아주 시원해요.
➡ 이것은 물냉면인데 아주 시원해요.

❶ 이 분은 제임스 씨이다 / 미국에서 왔어요.

➡ ______________________________

❷ 저는 여동생이 있다 / 예쁘고 친절해요.

➡ ______________________________

❸ 제 고향은 호주이다 / 경치가 아주 좋아요.

➡ ______________________________

❹ 저는 경영학을 전공하다 / 아주 재미있어요.

➡ ______________________________

❺ 태권도는 한국 운동이다 / 외국 사람도 많이 배워요.

➡ ______________________________

❻ 제 친구는 독일에서 왔다 / 컴퓨터공학을 전공해요.

➡ ______________________________

❼ 이 손수건은 시장에서 샀다 / 아주 좋아요.

➡ ______________________________

❽ 이 의자는 형이 만들어 주었다 / 아주 튼튼해요.

➡ ______________________________

02. 보기 와 같이 쓰십시오.

보기 한국어 선생님이다

1) 제육볶음이다
2) 읽기 책이다
3) 선물 받은 장갑이다
4) 명동에서 샀다
5) 남대문 시장에 자주 가다
6) 3개에 2000원이다
7) 1벌에 5만원이다
8) ______________

보기 아주 친절하다

- 멋있고 편하다
- 재미있는 이야기가 많다
- 가볍고 튼튼하다
- 예쁘고 따뜻하다
- 달고 맛있다
- 물건이 많고 싸다
- 좀 맵지만 맛있다
- ______________

보기 가: 저 분이 누구세요?
나: 네, 저 분이 한국어 선생님이신데 아주 친절하세요.

❶ 가: 이 음식이 무슨 음식이에요?

나: ______________________________

❷ 가: 이것이 무슨 책이에요?

나: ______________________________

❸ 가: 그 장갑이 따뜻해요?

나: 네, ______________________________

❹ 가: 그 가방을 어디에서 샀어요?

나: ______________________________

❺ 가: 어느 시장에 자주 가세요?

나: ______________________________

❻ 가: 이 사과는 얼마예요?

나: ______________________________

❼ 가: 이 스키복이 얼마예요?

나: ______________________________

❽ 가: 고향이 어디예요?

나: ______________________________

문법 2

EN Grammar JP 文法 CH 语法

-으로/로²

❶ 저는 학교에 버스로 옵니다.

❷ 교실에서 한국말로 이야기하세요.

❸ 빵은 손으로 먹어요.

❹ 제육볶음은 돼지고기와 채소로 만들어요.

01. 보기 와 같이 쓰십시오.

보기 볼펜 / 쓰세요. ➡ 볼펜으로 쓰세요.

❶ 지하철 / 학교에 왔어요.

➡ ______________________

❷ 영어 / 말하지 마세요.

➡ ______________________

❸ 손수건 / 땀을 닦아요.

➡ ______________________

❹ 비행기 / 2시간 걸려요.

➡ ______________________

❺ 팥과 아이스크림 / 만들었어요.

➡ ______________________

❻ 한국말 / 통화했어요.

➡ ______________________

❼ 육교 / 건너세요.

➡ ______________________

❽ 이메일 / 연락했어요.

➡ ______________________

02. 보기 와 같이 쓰십시오.

보기 가: 된장찌개는 무엇으로 만들어요?
나: 된장찌개는 된장과 채소로 만들어요.

❶ 가: 책상은 무엇으로 만들었어요?

나: ______________________________

❷ 가: 수첩에 이름을 무엇으로 썼어요?

나: ______________________________

❸ 가: 인도 사람은 음식을 무엇으로 먹어요?

나: ______________________________

❹ 가: 부산에 어떻게 가려고 해요?

나: ______________________________

❺ 가: 불고기는 무엇으로 만들어요?

나: ______________________________

❻ 가: 고향에 어떻게 돌아갈 거예요?

나: ______________________________

❼ 가: ______________________________?

나: 아이스크림은 우유로 만들어요.

❽ 가: ______________________________?

나: 수업 시간에 한국어로 이야기해요.

활동

여러분 나라의 음식 중에서 좋아하는 음식을 쓰고 보기 와 같이 소개하십시오.

음식 이름	불고기	
재료	쇠고기, 채소	
맛	좀 달다	

보기 제가 좋아하는 음식은 불고기인데 쇠고기와 여러 가지 채소로 만들어요. 불고기는 좀 달고 아주 맛있습니다.

02 뭘 드시겠습니까?

학습목표
- 음식 관련 어휘를 익혀서 활용할 수 있다.
- '-겠-[1] (의지 표현, 의향)', '-어 보다(경험)' 표현을 익혀서 활용할 수 있다.

영　수 : 뭘 드시겠습니까?

리　에 : 오늘은 일이 많아서 힘드니까 고기를 먹을까요?

영　수 : 좋아요. 이 식당 닭갈비가 정말 맛있어요. 리에씨는 닭갈비를 먹어 봤어요?

리　에 : 아니요, 먹어 보지 못했어요. 오늘은 꼭 먹고 싶어요.

새 어휘

EN New Vocabulary JP 新しい語彙 CH 生词

드시다	• 날씨가 추운데 따뜻한 차를 드세요.	• 무슨 음식을 드시고 싶습니까?
힘들다	• 어제 오래 걸어서 힘들었어요.	• 힘든데 좀 쉴까요?
닭갈비	• 닭갈비는 닭고기와 채소로 만들었어요.	• 저는 닭갈비가 매워서 먹지 못해요.
정말	• 산에 단풍이 들어서 경치가 정말 좋아요.	• 제임스 씨가 한국어를 정말 잘해요.
꼭	• 제 생일 파티에 꼭 오세요.	• 고향에 돌아가면 꼭 연락할게요.

01. 보기 와 같이 쓰십시오.

보기 음식이 많으니까 천천히 드세요. ~~으세요/세요~~.

❶ 동창회에서 친구들을 만났는데 ________ 반가웠어요.

❷ 이번 주말에 민철 씨 송별회를 하는데 ________ 오세요.

❸ 원 씨가 매운 음식을 잘 먹으니까 ________ 을/를 시킵시다.

❹ 가방이 무거워서 학교에 올 때 ________ 었어요/았어요/였어요.

02. 보기 와 같이 이야기를 완성하십시오.

저는 주말마다 등산을 해요. 오늘은 김 선생님과 친구들과 같이 등산을 했어요. 날씨가 더워서 좀 보기 힘들었지만 ~~었지만/았지만/였지만~~ ❶________ 재미있었어요. 등산을 한 후에 같이 점심을 먹었는데 닭고기와 채소를 넣은 ❷________ 을/를 시켰어요. 우리는 많이 먹었지만 선생님은 조금만 ❸________ 었어요/았어요/였어요. 오늘은 운동도 많이 하고 친구들과 이야기도 많이 해서 참 좋았어요. 다음 주말에도 ❹________ 산에 갈 거예요.

주제 어휘

EN Thematic Vocabulary JP テーマ語彙 CH 主题词汇

음식	한식, 일식, 중국 음식, 양식, 갈비탕, 김치찌개, 초밥, 탕수육 자장면, 스테이크, 스파게티

01. 보기 와 같이 쓰십시오.

보기 저는 한국에 온 후에 날마다 <u>한식을</u> ~~을~~/를 먹어요.

동생은 ❶ __________ 을/를 좋아해서 초밥을 자주 먹어요. 조금 전에 중국 식당에 전화를 걸어서 자장면과 ❷ __________ 을/를 주문했어요. 양식을 좋아하는 친구가 고기를 먹고 싶어해서 ❸ __________ 을/를 먹으러 갔어요. 하숙집 아주머니께서 김치와 고기를 많이 넣어서 만들어 주시는 ❹ __________ 은/는 정말 맛있어요.

02. 보기 와 같이 대화를 완성하십시오.

영 수 : 리에 씨, <u>한식이</u> ~~이~~/가 매운데 괜찮아요?

리 에 : 네, 괜찮아요. 저는 매운 음식을 좋아해서 ❶ __________ 을/를 자주 먹어요.

영 수 : 일식은 무엇을 제일 좋아해요?

리 에 : ❷ __________ 을/를 자주 먹어요. 영수 씨는 무슨 음식을 많이 드세요?

영 수 : 저는 보통 한식을 먹지만 친구들이 ❸ __________ 을/를 좋아해서 스파게티도 자주 먹어요.

리 에 : 오늘은 뭘 먹을까요?

영 수 : 오늘은 맵지 않은 한식이 어때요?

리 에 : 좋아요. 그럼, ❹ __________ 을/를 먹읍시다.

문법 1

EN Grammar JP 文法 CH 语法

-겠-[1]

❶ 저는 된장찌개를 먹겠어요.

❷ 오후에 무엇을 하시겠습니까?

❸ 내일 친구와 같이 부산에 가겠습니다.

❹ 선생님께 꼭 연락을 드리겠습니다.

01. 보기 와 같이 쓰십시오.

보기 지금 가요. ➡ 지금 가겠습니다.

❶ 밖에서 기다려요.

➡ ____________________

❷ 사진을 찍어요.

➡ ____________________

❸ 영화를 봐요.

➡ ____________________

❹ 열심히 공부해요.

➡ ____________________

❺ 친구를 만나요.

➡ ____________________

❻ 스키를 타요.

➡ ____________________

❼ 잠깐만 쉬어요.

➡ ____________________

❽ 학교에 늦게 오지 않아요.

➡ ____________________

02. 보기 와 같이 쓰십시오.

보기 가: 갈비탕을 드시겠습니까?
나: 네, 갈비탕을 먹겠습니다.

❶ 가: 도서관에서 숙제하겠습니까?

나: ______________________

❷ 가: 방학에 고향에 돌아가겠습니까?

나: ______________________

❸ 가: 커피를 드시겠어요? 주스를 드시겠어요?

나: ______________________

❹ 가: 내일 학교에 오시겠습니까? 집에 계시겠습니까?

나: ______________________

❺ 가: 주말에 뭘 하시겠습니까?

나: ______________________

❻ 가: 체육관에서 무슨 운동을 하시겠습니까?

나: ______________________

❼ 가: 눈이 오면 뭘 하겠습니까?

나: ______________________

❽ 가: 시험이 끝나면 뭘 하겠습니까?

나: ______________________

문법 2

EN Grammar JP 文法 CH 语法

-어/아/여 보다

❶ 한국에서 갈비탕을 먹어 봤어요.

❷ 한국어로 이메일을 써 봤어요?

❸ 아직 제주도에 가보지 못했어요.

❹ 편의점에서 아르바이트를 해 봤어요.

01. 보기 와 같이 쓰십시오.

보기 민속촌에 갔어요. ➡ 민속촌에 가 봤어요.

❶ 그 책을 읽었어요.

➡ ______________________

❷ 한국말로 전화했어요.

➡ ______________________

❸ 서울에서 운전했어요.

➡ ______________________

❹ 스키를 탔어요.

➡ ______________________

❺ 탁구를 쳤어요.

➡ ______________________

❻ 한국 음식을 만들었어요?

➡ ______________________

❼ 하숙집에 살았어요?

➡ ______________________

❽ 탕수육을 먹었어요.

➡ ______________________

02. 보기 와 같이 쓰십시오.

서울에서 이것을 해 봤어요?	예	아니요
보기 한국 음식 먹기	√	
1) 명동에서 쇼핑하기		
2) 남산타워에 올라가기		
3) 서울에서 지하철 타기		
4) 한강 공원에서 자전거 타기		
5) 한복 입기		
6) 서울 사진 찍기		
7) 한국 사람과 한국말로 이야기하기		
8) 한국 음식 만들기		

보기 서울에서 한국 음식을 먹어 봤어요.

❶ ______________________________

❷ ______________________________

❸ ______________________________

❹ ______________________________

❺ ______________________________

❻ ______________________________

❼ ______________________________

❽ ______________________________

활동

메뉴를 보고 친구와 함께 보기 와 같이 대화하십시오.

메뉴

된장찌개	5,000원	물냉면	6,500원
김치찌개	5,000원	비빔냉면	6,500원
비빔밥	6,000원	불고기	8,000원
갈비탕	6,000원		

보기 영 수 : 리에 씨는 갈비탕을 드셔 보셨어요?

리 에 : 아니요, 먹어 보지 못했어요. 갈비탕 맛이 어때요?

영 수 : 갈비탕은 맵지 않고 따뜻한 음식이에요. 추울 때 먹으면 좋아요.

리 에 : 그래요? 그럼 저는 갈비탕을 먹겠어요.

03 삼계탕을 드신 적이 있어요?

학습목표

- 형용사 '같다, 다르다, 차갑다, 기쁘다, 슬프다, 괜찮다'와 음료 관련 어휘를 익혀서 활용할 수 있다.
- '이든지', '-은 적이 있다' 표현을 익혀서 활용할 수 있다.

미　선 : 마리아 씨는 뭐든지 잘 드시는 것 같아요.

마리아 : 네, 저는 매운 음식도 잘 먹고 뜨거운 음식도 잘 먹어요.

미　선 : 그럼 삼계탕을 드신 적이 있어요?

마리아 : 네, 한 번 먹은 적이 있어요. 제 고향에도 비슷한 음식이 있어요.

새 어휘

EN New Vocabulary JP 新しい語彙 CH 生词

뜨겁다	• 날씨가 추운데 뜨거운 차 한 잔 드세요.	• 갈비탕은 뜨거우니까 천천히 드세요.
삼계탕	• 삼계탕은 닭고기로 만든 음식인데 한국 사람들이 좋아해요.	• 한국 사람들은 더울 때 삼계탕을 많이 먹습니다.
번	• 다시 한 번 말씀해 주십시오.	• 그 영화가 재미있어서 세 번 봤어요.
비슷하다	• 저와 제 동생은 키가 비슷해요.	• 리에 씨와 제리 씨는 시험 점수가 비슷해요.

01. 보기 와 같이 쓰십시오.

보기 저는 제주도에 한 번 가 봤어요.

❶ 한국 사람들은 더운 여름에 __________ 을/를 먹습니다.

❷ 그 음식이 __________ 으니까/니까 조금 이따가 드세요.

❸ 그 책이 쉽고 재미있어서 두 ______ 읽었어요.

❹ 한국에 제 고향 음식과 __________ 은/ㄴ 음식이 많아요.

02. 보기 와 같이 대화를 완성하십시오.

어제 날씨가 아주 더웠습니다. 한국 친구가 저에게 말했습니다. "우리 같이 보기 삼계탕을 ~~을/를~~ 먹으러 갑시다." 저는 지난주에도 삼계탕을 한 ❶ ____ 먹었습니다. ❷ ________ 이/가 아주 맛있었습니다. 한국 사람들은 더운 여름에 ❸ ______ 은/ㄴ 삼계탕을 먹습니다. 우리 고향에도 삼계탕과 ❹ ________ 은/ㄴ 음식이 있는데 우리는 추운 겨울에 먹습니다.

주제 어휘

EN Thematic Vocabulary JP テーマ語彙 CH 主题词汇

형용사6	같다, 다르다, 차갑다, 기쁘다, 슬프다, 괜찮다
음료	식혜, 인삼차, 유자차, 녹차, 카페라떼

01. 보기 와 같이 쓰십시오.

보기 식혜가 ~~이/가~~ 달고 시원해서 자주 마셔요.

❶ 제가 자주 마시는 커피는 ____________이에요/예요.

❷ 고향 친구한테서 전화가 와서 아주 ____________었어요/았어요/였어요.

❸ 날씨가 더우니까 ____________은/ㄴ 주스를 마십시다.

❹ 그 영화를 보고 ____________어서/아서/여서 울었어요.

02. 보기 와 같이 쓰십시오.

원 : 뭐 마실까요? 날씨가 더우니까 차가운 ~~은/ㄴ~~ 주스를 드세요.

리에 : 네, 저는 커피를 좋아하니까 ❶__________을/를 마실게요. 원 씨는요?

원 : 저는 좀 뜨겁지만 달고 맛있는 ❷__________을/를 마실게요.

리에 : 원 씨, 고향 친구들이 고향에 돌아가서 ❸__________어요/아요/여요?

원 : 네, 좀 슬퍼요. 친구들이 많이 보고 싶어요.

리에 : 원 씨는 친구들이 많으니까 ❹__________을/ㄹ 거예요.

문법 1

EN Grammar JP 文法 CH 语法

이든지/든지

❶ 저는 무슨 음식이든지 잘 먹어요.

❷ 시간이 있으면 언제든지 놀러 오세요.

❸ 그 모임에 누구든지 갈 수 있어요.

❹ 여기에 있는 음식은 얼마든지 드셔도 됩니다.

01. 보기 와 같이 쓰십시오.

보기 언제 / 전화하세요 ➡ 언제든지 전화하세요.

❶ 뭐 / 좋아요 ➡ ______

❷ 어느 나라 사람 / 그 대학교에 들어갈 수 있어요

➡ ______

❸ 어디 / 괜찮아요 ➡ ______

❹ 누구 / 볼 수 있는 영화예요 ➡ ______

❺ 무슨 고기 / 다 좋아해요 ➡ ______

❻ 몇 시 / 괜찮아요 ➡ ______

❼ 어떤 회사에서 / 일할 수 있어요 ➡ ______

❽ 얼마 / 드세요 ➡ ______

02. 보기 와 같이 쓰십시오.

보기 가: 주말에 어디에 갈까요?
나: 비가 안 오면 어디든지 갑시다.

❶ 가: 언제 연락할까요?

나: ________________

❷ 가: 어디에서 시험 공부를 할까요?

나: 시끄럽지 않으면 ________________

❸ 가: 그 파티에 누가 갈 수 있어요?

나: 한국어학당 학생이면 ________________

❹ 가: 무슨 채소를 살까요?

나: 채소는 모두 맛있으니까 ________________

❺ 가: 어머니가 만드신 음식이 맛있어요?

나: 네, 어머니가 만드신 음식은 ________________

❻ 가: 닭갈비가 아주 맛있는데 더 먹어도 돼요?

나: 네, 많이 시켰으니까 ________________

❼ 가: 무슨 음식을 잘 드세요?

나: 맵지 않으면 ________________

❽ 가: 나중에 어떤 일을 하고 싶어요?

나: 한국말을 잘하면 ________________

문법 2 -은/ㄴ 적이 있다

EN Grammar JP 文法 CH 语法

❶ 저는 삼계탕을 한 번 먹은 적이 있어요.

❷ 저는 고향에서 한국 음식을 만든 적이 있어요.

❸ 저는 한국 회사에서 일한 적이 있습니다.

❹ 놀이공원에 가 본 적이 없어요.

01. 보기 와 같이 쓰십시오.

이것을 한 적이 있어요?	예	아니요
보기 스키를 한 번 타다	✓	
1) 비빔냉면을 먹다	✓	
2) 운전을 배우다		✓
3) 한국 신문을 읽다		✓
4) 바다에서 수영을 하다	✓	
5) 김치찌개를 만들어 보다	✓	
6) 눈썰매를 타다		✓
7) 민속촌을 방문하다	✓	
8) 팥빙수를 먹어 보다		✓

보기 스키를 한 번 탄 적이 있어요.

❶ ______________________

❷ ______________________

❸ ______________________

❹ ______________________

❺ ______________________________

❻ ______________________________

❼ ______________________________

❽ ______________________________

02. 보기 와 같이 쓰십시오.

보기 가: 한국에서 불고기를 만들어 본 적이 있어요?
나: 네, 불고기를 만들어 본 적이 있어요.

❶ 가: 혼자 여행을 한 적이 있어요?

나: ______________________________

❷ 가: 한국에서 버스를 잘못 탄 적이 있어요?

나: ______________________________

❸ 가: 한국친구 집에 가 봤어요?

나: ______________________________

❹ 가: 삼계탕을 먹어 봤어요?

나: ______________________________

❺ 가: 한국에서 스키를 타 봤어요?

나: ______________________________

❻ 가: 제주도에 가 본 적이 있어요?

나: ______________________________

❼ 가: 한국에서 눈사람을 만든 적이 있어요?

나: ______________________________

❽ 가: 대학생 때 아르바이트를 해 본 적이 있어요?

나: ______________________________

활동

한국에서 차를 마신 적이 있어요? 보기 와 같이 이야기하십시오.

메 뉴

녹 차	3,500원	인 삼 차	4,500원
식 혜	4,000원	카페라떼	4,500원
유 자 차	4,000원		

보기 **리에:** 우리 뭘 마실까요?

원 : 저는 식혜를 마신 적이 없는데 식혜 맛이 어때요?

리에: 달고 아수 맛있어요. 시원해요.

원 : 인삼차는 어때요?

리에: 저도 인삼차를 마셔 본 적이 없는데 한국 사람들이 좋아하는 것 같아요.

원 : 그럼, 우리 인삼차를 한 번 마셔 볼까요?

리에: 저는 뭐든지 좋아요.

04 음식이 맛있겠어요

학습목표

- 식사예절 관련 어휘를 익혀서 활용할 수 있다.
- '-겠-[2](추측)', '-으려고' 표현을 익혀서 활용할 수 있다.

리　에 : 음식이 맛있겠어요. 그런데 왜 안 먹고 있어요?

미　선 : 선생님이 오시면 같이 먹으려고 기다리고 있어요.

리　에 : 한국에서는 식사를 할 때 그릇을 손에 들고 먹어도 돼요?

미　선 : 아니요, 그릇을 상에 놓고 수저로 먹어야 해요.

새 어휘

EN New Vocabulary JP 新しい語彙 CH 生词

식사	• 리에 씨, 점심 시간인데 식사하셨어요?	• 저녁 식사 시간은 7시부터예요.
그릇	• 작고 예쁜 그릇을 친구에게 선물했어요.	• 밥을 먹은 후에 그릇을 모두 닦았어요.
들다	• 사람들이 휴대전화를 들고 다녀요.	• 한국에서는 보통 그릇을 손에 들고 먹지 않습니다.
상	• 주말에 손님이 집에 오시니까 큰 상을 하나 삽시다.	• 상 위에 있는 음식들이 맛있을 것 같아요.
놓다	• 상 위에 예쁜 그릇을 놓았어요.	• 컴퓨터를 책상 위에 놓으세요.
수저	• 여기 수저 좀 주세요.	• 한국에서는 음식을 수저로 먹습니다.

01. 보기 와 같이 쓰십시오.

보기 상 위에 수저를 ~~을/~~를 놓으세요.

❶ 지금 손에 __________ 고 있는 음식이 뭐예요?

❷ 혼자 먹으니까 __________ 을/를 사는 것이 좋을 것 같아요.

❸ 지난주에 백화점에 가서 예쁜 __________ 을/를 많이 샀어요.

❹ 저는 수업이 끝나고 학생 식당에서 자주 __________ 을/를 해요.

02. 보기 와 같이 이야기를 완성하십시오.

지난주에 한국 친구 집에 놀러 갔습니다. 저는 일본 보기 그릇을 ~~을/~~를 선물했습니다. 친구 어머니께서 불고기를 만들어 주셨습니다. 저와 제 친구는 상에 수저와 그릇을 ❶ __________ 었습니다/았습니다/였습니다. 우리는 다같이 모여서 ❷ __________ 을/를 했습니다. 일본 사람은 그릇을 손에 ❸ __________ 고 먹는데 한국 사람은 그릇을 상에 ❹ __________ 고 먹습니다.

주제 어휘

EN Thematic Vocabulary JP テーマ語彙 CH 主题词汇

식사 예절	숟가락, 젓가락, 밥그릇, 국그릇, 반찬그릇, 앞접시 상을 차리다, 소리를 내다

01. 보기 와 같이 쓰십시오.

보기 한국에서는 밥과 국을 숟가락으로 ~~으로/로~~ 먹습니다.

❶ 수업 시간에 시끄러운 ______________지 마세요.

❷ 냉면을 먹을 때는 __________으로/로 먹어요.

❸ 어머니께서 __________을/ㄹ 때 저는 옆에서 숟가락과 젓가락을 놓아요.

❹ 친구들과 같이 불고기를 먹을 때에는 __________이/가 있어야 해요.

02. 보기 와 같이 대화를 완성하십시오.

리에: 한국에서는 식사할 때 보통 무엇으로 먹어요?

영수: 보통 숟가락과 보기 젓가락으로 ~~으로/로~~ 먹어요.

리에: ❶__________을/를 들고 먹어도 돼요?

영수: 아니요, 밥그릇과 ❷__________을/를 모두 상에 놓고 먹어야 해요.

리에: ❸__________은/는 들고 먹어요?

영수: 아니요, 반찬그릇도 들고 먹으면 안 돼요.

리에: 식사할 때 ❹__________어도/아도/여도 돼요?

영수: 아니요, 소리를 내면 안 돼요.

문법 1

EN Grammar JP 文法 CH 语法

-겠-[2]

❶ 내일 오전에 비가 오겠습니다.

❷ 아마라 씨가 미국에서 10년 동안 살아서 영어를 잘하겠어요.

❸ 미선 씨, 잠을 많이 자서 피곤하지 않겠어요.

❹ 리에 씨, 지난 주말에 일이 많아서 바빴겠어요.

01. **보기 와 같이 쓰십시오.**

보기 시험을 잘 봐서 기분이 좋다 ➡ 시험을 잘 봐서 기분이 좋겠어요.

❶ 팥빙수가 맛있다 ➡ ____________________

❷ 이 영화가 재미있다 ➡ ____________________

❸ 소금을 많이 넣어서 짜다 ➡ ____________________

❹ 회사 일이 많아서 피곤하다 ➡ ____________________

❺ 바람이 불어서 쌀쌀하다 ➡ ____________________

❻ 휴일이어서 쉴 수 있다 ➡ ____________________

❼ 5년 동안 스키를 배워서 잘 타다 ➡ ____________________

❽ 어제 선물을 받아서 기뻤다 ➡ ____________________

02. 보기 와 같이 쓰십시오.

보기 가: 고향 친구가 모두 돌아갔어요.
나: 심심하겠어요.

❶ 가: 우리 어머니가 만든 불고기예요.

나: ________________

❷ 가: 10년 전부터 스케이트를 탔어요.

나: ________________

❸ 가: 비빔밥에 고추장을 많이 넣었어요.

나: ________________

❹ 가: 저는 수영 선수였어요.

나: ________________

❺ 가: 밖에 눈이 오고 바람도 많이 불어요.

나: ________________

❻ 가: 내일 아버지와 어머니께서 한국에 오실 거예요.

나: ________________

❼ 가: 어제 명동까지 걸어서 갔어요.

나: ________________

❽ 가: 지난 주말에 친구들과 놀이공원에 갔어요.

나: ________________

문법 2

EN Grammar JP 文法 CH 语法

-으려고/려고

❶ 밥을 먹으려고 상을 차렸어요.

❷ 불고기를 만들려고 쇠고기를 샀어요.

❸ 동생에게 주려고 선물을 샀습니다.

❹ 친구를 만나려고 명동에 갔습니다.

01. 보기 와 같이 쓰십시오.

보기 선물을 사다 / 백화점에 갔어요 ➡ 선물을 사려고 백화점에 갔어요.

❶ 삼계탕을 만들다 / 닭고기를 삽니다 ➡ ______________________

❷ 어머니께 드리다 / 꽃을 샀어요 ➡ ______________________

❸ 옷을 사다 / 돈을 찾았어요 ➡ ______________________

❹ 대학교에 들어가다 / 열심히 공부했어요

➡ ______________________

❺ 한국 가수를 만나다 / 한국에 왔어요 ➡ ______________________

❻ 한국 친구하고 이야기하다 / 한국어를 공부해요

➡ ______________________

❼ 집에 가다 / 버스를 탔어요 ➡ ______________________

❽ 운동을 하다 / 체육관에 갔어요 ➡ ______________________

02. 보기 와 같이 쓰십시오.

보기 가: 왜 한국에 왔어요?
나: 한국 대학교에 들어가려고 한국에 왔어요.

❶ 가: 방학에 여행을 갈 거예요?
나: 네, 방학에 ______________ 여행 가방을 샀어요.

❷ 가: 김치찌개를 만들 거예요?
나: 네, ______________ 고기와 김치를 샀어요.

❸ 가: 고향 친구가 왜 한국에 왔어요?
나: ______________ 한국에 왔어요.

❹ 가: 왜 백화점에 갔어요?
나: ______________ 백화점에 갔어요.

❺ 가: 왜 케이크를 사요?
나: ______________ 케이크를 사요.

❻ 가: 왜 한국말을 공부해요?
나: ______________

❼ 가: 왜 김밥을 만들어요?
나: ______________

❽ 가: 눈이 오는데 왜 밖에 나갔어요?
나: ______________

활동

보기 와 같이 친구에게 연휴 계획을 묻고 이야기 하십시오.

	리에	나
계획	제주도 여행	
준비물	모자, 선글라스, 수영복	
하고 싶은 일	등산, 수영	

보기 **미선** : 이번 연휴에 뭘 하실 거예요?
리에 : 제주도에 갈 거예요.
제주도에 가려고 모자와 선글라스를 샀어요.
미선 : 좋겠어요. 제주도에 가서 뭘 할 거예요?
리에 : 등산도 하고 바다에서 수영도 할 거예요.
수영을 하려고 수영복도 샀어요.
미선 : 재미있겠어요.

부록

제1과 인사와 소개

01 한국 사람입니다

새 어휘

01 1) 미국 2) 한국 3) 안녕하십니까? 4) 사람

02 1) 저는 2) 사람 3) 씨 4) 미국

주제 어휘

01 보기 누엔 · · 한국 사람
1) 김미선 · · 중국 사람
2) 야마다 · · 베트남 사람
3) 제임스 · · 미국 사람
4) 왕웨이 · · 일본 사람

(보기 누엔 – 베트남 사람, 1) 김미선 – 한국 사람, 2) 야마다 – 일본 사람, 3) 제임스 – 미국 사람, 4) 왕웨이 – 중국 사람)

02 1) 영국 2) 캐나다 3) 브라질 4) 호주

문법1

01 1) 태국입니다 2) 브라질입니다
3) 캐나다입니다 4) 중국입니다
5) 인도입니다 6) 미국 사람입니다
7) 미선 씨입니다 8) 제임스입니다

문법2

01 1) 왕웨이는 2) 야마다는
3) 누엔은 4) 마이클은
5) 제임스 씨는 6) 윈 씨는
7) 샤론은 8) 민철은

02 1) 저는 제임스입니다.
2) 제임스는 미국 사람입니다.
3) 리에는 일본 사람입니다.
4) 웨이는 중국 사람입니다.
5) 마이클은 영국 사람입니다.
6) 윈은 태국 사람입니다.
7) 메리 씨는 호주 사람입니다.
8) 민철 씨는 한국 사람입니다.

02 제 가방이 아닙니다

새 어휘

01 1) 가방 2) 제 3) 학생 4) 아니요

02 1) 네 2) 아니요 3) 가방 4) 제

주제 어휘

01 1) 회사원 2) 선생님 3) 가수 4) 교수님

02 1) 제임스 씨는 기자입니다.
2) 야마다 씨는 회사원입니다.
3) 왕웨이 씨는 은행원입니다.
4) 정민철 씨는 의사입니다.

문법1

01 1) 교수님입니까?
2) 기자입니까?
3) 사장님입니까?
4) 회사원입니까?
5) 미선 씨입니까?
6) 민철 씨 가방입니까?
7) 한국 가수입니까?
8) 캐나다 사람입니까?

02 1) 야마다 씨는 회사원입니까?
2) 일본 사람입니까?
3) 제임스 씨는 선생님입니까?
4) 미국 사람입니까?
5) 윈 씨는 기자입니까?
6) 태국 사람입니까?
7) 왕웨이 씨는 은행원입니까?
8) 일본 사람입니까?

문법2

01 1) 은행원이 아닙니다.
2) 회사원이 아닙니다.
3) 사장님이 아닙니다.
4) 캐나다 사람이 아닙니다.
5) 제 가방이 아닙니다.
6) 의사가 아닙니다.

7) 가수가 아닙니다.
8) 제임스 씨가 아닙니다.

02 1) 인도가 아닙니다.
2) 영국 학생이 아닙니다.
3) 교수가 아닙니다.
4) 아니요, 태국 사람이 아닙니다.
5) 아니요, 제임스 씨가 아닙니다.
6) 아니요, 회사원이 아닙니다.
7) 아니요, 기자가 아닙니다.
8) 아니요, 미선 씨 가방이 아닙니다.

03 한국 친구가 많습니다

새 어휘

01 1) 이름은 2) 누구 3) 제가 4) 많습니다
02 1) 친구 2) 많습니다 3) 누구 4) 이름이

주제 어휘

01 1) 보다 (○) 2) 인사하다 (○)
3) 반갑다 (○) 4) 재미있다 (○)
02 1) 듣다 2) 예쁘다 3) 많다 4) 이야기하다

문법1

01 1) 마이클 씨가 2) 김미선이 3) 친구 이름이
4) 태국 사람이 5) 가수가 6) 친구가
7) 사장님이 8) 일본 학생이
02 1) 제임스 씨가 기자입니다.
2) 은행원이 누구입니까?
3) 야마다 씨가 회사원입니까?
4) 이것이 제 가방입니다.
5) 미선 씨가 학생입니다.
6) 중국 학생이 웨이입니다.
7) 제가 야마다입니다.
8) 누가 인도 학생입니까?

문법2

01 1) 봅니다 2) 먹습니다 3) 듣습니다
4) 인사합니다 5) 좋습니다 6) 예쁩니다
7) 반갑습니다 8) 재미있습니다
02 1) 갑니다. 2) 옵니다. 3) 먹습니다.
4) 예쁩니다. 5) 인사합니다. 6) 듣습니다.
7) 좋습니다. 8) 재미있습니다.

04 미선 씨, 연필이 있습니까?

새 어휘

01 1) 없습니다 (또는 있습니다) 2) 볼펜
3) 연필 (또는 볼펜), 없습니다 4) 무엇
02 1) 없습니다 2) 무엇 3) 연필 4) 볼펜

주제 어휘

01 1) 의자 2) 컴퓨터 3) 냉장고 4) 달력
02 1) 교과서 2) 공책 3) 책상 4) 침대

문법1

01 1) 기자가 옵니까?
2) 선생님이 이야기합니까?
3) 학생이 인사합니까?
4) 제임스 씨가 봅니까?
5) 누가 먹습니까?
6) 교과서가 좋습니까?
7) 책이 재미있습니까?
8) 무엇이 예쁩니까?
02 1) 친구가 옵니까?
2) 교수님이 이야기합니까?
3) 의자가 좋습니까?
4) 많습니까?, 많습니다.
5) 재미있습니까?, 재미있습니다.
6) 듣습니까?
7) 누가 먹습니까?
8) 누가 예쁩니까?, 예쁩니다.

문법2

01 1) 기자가 없습니다.

2) 은행원이 있습니다.
3) 미선 씨가 있습니다.
4) 일본 가수가 없습니다.
5) 볼펜이 있습니다.
6) 달력이 없습니다.
7) 필통이 없습니다.
8) 컴퓨터가 있습니다.

02 1) 교과서가 있습니다.
2) 컴퓨터가 없습니다.
3) 태국 학생이 있습니다.
4) 필통이 없습니다.
5) 책상이 있습니까?
6) 냉장고가 있습니까?
7) 교수님 책이 있습니까?
8) 회사원이 있습니까?

제2과 학교

01 창문은 작습니다

새 어휘

01 1) 작습니다 2) 큽니다 3) 창문이 4) 문이
02 1) 작습니다 2) 창문 3) 문 4) 큽니다

주제 어휘

01 1) 지도 2) 칠판 3) 분필 4) 옷걸이
02 1) 깨끗합니다 2) 적습니다
3) 더럽습니다 4) 적습니다

문법1

01 1) 도 2) 도 3) 도
4) 웨이 씨도 인사합니다.
5) 침대도 있습니다.
6) 일본 학생도 많습니다.
7) 퓨퓨 씨도 먹습니다.
8) 에리코 씨도 이야기합니다.

02 1) 책상도 있습니다.
2) 리에 씨도 이야기합니다.
3) 웨이 씨도 듣습니다.
4) 선생님도 인사합니다.
5) 공책도 많습니까?
6) 퓨퓨 씨도 옵니까?
7) 야마다 씨도 먹습니까?
8) 제리 씨도 회사원입니까?

문법2

01 1) 은 2) 는 3) 은 4) 는
5) 이집트 학생은 없습니다.
6) 제임스 씨는 듣습니다.
7) 텔레비전은 많습니다.
8) 캐나다 학생은 적습니다.

02 1) 책상은 없습니다.
2) 리에 씨는 듣습니다.
3) 그림은 작습니다.
4) 호주 친구는 없습니다.
5) 영국 학생은 적습니다.
6) 에릭 씨는 기자가 아닙니다.
7) 창문은 작습니다.
8) 책상은 더럽습니다.

02 식당이 어디에 있습니까?

새 어휘

01 1) 학교 2) 밥이 3) 어디 4) 도서관
02 1) 어디 2) 옆 3) 학교 4) 식당

주제 어휘

01 1) 옆 2) 위 3) 뒤 4) 안
02 1)도서관 옆 2) 식당 뒤
3) 식당 옆 4) 우체국 위

문법1

01 1) 기숙사가 도서관 뒤에 있습니다.

2) 남산이 서울에 있습니다.
3) 방콕이 태국에 있습니다.
4) 볼펜이 필통 안에 많습니다.
5) 서울타워가 남산에 있습니다.
6) 미선 씨가 식당에 있습니다.
7) 학생이 강의실 안에 없습니다.
8) 책상이 교실에 많습니다.

02 1) 가방이 의자 밑에 있습니다.
2) 책이 침대 위에 있습니다.
3) 미선 씨가 냉장고 앞에 있습니다.
4) 휴지통이 교실 밖에 있습니다.
5) 그림이 창문 옆에 있습니다.
6) 휴지통이 책상 밑에 있습니다.
7) 지도가 칠판 옆에 있습니다.
8) 컴퓨터가 책상 위에 있습니다.

문법2

01 1) 을 2) 를 3) 을 4)을
5) 를 6) 를 7) 을 8) 를

02 보기

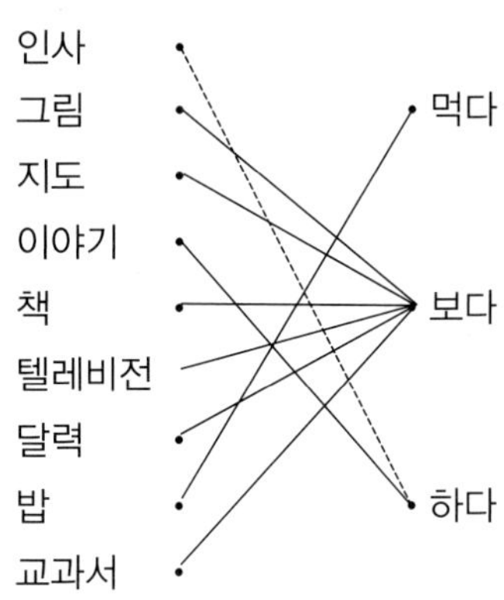

1) 그림을 봅니다. 2) 지도를 봅니다.
3) 이야기를 합니다 4) 책을 봅니다.
5) 텔레비전을 봅니다. 6) 달력을 봅니다.
7) 밥을 먹습니다. 8) 교과서를 봅니다.

03 도서관에서 공부합니다

새 어휘

01 1) 공부합니다 2) 어떻습니까?
3) 조용합니다 4) 넓습니다

02 1) 넓습니다 2) 공부합니다
3) 공부합니다 4) 조용합니다

주제 어휘

01 1) 숙제를 합니다, 책을 읽습니다.
2) 공부를 합니다, 음악을 듣습니다.
3) 밥을 먹습니다, 커피를 마십니다.
4) 책을 읽습니다, 공부를 합니다.

02 1) 책을 읽습니다 2) 복잡합니다
3) 시끄럽습니다 4) 맛있습니다

문법1

01 1) 강의실에서 컴퓨터를 합니다.
2) 식당에서 밥을 먹습니다.
3) 도서관에서 책을 읽습니다.
4) 학교에서 운동을 합니다.
5) 기숙사에서 텔레비전을 봅니다.
6) 교실에서 이야기를 합니다.
7) 어디에서 커피를 마십니까?
8) 어디에서 음악을 듣습니까?

02 1) 도서관에서 책을 읽습니다.
2) 학교에서 공부를 합니다.
3) 강의실에서 숙제를 합니다.
4) 기숙사에서 음악을 듣습니다.
5) 서점에서 책을 읽습니다.
6) 기숙사에서 커피를 마십니다.
7) 강의실에서 이야기를 합니다.
8) 교실에서 음악을 듣습니다.

문법2

01 1) 식당이 복잡하고 시끄럽습니다.
2) 창문이 크고 깨끗합니다.
3) 책이 재미있고 좋습니다.
4) 학교 식당이 싸고 맛있습니다.
5) 리에 씨 가방이 작고 예쁩니다.
6) 미선 씨는 학생이고 제임스 씨는 기자입니다.
7) 영수 씨는 운동을 하고 리에 씨는 숙제를 합

니다.

8) 마이클 씨는 책을 읽고 미선 씨는 음악을 듣습니다.

02 1) 넓습니다. 2) 깨끗합니다.
3) 넓고 시원합니다. 4) 복잡하고 시끄럽습니다.
5) 넓고 조용합니다. 6) 크고 깨끗합니다.
7) 작고 예쁩니다. 8) 예쁘고 재미있습니다.

04 학교 앞에서 버스를 타십시오

새 어휘

01 1) 탑니까? 2) 어떻게 3) 백화점이 4) 쇼핑을
02 1) 백화점 2) 어떻게 3) 버스를 4) 탑니다.

주제 어휘

01 1) 영화관 2) 체육관 3) 커피숍 4) 시장
02 1) 산책을 하고 2) 노래를 부릅니다.
3) 게임을 합니다. 4) 영화를 봅니다.

문법1

01 1) 저는 쇼핑을 하고 싶습니다.
2) 저는 밥을 먹고 싶습니다.
3) 저는 산책을 하고 싶습니다.
4) 저는 책을 읽고 싶습니다.
5) 저는 텔레비전을 보고 싶습니다,
6) 저는 이야기를 하고 싶습니다.
7) 저는 음악을 듣고 싶습니다.
8) 저는 운동을 하고 싶습니다.

02 1) 영화를 보고 싶습니다.
2) 음악을 듣고 싶습니다.
3) 산책을 하고 싶습니다.
4) 게임을 하고 싶습니다.
5) 밥을 먹고 싶습니다.
6) 일본에 가고 싶습니다.
7) 친구를 보고 싶습니다.
8) 백화점에서 쇼핑을 하고 싶습니다.

문법2

01 1) 오십시오. 2) 인사를 하십시오.
3) 저것을 보십시오. 4) 운동을 하십시오.
5) 노래를 부르십시오. 6) 숙제를 하십시오.
7) 책을 읽으십시오. 8) 이야기를 하십시오.

02 1) 영화를 보십시오. 2) 운동하십시오.
3) 책을 읽으십시오. 4) 인사하십시오.
5) 텔레비전을 보십시오. 6) 버스를 타십시오.
7) 게임을 하십시오. 8) 숙제를 하십시오.

제3과 친구와 가족

01 친구가 무슨 음식을 좋아합니까?

새 어휘

01 1) 아주 2) 자주 3) 친절하고 4) 좋아합니다
02 1) 불고기 (또는 비빔밥)
2) 비빔밥을 (또는 불고기를)
3) 아주 4) 좋아합니다

주제 어휘

01 1) 유리, 진아 2) 마이클, 영수 3) 영수 4) 진아
02 1) 짧습니다 2) 길고
3) 친절하고 4) 귀엽습니다

문법1

01 1) 무슨 공부를 합니까?
2) 무슨 음식을 먹습니까?
3) 무슨 영화를 봅니까?
4) 무슨 커피를 마십니까?
5) 무슨 책을 읽습니까?
6) 무슨 이야기를 합니까?
7) 무슨 노래가 좋습니까?
8) 무슨 게임이 재미있습니까?

02 1) 무슨 음식이 있습니까?

2) 무슨 책을 읽습니까?
3) 무슨 영화를 자주 봅니까?
4) 무슨 음악을 자주 듣습니까?
5) 무슨 노래를 부릅니까?
6) 무슨 게임을 합니까?
7) 무슨 운동이 재미있습니까?
8) 무슨 커피가 맛있습니까?

문법2

01 1) 옷하고 가방이 있습니다.
2) 침대하고 냉장고가 없습니다.
3) 교과서하고 필통이 책상 위에 있습니다.
4) 기숙사하고 강의실이 넓습니다.
5) 백화점하고 시장이 복잡합니다.
6) 그림하고 지도를 보십시오.
7) 한국 노래하고 중국 노래를 듣습니다.
8) 태국하고 베트남에 가고 싶습니다.

02 1) 미선 씨하고 제임스 씨가 인사합니다.
2) 도서관하고 서점이 조용합니다.
3) 교실에 칠판하고 책상이 있습니다.
4) 중국 학생하고 일본 학생이 있습니다.
5) 창문 옆에 그림하고 옷걸이가 있습니다.
6) 강의실에서 선생님하고 학생이 이야기합니다.
7) 한식하고 일식을 좋아합니다.
8) 한국 노래하고 중국 노래를 자주 듣습니다.

02 관광학을 전공하고 싶어합니다

새 어휘

01 1) 어느 2) 한국어를 3) 여행을 4) 전공합니다
02 1) 관광학을 2) 나라 3) 독일 4) 배웁니다

주제 어휘

01 1) 의사 2) 사장
3) 컴퓨터프로그래머 4) 기자
02 1) 관광학을 2) 언론정보영상학을
3) 컴퓨터공학을 4) 국제학을(또는 경제학을)

문법1

01 1) 저는 중국에서 왔습니다.
2) 제 친구는 호주에서 왔습니다.
3) 제임스 씨는 미국에서 왔습니다.
4) 슈테판 씨는 독일에서 왔습니다.
5) 야마다 씨는 일본에서 왔습니다.
6) 미선 씨 친구는 브라질에서 왔습니다.
7) 원 씨 친구는 베트남에서 왔습니다.
8) 제 교수님은 인도에서 왔습니다.

02 1) 왔습니다.
2) 에서 왔습니다.
3) 에서 왔습니다.
4) 러시아에서 왔습니다.
5) 왔습니다.
6) 태국에서 왔습니다.
7) 에서 왔습니까? / 일본에서 왔습니다.
8) 생략

문법2

01 1) 리에 씨가 산책을 하고 싶어합니다.
2) 영수 씨가 영화를 보고 싶어합니다.
3) 웨이 씨가 음악을 듣고 싶어합니다.
4) 마이클 씨가 책을 읽고 싶어합니다.
5) 김 선생님이 커피를 마시고 싶어합니다.
6) 중국 학생이 한국어를 배우고 싶어합니다.
7) 제 친구가 공원에 가고 싶어합니다.
8) 야마다 씨가 경제학을 전공하고 싶어합니다.

02 1) 숙제를 하고 싶어합니다.
2) 노래를 부르고 싶어합니다.
3) 웨이가 한국 음악을 듣고 싶어합니다.
4) 마이클이 도서관에 가고 싶어합니다.
5) 미선 씨가 공원에서 산책을 하고 싶어합니다.
6) 리에 씨가 백화점에서 쇼핑을 하고 싶어합니다.
7) 친구가 커피숍에서 커피를 마시고 싶어합니다.
8) 제임스 씨가 도서관에서 책을 읽고 싶어합니다.

03 형이 운동을 잘하십니까?

새 어휘

01 1) 선수 2) 잘합니까 3) 우리 4) 농구를

02 1) 잘합니다 2) 선수 3) 농구를 4) 우리는

주제 어휘

01 1) 계십니다 2) 잡수십니다
3) 동생은 4) 주무십니다

02 1) 어머니 2) 언니는 3) 잡수십니다 4) 오빠

문법1

01 1) 어머니께서 영화를 보십니다.
2) 선생님께서 교과서를 읽으십니다.
3) 교수님께서 친절하십니다.
4) 할머니께서 머리가 짧으십니다.
5) 어머니께서 의사이십니다.
6) 아버지께서 회사원이십니다.
7) 할아버지께서 중국에 계십니다.
8) 사장님께서 불고기를 잡수십니다.

02 1) 영화를 보십니다.
2) 한국 노래를 부르십니다
3) 할머니께서 비빔밥을 잡수십니다.
4) 김 선생님께서 도서관에서 책을 찾으십니다.
5) 부모님께서 미국에서 일을 하십니다.
6) 아버지께서 공원에서 운동을 하십니다.
7) 김 교수님께서 서점에서 잡지를 사십니다.
8) 어머니께서 백화점에서 옷을 사십니다.

문법2

01 1) 책상이 크지 않습니다.
2) 컴퓨터가 좋지 않습니다.
3) 영화관이 시끄럽지 않습니다.
4) 리에 씨는 머리가 짧지 않습니다.
5) 할아버지께서 주무시지 않습니다.
6) 마이클 씨는 버스를 타지 않습니다.
7) 저는 한국어를 배우지 않습니다.
8) 저는 경제학을 전공하고 싶지 않습니다.

02 1) 서점이 조용하지 않습니다.
2) 도서관이 복잡하지 않습니다.
3) 윈 씨가 운동을 좋아하지 않습니다.
4) 미선 씨가 책을 읽지 않습니다.
5) 노래를 자주 부르지 않습니다.
6) 백화점에 가고 싶지 않습니다.
7) 음악을 듣고 싶지 않습니다.
8) 아버지께서 불고기를 잡수시지 않습니다.

04 바빠서 이메일을 자주 보내지 않습니다

새 어휘

01 1) 바쁩니다 2) 가끔
3) 전화합니다 4) 보냅니다

02 1) 왜 2) 바빠서 3) 전화합니다 4) 이메일

주제 어휘

01 보기 친구 — 명
1) 공책 — 권
2) 학생 — 명
3) 가방 — 개
4) 교과서 — 권

02 1) 동생이 두 명 있습니다.
2) 책이 한 권 있습니다.
3) 필통이 다섯 개 있습니다.
4) 중국 학생이 네 명 있습니다.

문법1

01 1) 친구가 저한테 인사합니다.
2) 제가 윈 씨한테 책을 보냅니다.
3) 리에 씨가 영수 씨한테 이야기합니다.
4) 동생이 저한테 전화합니다.
5) 제가 리에 씨한테 이메일을 씁니다.
6) 미선 씨가 김 선생님께 인사합니다.
7) 웨이 씨가 교수님께 이메일을 보냅니다.
8) 형이 어머니께 그림을 보냅니다.

02 1) 베트남 친구한테 전화합니다.
2) 어머니께 가방을 보냅니다.
3) 윈 씨가 미선 씨에게 인사합니다.
4) 아버지께서 동생에게 전화하십니다.
5) 리에 씨가 김 교수님께 이메일을 보냅니다.
6) 마이클 씨가 박 선생님께 인사합니다.
7) 누구에게 이메일을 보냅니까?
8) 미선 씨가 누구한테 이야기합니까?

문법2

01 1) 기숙사가 넓어서 좋습니다.
2) 시장이 싸서 자주 갑니다.
3) 비빔밥이 맛있어서 자주 먹습니다.
4) 윈 씨가 친절해서 친구가 많습니다.
5) 윈 씨가 노래를 좋아해서 자주 부릅니다.
6) 가족이 한국에 와서 좋습니다.
7) 동생이 관광학을 전공해서 여행을 자주 합니다.
8) 제 친구는 기자여서 아주 바쁩니다.

02 1) 그 가수가 노래를 잘해서 좋아합니다.
2) 형이 컴퓨터를 전공해서 컴퓨터를 잘합니다.
3) 비빔밥이 맛있어서 자주 먹습니다.
4) 도서관이 조용해서 도서관에서 공부합니다.
5) 시장이 싸서 시장에서 쇼핑합니다.
6) 음악을 좋아해서 자주 듣습니다.
7) 시간이 없어서 영화를 자주 보지 않습니다.
8) 커피를 좋아해서 커피숍에서 공부합니다.

제4과 일상 생활

01 몇 시에 일어납니까?

새 어휘

01 1) 몇 2) 오전 3) 오후 4) 일어납니다
02 1) 일어납니다 2) 오전 3) 쯤 4) 오후

주제 어휘

01 1) 날마다 2) 시간 3) 저녁 4) 월
02 1) 날마다 2) 시간 3) 언제 4) 저녁을

문법1

01 1) 아침에 커피를 마십니다.
2) 오후 2시에 친구하고 쇼핑합니다.
3) 12시 30분에 점심을 먹습니다.
4) 오전에 공부를 합니다.
5) 오후 3시에 숙제를 합니다.
6) 저녁에 음악을 듣습니다.
7) 오전 10시에 한국어를 배웁니다.
8) 9월에 고향에 갑니다.

02 1) 7시에 일어납니다.
2) 5시 30분에 운동을 합니다.
3) 9시에 학교에 옵니다.
4) 저녁에 숙제를 합니다.
5) 아침에 커피를 마십니다.
6) 가: 언제 산책을 합니까?
나: 아침에 산책을 합니다.
7) 가: 언제 고향에 갑니까?
나: 12월에 고향에 갑니다.
8) 가: 언제 여행을 갑니까?
나: 9일에 여행을 갑니다.

문법2

01 1) 아침 7시부터 8시까지 산책을 합니다.
2) 오전 9시부터 11시 30분까지 경영학을 공부합니다.
3 오후 2시 30분부터 4시까지 친구하고 이야기합니다.
4) 4시부터 6시까지 영화를 봅니다.
5) 7시부터 8시까지 저녁을 먹습니다.
6) 저녁 8시부터 9시까지 음악을 듣습니다.
7) 3월부터 6월까지 한국말을 배웁니다.
8) 15일부터 17일까지 여행을 합니다.

02 1) 8시부터 9시까지
2) 9시부터 1시까지
3) 1시부터 2시까지
4) 2시부터 4시까지
5) 4시부터 6시 30분까지
6) 6시 30분부터 8시까지
7) 8시부터 10시까지 텔레비전을 봅니다.
8) 10시부터 11시 30분까지 책을 읽습니다.

02 저는 숙제를 하고 운동을 합니다

새 어휘

01 1) 약속이 2) 보통 3) 이번 4) 명동
02 1) 금요일 2) 이번 3) 명동 4) 약속이

주제 어휘

01 1) 월요일 2) 뉴스를 봅니다
3) 빨래를 합니다 4) 이를 닦습니다
02 1) 월요일 2) 수요일
3) 빨래를 합니다 4) 일요일

문법1

01 1) 세수를 하고 이를 닦습니다.
2) 점심을 먹고 도서관에 갑니다.
3) 뉴스를 보고 숙제를 합니다.
4) 책을 읽고 잡니다.
5) 영화를 보고 밥을 먹습니다.
6) 아침을 먹고 한국말을 배웁니다.
7) 쇼핑을 하고 집에 갑니다.
8) 한국말을 공부하고 운동을 합니다.
02 1) 아침을 먹고 산책을 합니다.
2) 커피를 마시고
3) 공부를 하고
4) 점심을 먹고 쇼핑을 합니다.
5) 운동을 하고
6) 저녁을 먹고
7) 컴퓨터를 하고
8) 어머니께 전화를 하고 잡니다.

문법2

01 1) 저는 학교에 갈 거예요.
2) 친구가 노래를 부를 거예요.
3) 저는 저녁을 먹고 책을 읽을 거예요.
4) 저녁에 이메일을 보낼 거예요.
5) 저는 이번 금요일에 불고기를 먹을 거예요.
6) 밥을 먹고 이를 닦을 거예요.
7) 저는 아침 7시에 일어날 거예요.
8) 우리는 오후에 백화점에서 쇼핑을 할 거예요.
02 1) 오전에 산책을 할 거예요.
2) 비빔밥을 먹을 거예요.
3) 가: 할 거예요?
나: 할 거예요.
4) 가: 읽을 거예요?
나: 읽을 거예요.
5) 가: 할 거예요?
나: 볼 거예요.
6) 먹을 거예요
7) 저녁을 먹고 텔레비전을 볼 거예요.
8) 한국 대학교에 갈 거예요.

03 운동장에 가서 축구를 했습니다

새 어휘

01 1) 주말 2) 운동장 3) 축구를 4) 청소합니까?
02 1) 운동장 2) 주말 3) 축구를 4) 청소를

주제 어휘

01 1) 휴일입니다 2) 탁구를 칩니다
3) 소풍을 갈 거예요 4) 일합니다
02 1)쉬고 2) 탁구를 3) 아르바이트를 합니까?
4) 소풍을 갈 거예요

문법1

01 1) 커피를 마셨습니다.
2) 우리는 시장에 갔습니다.
3) 제리 씨가 숙제를 하지 않았습니다.
4) 친구가 책을 읽었습니다 .
5) 점심을 먹지 않았습니다.
6) 동생이 텔레비전을 봤습니다.
7) 책이 싸지 않았습니다.
8) 저는 키가 작았습니다.

02 1) 가: 먹었습니까?
나: 먹었습니다.
2) 가: 했습니까?
나: 하지 않았습니다.
3) 가: 갔습니까?
나: 갔습니다.
4) 가: 갔습니까?
나: 명동에 가지 않았습니다.
5) 가: 저녁에 무엇을 먹었습니까?
나: 먹었습니다.
6) 가: 지난 금요일에 무엇을 했습니까?
나: 봤습니다.
7) 나: 토요일에 탁구를 쳤습니다.
8) 나: 점심을 먹고 커피숍에 갔습니다.

문법2

01 1) 저는 학교에 가서 공부를 합니다.
2) 아침에 일어나서 밥을 먹습니다.
3) 도서관에 와서 공부하십시오.
4) 우리는 소풍을 가서 게임을 했습니다.
5) 기숙사에 와서 쉬십시오.
6) 저는 한국말을 배워서 한국 사람하고 이야기하고 싶어요.
7) 컴퓨터공학을 전공해서 컴퓨터 회사에서 일할 거예요.
8) 미선 씨는 백화점에 가서 쇼핑을 했습니다.

02 1) 가서 2) 배워서 3) 가서 4) 가서
5) 가서 6) 와서 7) 와서 8) 배워서

04 토요일 11시에 기숙사 앞에서 만납시다

새 어휘

01 1) 다음 2) 찍어서 3) 자전거를 4) 만나서

02 1) 꽃이 2) 구경했습니다 3) 찍었습니다
4) 자전거를

주제 어휘

01 1) 케이크를 2) 사진을 / 찍었습니다
3) 드라마를 / 봅니다 4) 자전거를 타고

02 1) 사진 2) 케이크를
3) 등산을 할 4) 드라마를 볼

문법1

01 1) 같이 커피를 마실까요?
2) 공원에 갈까요?
3) 저녁을 먹을까요?
4) 우리 교과서를 읽을까요?
5) 같이 영화를 볼까요?
6) 사진을 찍을까요?
7) 백화점에 가서 구경할까요?
8) 같이 탁구를 칠까요?

02 1) 같이 축구를 할까요?
2) 공원에 가서 자전거를 탈까요?
3) 도서관에 가서 공부할까요?
4) 우리 같이 영화를 볼까요?
5) 공원에 가서 꽃구경을 할까요?
6) 같이 한국말을 공부할까요?
7) 우리 사진을 찍을까요?
8) 우리 같이 저녁을 먹을까요?

문법2

01 1) 우리 축구를 합시다 .
2) 같이 점심을 먹읍시다.
3) 소풍을 갑시다.

4) 주말에 만납시다.
5) 같이 책을 읽읍시다.
6) 한국어를 배웁시다.
7) 우리 여행을 갑시다.
8) 우리 같이 쇼핑을 합시다.

02 1) 이번 금요일에 만납시다.
2) 같이 드라마를 봅시다.
3) 여행을 갑시다.
4) 비빔밥을 먹읍시다.
5) 이번 주말에 갑시다.
6) 밥을 먹고 쇼핑을 합시다.
7) 같이 도서관에 갑시다.
8) 사진을 찍읍시다.

제5과 학교 시설

01 선물을 사러 문구점에 가요

새 어휘

01 1) 시내 2) 사 3) 선물을 4) 문구점
02 1) 문구점 2) 샀습니다 3) 샀습니다 4) 선물

주제 어휘

01 1) 열심히 2) 잡지를
3) 지우개, 수첩, 마우스를 4) 빨리
02 1) 소설책 2) 많이 3) 사전 4) 열심히

문법1

01 1) 기숙사가 좋아요.
2) 동생이 키가 커요.
3) 한국어를 배우세요.
4) 사진을 찍어요.
5) 도서관이 시원해요?
6) 어디에서 공부하세요?
7) 저는 운동을 좋아하지 않아요.
8) 오빠는 오후에 탁구를 쳤어요.

02 1) 가: 좋아요?
나: (도서관이) 좋아요.
2) 가: 공부해요?
나: 한국어를 공부해요.
3) 가: 왔어요?
나: 중국에서 왔어요.
4) 가: 가요?
나: 서점에 가요.
5) 가: 일어나요?
나: 일어나요.
6) 가: 해요?
나: 만나요.
7) 가: 먹어요?
나: 한국 음식을 자주 먹어요.
8) 나: 금요일 오후에 학교에서 만나요.

문법2

01 1) 미선 씨는 커피를 마시러 커피숍에 갈 거예요.
2) 오빠가 산책을 하러 공원에 갔어요.
3) 동생이 책을 사러 서점에 가요.
4) 영수 씨, 사진을 찍으러 공원에 갈까요?
5) 쇼핑을 하러 백화점에 갑시다.
6) 야마다 씨는 날마다 공부하러 도서관에 가요.
7) 웨이 씨가 운동을 하러 체육관에 갔어요.
8) 어머니가 저를 만나러 한국에 오셨어요.

02 1) 옷을 사러 갔어요.
2) 마우스하고 수첩을 사러 가요.
3) 여행하러 갑니다.
4) 산책하러 갔어요.
5) 친구를 만나러 가요.
6) 자전거를 타러 갔어요.
7) 영화를 보러 갈 거예요.
8) 수영을 하러 갑시다.

02 학교 티셔츠가 한 장에 얼마입니까?

새 어휘

01 1) 주었어요 2) 배달해요? 3) 장 4) 얼마
02 1) 얼마 2) 장 3) 주십시오 4) 포장할까요?

주제 어휘

01 1) 꽃가게 2) 인분 3) 잔 4) 기념품점
02 1) 모자를 2) 꽃가게 3) 송이 4) 계산했습니다

문법1

01 1) 연필 한 개에 얼마입니까?
2) 꽃 한 송이에 얼마입니까?
3) 책 한 권에 만 칠천 원입니다.
4) 종이 열 장에 삼백 원입니다.
5) 불고기 일 인분에 만 원입니다.
6) 주스 한 잔에 육천 원입니다.
7) 커피 한 잔에 사천팔백 원입니다.
8) 아이스크림 다섯 개에 오천 원입니다.
02 1) 한 상자에 칠천 원입니다.
2) 열 송이에 팔천 원입니다.
3) 한 개에 팔백 원입니다.
4) 육백 그램에 만 원입니다.
5) 한 송이에 육천 원입니다.
6) 세 권에 이천 원입니다.
7) 한 장에 오천 원입니다.
8) 세 권에 이만 원입니다.

문법2

01 1) 책을 읽어 주세요.
2) 빨리 와 주세요.
3) 커피를 사 주세요.
4) 숙제를 해 주세요.
5) 사진을 찍어 주세요.
6) 선물을 보내 주세요.
7) 이것을 배달해 주세요.
8) 커피값을 계산해 주세요.
02 1)사진을 찍어 주세요.
2) 포장해 주세요.
3) 보내 주세요.
4) 자전거를 사 주세요.
5) 오후에 전화해 주세요.
6) 케이크를 사 주세요.
7) 노래를 해/불러 주세요.
8) 계산해 주세요.

03 저것이 비빔냉면이에요?

새 어휘

01 1)주문하고 2) 비빔냉면을 3) 맛이 4) 맵
02 1)비빔냉면이 2) 주문했습니다
3) 맛이 4) 맵습니다

주제 어휘

01 1) 튼튼해요 2) 물냉면은
3) 아파서 4) 무겁습니다
02 1)된장찌개를 2) 무겁습니다
3) 아파요? 4) 피곤해요

문법1

01 1) 도서관이 조용하니까 도서관에 가서 공부합시다.
2) 오빠가 보고 싶어 하니까 자주 전화하십시오.
3) 학교 안에 체육관이 있으니까 날마다 운동을 하십시오.
4) 토요일에 약속이 있으니까 일요일에 만납시다.
5) 리에 씨가 한국 음식을 좋아하니까 한국음식을 시킬까요?
6) 피곤하니까 커피를 한 잔 마실까요?
7) 불고기가 맵지 않으니까 불고기를 잡수세요.
8) 오전에는 한국어를 배우니까 오후에 전화해 주세요.
02 1) 피곤하니까
2) 숙제가 많으니까

3) 친구가 공부하니까
4) 값이 싸고 맛있으니까
5) 백화점은 좀 비싸니까
6) 음악을/노래를 좋아하니까
7) 맵지 않으니까
8) 공원이 넓고 시원하니까

문법2

01 1) 아버지는 은행원이에요.
2) 이것은 제 컴퓨터가 아니에요.
3) 금요일이 아니에요.
4) 미영 씨가 미선 씨 동생이에요?
5) 저것은 어느 나라 노래예요?
6) 이것은 미선 씨 수첩이 아니에요?
7) 한국 친구가 누구예요?
8) 이름이 뭐예요?

02 1) 중국 사람이에요 2) 학생이에요
3) 컴퓨터 공학이에요 4) 컴퓨터예요
5) 사진이에요 6) 회사원이세요
7) 교과서예요 8) 네 권이에요

04 저기 큰 건물 206호예요

새 어휘

01 1) 저기 2) 건물이 3) 지금 4) 층
02 1) 저기 2) 건물이 3) 층 4) 호예요

주제 어휘

01 1) 기다렸어요 2) 살아요? 3) 닫아 4) 사무실
02 1) 자료실이 2) 엘리베이터를 3) 낟아요
4) 기다려

문법1

01 1) 좋은 친구를 만났습니다.
2) 깨끗한 식당에서 밥을 먹어요.
3) 시원한 주스를 마시고 싶어요.
4) 아픈 사람은 일찍 가십시오.
5) 꽃이 많은 공원에서 사진을 찍었어요.
6) 머리가 짧은 사람이 제 동생이에요.
7) 조용한 음악을 좋아하세요?
8) 복잡하지 않은 가게에 가서 구경합시다.

02 1) 친절한 사람이에요.
2) 재미있고 잘 생긴 사람이 미선 씨 선생님이에요.
3) 무겁고 큰 가방이 미선 씨 가방이에요.
4) 귀엽고 예쁜 옷을 샀어요.
5) 넓은 강의실에서 배워요.
6) 조용하고 깨끗한 기숙사에서 살고 싶어요.
7) 맛있고 싼 음식이 있어요.
8) 시끄럽고 복잡한 시장이 있어요.

문법2

01 1) 아침에 전화를 한 사람이 누구예요?
2) 제가 보낸 이메일을 읽었어요?
3) 여행을 좋아하는 사람이 많습니다.
4) 숙제를 하지 않는 학생이 있어요?
5) 저녁에 먹을 밥이 없어요.
6) 시내에 가서 살 것이 뭐예요?
7) 재미있는 영화를 보고 싶어요.
8) 교과서가 없는 학생이 누구예요?

02 1) 보고 싶어 하는 2) 온 3) 있는 4) 마시는
5) 하는 6) 산 7) 시킨 8) 먹을

제6과 학교 생활

01 수업이 어렵지만 참 재미있어요

새 어휘

01 1) 듣기를 2) 참 3) 제일 4) 어렵지
02 1) 참 2) 듣기는 3) 어렵습니다 4) 제일

주제 어휘

01 1) 가르칩니다 2) 배우는
3) 시험을 4) 점수가
02 1) 가르치십니다 2) 배웁니다
3) 쉽습니다 4) 쓰기

문법1

01 1) 바쁘지만 자주 전화해요.
2) 드라마를 좋아하지만 날마다 보지 않아요.
3) 시장이 복잡하지만 재미있어요.
4) 한국 음식이 맛있지만 맵습니다.
5) 음식이 많지만 먹고 싶은 것이 없어요.
6) 친구와 영화를 보고 싶지만 바빠요.
7) 방학이지만 시간이 없습니다.
8) 시간이 많았지만 숙제를 하지 않았어요.
02 1) 어렵지만 2) 많지만 3) 넓지만
4) 바쁘지만 5) 만나고 싶었지만
6) 자고 싶었지만 7) 잘했지만 8) 피곤했지만

문법2

01 1) 쉬워요 2) 쉬운 3) 어려우니까
4) 가벼웠어요 5) 무거운 6) 귀여워요
7) 귀여웠어요 8) 시끄러우니까
02 1) 시끄럽지만 2) 귀여운 3) 매운
4) 매워서 5) 시끄러웠어요 6) 무거워서
7) 어려웠어요 8) 쉬운

02 방학에 운전과 태권도를 배웠어요

새 어휘

01 1) 태권도를 2) 운전을 3) 방학 4) 고향
02 1) 고향 2) 태권도를 3) 운전을 4) 방학을

주제 어휘

01 1) 태권도를 배웁니다 2) 아르바이트를 합니다
3) 외국어를 배워요 4) 여행을 하고
02 1) 역사를 공부하러
2) 박물관에 갔어요
3) 여행하고
4) 외국어를 배울 거예요

문법1

01 1) 와 2) 와
3) 과 4) 와
5) 과 6) 과
7) 과 8) 와
02 1) 태국과 베트남에 여행가고 싶어요.
2) 제임스와 제리를 만났어요.
3) 불고기와 물냉면을 먹었어요.
4) 케이크와 커피를 시킵시다.
5) 축구와 농구를 좋아해요.
6) 금요일과 토요일에 아르바이트를 해요.
7) 꽃과 케이크를 샀어요.
8) 쓰기와 읽기를 공부해요.

문법2

01 1) 리에는 고향에 자주 전화하지 못해요.
2) 저는 탁구를 치지 못해요.
3) 제임스 씨는 매운 음식을 먹지 못해요.
4) 저는 방학에 고향에 가지 못해요.
5) 형은 운동을 잘하지 못해요.
6) 동생은 커피를 마시지 못해요.
7) 마이클 씨가 한국 소설책을 읽지 못해요.
8) 저는 자전거를 타지 못해요.
02 1) 듣지 못해요.
2) 만나지 못했어요.
3) 여행을 가지 못해요.
4) 게임을 하지 못해요.
5) 시간이 없어서 가지 못해요.
6) 어려워서 듣지 못해요.
7) 아파서 하지 못해요.
8) 자주 하고 싶지만 바빠서 자주 하지 못해요.

03 기숙사가 하숙집보다 편해요?

새 어휘

01 1) 더 2) 방이 3) 비싸요 4) 편해서

02 1) 더 2) 비싸서 3) 편했어요 4) 방

주제 어휘

01 1) 세탁실 2) 휴게실 3) 헬스클럽 4) 독서실

02 1) 앉아서 2) 세탁실 3) 헬스클럽 4) 샤워실

문법1

01 1) 날마다 뉴스를 듣는데 듣기가 어렵지 않아요?
2) 기숙사에 독서실이 있는데 학생들이 많이 가요?
3) 컴퓨터가 좋은데 어느 회사 컴퓨터예요?
4) 예쁜 기념품이 많은데 사고 싶어요?
5) 미선 씨가 열심히 공부하는데 무슨 시험이 있어요?
6) 숙제가 어려운데 어떻게 해요?
7) 영수 씨가 없는데 어디에 갔어요?
8) 제가 방청소를 했는데 어때요?

02 1) 한국말을 잘하는데
2) 연휴인데
3) 시험이 있는데
4) 기념품이 예쁜데
5) 어제 축구를 했는데
6) 점수가 좋은데 공부를 많이 했어요?
7) 수영을 잘하는데 어디에서 배웠어요?
8) 냉면을 자주 먹는데 어디가 맛있어요?

문법2

01 1) 동생이 형보다 키가 커요.
2) 읽기가 듣기보다 어려워요.
3) 소설책이 영화보다 재미있어요.
4) 교실이 기숙사 방보다 넓어요.
5) 시장이 백화점보다 싸요.
6) 농구를 축구보다 잘해요
7) 커피를 차보다 좋아해요
8) 물냉면을 비빔냉면보다 자주 먹어요

02 1) 리에 씨가 민철 씨보다 열심히 공부해요.
2) 쓰기 점수보다 말하기 점수가 좋아요.
3) 소설이 영화보다 재미있었어요.
4) 동생이 저보다 커요.
5) 토요일이 일요일보다 좋아요.
6) 탁구를 테니스보다 좋아해요.
7) 마이클 씨가 저보다 많이 먹어요.
8) 기숙사 독서실이 강의실보다 넓어요.

04 편의점에 서 김밥이나 컵라면을 먹읍시다

새 어휘

01 1) 배가 고파서 2) 김밥
3) 같이 4) 돈이

02 1) 배가 고팠어요. 2) 편의점
3) 컵라면을 4) 돈이

주제 어휘

01 1) 지갑 2) 물을 3) 장갑을 4) 만화책을

02 1) 만두 2) 소포를 3) 만화책을 4) 물

문법1

01 1) 강의실에 학생이 없는데요.
2) 김밥이 맛있는데요.
3) 이 가방은 좀 비싼데요.
4) 저는 이번 주말부터 아르바이트를 하는데요.
5) 버스를 타고 오는데요.
6) 목요일부터 방학인데요.
7) 저는 매운 음식을 먹지 않는데요.
8) 휴게실에 사람이 많지 않은데요.

02 1) 서울 구경을 하고 싶은데요.
2) 월요일은 문을 닫는데요.
3) 비빔냉면은 매운데요.
4) 농구가 재미있는데요.
5) 커피를 마시지 않는데요.

6) 물이 없는데요.
7) 숙제가 어려운데요.
8) 선물을 사고 싶은데요.

문법2

01 1) 축구나 농구를 자주 해요.
2) 쓰기나 읽기를 공부할 거예요.
3) 박물관이나 민속촌에 가고 싶어요.
4) 지갑이나 장갑을 선물해요.
5) 캐나다나 미국에 여행갈 거예요.
6) 김밥이나 만두를 먹을까요?
7) 청소나 빨래를 할 거예요.
8) 일본어나 중국어를 배우고 싶어요.

02 1) 중국이나 일본에 여행가고 싶어요.
2) 공부나 운동을 할 거예요.
3) 비빔밥이나 제육볶음을 먹고 싶어요.
4) 국제학이나 경영학을 공부하고 싶어요.
5) 탁구나 농구를 합시다.
6) 공부나 독서를 해요.
7) 금요일이나 토요일에 만납시다.
8) 커피나 차를 마시고 싶어요.

제7과 교통

01 똑바로 가면 빵집이 있어요

새 어휘

01 1) 빵집 2) 근처 3) 똑바로 4) 은행
02 1) 은행 2) 빵집은 3) 빵 4) 똑바로

주제 어휘

01 1) 비행기를 2) 배를
3) 지하철이 4) 택시를
02 1) 배를 2) 케이티엑스(KTX)를
3) 버스를 4) 지하철을

문법1

01 1) 똑바로 가면 편의점이 있어요.
2) 물건을 많이 사면 배달해 줘요.
3) 운전을 배우면 자동차를 살 거예요.
4) 가족이 보고 싶으면 사진을 봐요.
5) 가방이 예쁘면 사세요.
6) 방이 더러우면 청소를 하세요.
7) 버스가 복잡하면 지하철을 탑시다.
8) 음식이 맵지 않으면 많이 먹을 거예요.

02 1) 숙제가 어려우면 숙제를 같이 합시다.
2) 배가 고프면 점심을 먹으러 갑시다.
3) 돈이 없으면 은행에서 찾읍시다.
4) 피곤하면 좀 쉽시다.
5) 고기를 먹고 싶으면 불고기를 시킵시다.
6) 커피를 좋아하지 않으면 차를 마십시다(또는 드세요).
7) 한국말을 배우면 한국 대학교에서 경영학을 공부할 거예요.
8) 고향에 가면 고향에 있는 회사에서 일하고 싶어요.

문법2

01 1) 형이 밖에서 운동하는 것 같아요.
2) 미선 씨가 집에 없는 것 같아요.
3) 마이클 씨가 태권도를 배우는 것 같아요.
4) 영수 씨가 날마다 도서관에 가는 것 같아요.
5) 마리아 씨가 책을 읽는 것 같아요.
6) 제임스 씨가 강의실에 있는 것 같아요.
7) 윈 씨가 한국 사람에게 영어를 가르치는 것 같아요.
8) 야마다 씨는 매운 음식을 좋아하지 않는 것 같아요.

02 1) 교수님께서 강의실에 계시는 것 같아요.
2) 윈 씨가 도서관에서 공부하는 것 같아요.
3) 미선 씨가 휴게실에서 쉬는 것 같아요.
4) 영수 씨가 체육관에서 태권도를 배우는 것 같아요.

5) 동생이 자는 것 같아요.
6) 친구가 탁구를 좋아하는 것 같아요.
7) 리에 씨가 매운 음식을 좋아하지 않는 것 같아요.
8) 마이클 씨가 책을 많이 읽는 것 같아요.

02 여기에서 공항까지 얼마나 걸려요?

새 어휘

01 1) 빠르지만 2) 얼마나
3) 공항 4) 돌아가니까
02 1) 여기 2) 걸립니다
3) 빠릅니다 4) 돌아가서

주제 어휘

01 1) 지하철역 2) 버스 정류장
3) 여객 터미널 4) 기차역
02 1) 횡단보도가 2) 건너세요
3) 육교가 4) 지하철역

문법1

01 1) 서울에서 경주까지 가요.
2) 서울에서 제주도까지 1시간 걸려요.
3) 여기에서 은행까지 15분쯤 걸려요.
4) 송도에서 신촌까지 버스를 타고 가요.
5) 도서관에서 기숙사까지 걸어서 가요.
6) 한국에서 일본까지 배를 타고 갔어요.
7) 오후 5시에서 8시까지 아르바이트해요.
8) 오전 9시에서 오후 4시까지 공부해요.
02 1) 학교에서 회사까지 지하철을 타면 25분 걸려요.
2) 기숙사에서 강의실까지 자전거를 타면 5분 걸려요.
3) 송도캠퍼스에서 신촌캠퍼스까지 버스를 타면 1시간 걸려요.
4) 인천공항에서 송도캠퍼스까지 버스를 타면 30분 걸려요.
5) 신촌에서 명동까지 택시를 타면 10분 걸려요.
6) 인천에서 제주도까지 배를 타면 13시간 걸려요.
7) 서울에서 부산까지 케이티엑스를 타면 2시간 40분 걸려요.
8) 한국에서 일본까지 비행기를 타면 2시간 걸려요.

문법2

01 1) 영수 씨가 화장실에 간 것 같아요.
2) 리에 씨가 생일 케이크를 산 것 같아요.
3) 미선 씨가 책을 많이 읽은 것 같아요.
4) 그 학생이 숙제를 하지 않은 것 같아요.
5) 제임스 씨가 바쁜 것 같아요.
6) 원 씨는 친구가 많은 것 같아요.
7) 기숙사가 하숙집보다 편한 것 같아요.
8) 제육볶음이 좀 매운 것 같아요.
02 1) 듣기 시험이 쓰기 시험보다 어려운 것 같아요.
2) 영수 씨가 태권도를 오래 배운 것 같아요.
3) 교과서가 사전보다 무겁지 않은 것 같아요.
4) 리에 씨가 백화점에서 모자를 산 것 같아요.
5) 누엔 씨가 베트남에서 온 것 같아요.
6) 마이클 씨가 지난 주말에 원 씨를 만난 것 같아요.
7) 야마다 씨가 회사 일이 많아서 학교에 오지 않은 것 같아요.
8) 리에 씨가 매운 음식을 좋아하지 않아서 비빔냉면을 먹지 않은 것 같아요.

03 저쪽으로 가서 버스를 탑시다

새 어휘

01 1) 차는 2) 밀리지
3) 불편해요 4) 갈아타세요
02 1) 밀리지 2) 갈아탑시다
3) 불편하지만 4) 저쪽

주제 어휘

01 1) 이쪽 2) 걸어갑시다
3) 나왔어요 4) 들어가서
02 1) 오른쪽 2) 내려가서
3) 올라가서 4) 들어갔어요

문법1

01 1) 배가 고픈데 점심을 먹으러 갑시다
2) 태권도가 재미있는데 같이 배울까요?
3) 시험이 어려운데 열심히 공부하세요.
4) 피곤한데 좀 쉴까요?
5) 창문 옆에 의자가 있는데 앉읍시다.
6) 차가 밀리는데 지하철을 탑시다.
7) 시원한 음식을 먹고 싶은데 물냉면을 시킬까요?
8) 영어를 잘하시는데 저에게 가르쳐 주세요.
02 1) 커피가 맛있는데 한 잔 더 시킬까요?
2) 꽃이 예쁜데 사진을 찍을까요?
3) 한식을 좋아하는데 한식을 먹을까요?
4) 그 영화가 재미있는데 그 영화를 볼까요?
5) 친구들이 기다리는데 빨리 갈까요?
6) 이번 주말은 바쁜데 다음 주말에 만날까요?
7) 매운 음식을 좋아하지 않는데 불고기를 시킬까요?
8) 사과 상자가 무거운데 배달해 드릴까요?

문법2

01 1) 어디로 갈까요?
2) 학교로 갑시다.
3) 고향으로 돌아가요.
4) 1층으로 내려오세요.
5) 운동장으로 나갈까요?
6) 강의실로 들어갑시다.
7) 3층으로 올라갈까요?
8) 브라질로 여행을 가고 싶어요.
02 1) 왼쪽으로 50미터쯤 오세요.
2) 오른쪽으로 30미터쯤 오세요.
3) 왼쪽으로 20미터쯤 오세요.
4) 위쪽으로 20미터쯤
5) 건물 안으로
6) 2층으로 올라오세요.
7) 왼쪽으로 오세요.
8) 사무실로 들어가서

04 들어가지 마세요

새 어휘

01 1) 정문 2) 세우지 3) 내리니까 4) 도착하면
01 1) 내렸어요 2) 정문 3) 세웠어요 4) 도착하면

주제 어휘

01 1) 택시 요금이 2) 막혀요 3) 직진 4) 출발해서
02 1) 터널 2) 택시 요금이
3) 출발해요 4) 좌회전

문법1

01 1) 수업을 시작하지 마세요.
2) 모자를 포장하지 마세요.
3) 자전거를 타지 맙시다.
4) 여기에 앉지 맙시다.
5) 학교 앞에서 내리지 맙시다.
6) 창문을 닫지 마세요.
7) 돈을 찾지 맙시다.
8) 된장찌개를 더 시키지 맙시다.
02 1) 택시를 타지 맙시다.
2) 토요일에 만나지 맙시다.
3) 창문을 열지 마세요.
4) 문 옆에 앉지 마세요.
5) 기다리지 마세요.
6) 휴일에 백화점에 가지 맙시다.
7) 비빔냉면은 매우니까 비빔냉면을 시키지 맙시다(또는 시키지 마세요).
8) 일이 많으니까 쉬지 맙시다.

문법2

01 1) 동생이 일이 많아서 피곤할 것 같아요.
2) 빵집이 10시쯤 닫을 것 같아요.
3) 할머니께서 안 주무실 것 같아요.
4) 친구가 다음 주에 바쁠 것 같아요.
5) 그 가방이 비싸지 않을 것 같아요.
6) 기차를 타면 2시간쯤 걸릴 것 같아요.
7) 리에 씨 가방이 무거울 것 같아요.
8) 이 시간에는 차가 많이 밀릴 것 같아요.

02 1) 지금 길이 복잡할 것 같아요.
2) 버스가 빠르지 않을 것 같아요.
3) 그 영화가 재미없을 것 같아요.
4) 끝날 것 같아요.
5) 학교에서 공항까지 1시간쯤 걸릴 것 같아요.
6) 학교 앞 문구점이 9시에 문을 닫을 것 같아요.
7) 읽기 책이 어려울 것 같아요.
8) 학교 앞 커피숍이 조용하고 편할 것 같아요.

제8과 전화

01 미안하지만 모임이 있는데요

새 어휘

01 1) 번호가 2) 끝나요 3) 이따가 4) 회의를
02 1) 미안해요 2) 모임이 3) 끝나고 4) 휴대 전화

주제 어휘

01 1) 모레 2) 연락처를 3) 어제 4) 알아요
02 1) 오늘 2) 연락처를 3) 전화 번호는 4) 모릅니다

문법1

01 1) 아침을 먹은 후에 신문을 읽어요.
2) 수업이 끝난 후에 도서관에 가요.
3) 한국말을 배운 후에 중국어를 배울 거예요.
4) 농구를 한 후에 저녁을 먹을 거예요.
5) 책을 읽은 후에 잤습니다 .
6) 점심을 먹은 후에 커피를 마셨어요.
7) 빵집 앞에 차를 세운 후에 조금 기다리세요.
8) 30분 후에 만납시다.

02 1) 아침을 먹은 후에
2) 한국어 수업이 끝난 후에
3) 점심을 먹은 후에
4) 숙제를 한 후에
5) 태권도를 배운 후에
6) 아르바이트가 끝난 후에
7) 저녁을 먹은 후에 집청소를 해요.
8) 책을 읽은 후에 자요.

문법2

01 1) 좀 바쁜데요.
2) 주말에 시간이 없는데요.
3) 이름을 모르는데요.
4) 좀 어려운데요.
5) 옷이 편하지 않은데요.
6) 숙제를 안 했는데요.
7) 매운 음식을 좋아하지 않는데요.
8) 벌써 밥을 먹었는데요.

02 1) 저는 벌써 밥을 먹었는데요.
2) 오늘은 좀 바쁜데요.
3) 저는 숙제를 했는데요.
4) 금요일에 약속이 있는데요.
5) 저도 잘 모르는데요.
6) 오후에 일이 있는데요.
7) 숙제를 다 못했는데요.
8) 전화 번호를 모르는데요.

02 가기 전에 송별회를 합시다

새 어휘

01 1) 고마운 2) 모여서 3) 송별회를 4) 모두
02 1) 오래 2) 모입시다
3) 송별회를 4) 고마워요

주제 어휘

01 1) 파티를 할 거예요 2) 바다를 구경하러
3) 반모임을 4) 회식을

02 1) 반모임을 2) 생일 파티 3) 송별회
4) 바다를 구경하러

문법1

01 1) 저는 1시에 점심을 먹으려고 해요.
2) 미선 씨가 오후에 백화점에 가려고 해요.
3) 친구가 중국말을 배우려고 해요.
4) 윈 씨가 주말에 여행을 가려고 해요.
5) 지하철을 타려고 해요.
6) 커피숍에서 커피를 마시려고 해요.
7) 공원에서 사진을 찍으려고 해요.
8) 친구가 오후에 선물을 사러 가려고 해요.

02 1) 하려고 해요?
2) 친구를 만나려고 해요.
3) 명동에 가려고 해요.
4) 집에서 쉬려고 해요.
5) 송별회를 하려고 해요.
6) 저녁을 먹으려고 해요.
7) 사진을 찍으려고 해요.
8) 영화를 보려고 해요.

문법2

01 1) 잠을 자기 전에 드라마를 봅니다.
2) 학교에 오기 전에 신문을 읽어요.
3) 의자에 앉기 전에 인사합니다.
4) 한국말을 배우기 전에 일본말을 배웠어요.
5) 한국에 오기 전에 회사에서 일했어요.
6) 비행기를 타기 전에 친구에게 전화해요.
7) 고향에 돌아가기 전에 가족에게 줄 선물을 살 거예요.
8) 10분 전에 오세요.

02 1) 하기 전에 2) 먹기 전에
3) 가기 전에 4) 타기 전에
5) 전에 6) 들어가기 전에
7) 앉기 전에 8) 하기 전에

03 제가 나중에 다시 전화할게요

새 어휘

01 1) 나중에 2) 손님이 3) 여보세요 4) 다시

02 1) 손님이 2) 다시 3) 통화했습니다 4) 나중에

주제 어휘

01 1) 전화를 기다려요 2) 잘못 걸었어요
3) 전화를 바꿔 4) 전화를 끊었어요

02 1) 끊었습니다 2) 기다렸지만
3) 걸었습니다 4) 받았습니다

문법1

01 1) 마리아 씨가 탁구를 칠 수 있어요.
2) 저는 바다에서 수영을 할 수 있어요.
3) 마이클 씨가 중국말을 할 수 있어요.
4) 내일 만날 수 있어요.
5) 제리 씨가 태권도를 할 수 있어요.
6) 저는 길을 잘 찾을 수 있어요.
7) 바쁘지만 생일 파티에 갈 수 있어요.
8) 시끄럽지만 잘 잘 수 있어요.

02 1) 할 수 없 2) 할 수 있어요
3) 찾을 수 있어서 4) 할 수 없
5) 탈 수 있어요 6) 할 수 있
7) 할 수 없어요 8) 찍을 수 있어요

문법2

01 1) 오늘 저녁은 제가 만들게요.
2) 제가 내일 전화할게요.
3) 열심히 공부할게요.
4) 제가 음식을 주문할게요.
5) 교실에서 자지 않을게요.
6) 제가 선물을 살게요.

7) 밤에 많이 먹지 않을게요.
8) 제가 전화를 받을게요.

02 1) 오늘까지 끝낼게요.
2) 김밥을 먹지 않을게요.
3) 제가 살게요.
4) 일찍 잘게요.
5) 제가 전화할게요.
6) 빨리 숙제를 할게요.
7) 열심히 공부할게요.
8) 먹을게요. 고마워요.

04 잠깐만 기다리세요

새 어휘

01 1) 리포트는 2) 잠깐 3) 쓰십시오 4) 도와
02 1) 리포트를 2) 쓰 3) 도와 4) 썼습니다

주제 어휘

01 1) 통화중이어서 2) 놀았어요
3) 만들어서 4) 빌리러, 빌렸어요
02 1) 화상통화를 했습니다 2) 울었습니다
3) 통화가 끝나 4) 놀

문법1

01 1) 공부만 했어요.
2) 저는 불고기만 만들 수 있어요.
3) 그 사람 이름만 알아요.
4) 저는 아침에 커피만 마셔요.
5) 여기에 미국 사람만 있어요.
6) 꽃 한 송이만 주세요.
7) 저만 노래를 잘 못해요.
8) 제 친구는 도서관에서만 공부해요.

02 1) 빵만 샀어요.
2) 이름만 알아요.
3) 영국 사람만 왔어요.
4) 잠깐만
5) 한 개만 주세요.
6) 2인분만 시킵시다.
7) 물냉면만 맛있어요.
8) 저는 빅뱅 노래만 들어요.

문법2

01 1) 윈 씨가 밥을 먹고 있어요.
2) 형이 열심히 공부하고 있어요.
3) 저는 지금 책을 읽고 있어요.
4) 지하철역에서 친구를 기다리고 있어요.
5) 언니가 지금 불고기를 만들고 있어요.
6) 제리 씨가 운동을 하고 있어요.
7) 할머니께서 주무시고 계세요.
8) 어머니께서 커피를 드시고 계세요.

02 1) 지금 숙제를 하고 있어요.
2) 가르치고 계세요.
3) 쉬고 계세요.
4) 지금 인천에 살고 있어요.
5) 택시를 타려고 기다리고 있어요.
6) 날마다 한국말을 배우고 있어요.
7) 지금 사람들이 자전거를 타고 있어요.
8) 선생님께서 지금 말씀하고 계세요.

제9과 날씨와 계절

01 학교에 늦게 가면 안 돼요

새 어휘

01 1) 늦게 2) 눈이 3) 천천히 4) 아직
02 1) 천천히 2) 늦게 3) 아직 4) 눈이

주제 어휘

01 1) 바람이 2) 끼어서 3) 흐려서 4) 개면
02 1) 불어서 2) 안개가 3) 흐려서 4) 맑으면

문법1

01 1) 피곤하면 좀 쉬어도 돼요.

2) 여기에서 커피를 마셔도 돼요.
3) 선생님은 이 책을 읽어도 돼요.
4) 공원에서 자전거를 타도 돼요.
5) 내일 학교에 늦게 와도 돼요.
6) 쉬는 시간이니까 노래를 해도 돼요.
7) 날마다 바쁘면 주말에 청소해도 돼요.
8) 돈이 많이 있으니까 음식을 많이 시켜도 돼요.

02 1) 노래해도 돼요.
2) 음식을 만들어도 돼요.
3) 컴퓨터를 해도 돼요.
4) 전화해도 돼요.
5) 운동해도 돼요.
6) 책을 읽어도 돼요.
7) 사진을 찍어도 돼요.
8) 이를 닦아도 돼요.

문법2

01 1) 밤에 등산을 하면 안 돼요.
2) 커피를 많이 마시면 안 돼요.
3) 약속 시간에 늦게 오면 안 돼요.
4) 여기에 차를 세우면 안 돼요.
5) 이 지하철역에서 갈아타면 안 돼요.
6) 회의 시간에 전화를 받으면 안 돼요.
7) 매운 음식을 많이 먹으면 안 돼요.
8) 밤늦게 전화를 걸면 안 돼요.

02 1)지금 읽으면 안 돼요.
2) 창문을 열면 안 돼요.
3) 지금 먹으러 가면 안 돼요.
4) 바꾸면 안 돼요.
5) 학생이 가면 안 돼요.
6) 선생님께 말하면 안 돼요.
7) 저 문으로 들어가면 안 돼요.
8) 여기에서 좌회전하면 안 돼요.

02 더울 때 한국 사람들은 무슨 음식을 먹어요?

새 어휘

01 1) 더우니까 2) 날씨가 3) 팥빙수를 4) 들이
02 1) 날씨가 2) 더우니까 3) 팥빙수를 4) 들과

주제 어휘

01 1) 따뜻한 2) 기온이, 낮아요
3) 습도가, 낮아요 4) 선선해요
02 1) 춥습니다 2) 따뜻합니다
3) 습도가 높습니다 4) 쌀쌀합니다

문법1

01 1) 저는 매운 음식을 잘 먹는데 친구는 잘 먹지 못해요.
2) 어머니는 사과를 좋아하시는데 아버지는 바나나를 좋아하세요.
3) 어제는 흐리고 비가 왔는데 오늘은 아주 맑아요.
4) 학교 교실은 시원한데 제 방은 더워요.
5) 아침에는 기온이 낮은데 낮에는 높아요.
6) 커피를 마시기 전에는 피곤했는데 지금은 괜찮아요.
7) 교과서하고 연필은 있는데 공책은 없어요.
8) 쓰기는 좀 어려운데 말하기는 어렵지 않아요.

02 1) 나는 한식을 좋아하는데 친구는 양식을 좋아해요.
2) 나는 운전할 수 있는데 친구는 하지 못 해요.
3) 나는 기숙사에서 사는데 친구는 하숙집에서 살아요.
4) 나는 시장에 있는 가게에 자주 가는데 친구는 백화점에 자주 가요.
5) 나는 학교 수업이 오전에 있는데 친구는 오후에 있어요.
6) 나는 소설책을 많이 읽는데 친구는 만화책을 많이 읽어요.
7) 나는 보통 여섯 시간쯤 자는데 친구는 여덟 시간쯤 자요.
8) 나는 주말에 영화를 많이 보는데 친구는 컴퓨터 게임을 많이 해요.

문법2

01 1) 식사를 할 때 텔레비전을 봐요.
2) 집에서 쉴 때 한국음식을 만들어서 먹어요.
3) 커피를 마시고 있을 때 친구가 전화를 했어요.
4) 어제 비가 올 때 이 우산을 샀어요.
5) 아침에 수업이 있을 때 일찍 일어나요.
6) 날씨가 좋을 때 빨래를 하세요.
7) 아플 때 기숙사 친구가 도와주었어요.
8) 사람들이 많이 있을 때 이야기할까요?

02 1) 시간이 없을 때 김밥을 먹어요.
2) 친구가 바쁠 때 도와줄 거예요.
3) 미선 씨가 쉴 때 놀러 갑시다.
4) 친구가 보고 싶을 때 화상통화를 해요.
5) 저녁을 먹을 때 텔레비전 뉴스를 봐요.
6) 한국어 수업을 할 때 커피를 마셨어요.
7) 아침에 학교에 갈 때 비가 왔어요.
8) 친구 생일 파티에 갔을 때 만났어요.

03 마실 물과 손수건이 있어야 해요

새 어휘

01 1) 산이　　2) 경치가
3) 피면　　4) 준비했어요

02 1) 경치가　　2) 땀이 날
3) 손수건을　　4) 준비할

주제 어휘

01 1) 여름　　2) 가을
3) 단풍이 들어요　　4) 겨울

02 1) 바다로　　2) 단풍이 들어서
3) 겨울　　4) 길이 미끄러워요

문법1

01 1) 비행기를 타고 오는 동안 저는 영화를 봤어요.
2) 기차를 타고 가는 동안 미선 씨는 잡지를 읽어요.
3) 우리가 쉬는 동안 날씨가 갰어요.
4) 회의를 하는 동안 손님이 밖에서 기다렸어요.
5) 친구를 기다리는 동안 저는 드라마를 봤어요.
6) 리에 씨는 한국에 사는 동안 여행을 많이 하고 싶어 해요.
7) 1시간 동안 우리는 산책했어요.
8) 방학 동안 운전을 배울 거예요.

02 1) 타고 가는 동안　　2) 구경하는 동안
3) 3일 동안　　4) 있는 동안
5) 여행하는 동안　　6) 12 시간 동안
7) 가는 동안　　8) 없는 동안

문법2

01 1) 일찍 출발해야 해요.
2) 교과서를 많이 읽어야 해요.
3) 돈이 없어서 찾아야 해요.
4) 10시 비행기를 타야 해요.
5) 손님에게 친절해야 해요.
6) 바람이 많이 부니까 창문을 닫아야 해요.
7) 차가 밀리면 지하철을 타야 해요.
8) 수영을 하기 전에 준비운동을 해야 해요.

02 1) 은행에 가서 카드를 만들어야 해요.
2) 운동을 해야 해요.
3) 리에 씨 생일 선물을 사야 해요.
4) 6시까지 가야 해요.
5) 제임스를 만나야 해요.
6) 한국어 읽기 시험을 봐야 해요.
7) 인천 공항에 가야 해요.
8) 청소와 빨래를 모두 해야 해요.

04 테드 씨가 스키를 잘 탈까요?

새 어휘

01 1) 할인을　　2) 아마
3) 잘　　4) 스키를

02 1)스키를　　2) 할인을
3) 잘　　4) 스키장

주제 어휘

01 1) 선글라스를 낀　2) 눈싸움을
3) 눈사람을　4) 스노보드
02 1) 눈사람　2) 스키를
3) 스노보드를　4) 스키복을 입고

문법1

01 1) 시험이 어려울까요?
2) 강의실에 학생이 없을까요?
3) 지금 나가면 차가 밀릴까요?
4) 아르바이트가 힘들까요?
5) 윈 씨가 지금 기숙사에 있을까요?
6) 이번 여름이 더울까요?
7) 손님들이 많이 먹을까요?
8) 모자가 미선 씨한테 좀 작을까요?
02 1) 파티가 재미있을까요?
2) 날씨가 시원할까요?
3) 윈 씨 시험 점수가 좋을까요?
4) 리에 씨가 열심히 공부할까요?
5) 이 음식이 매울까요?
6) 리에 씨가 어디에 있을까요?
7) 누가 마이클 씨 전화번호를 알까요?
8) 뭘 타면 빨리 갈까요?

문법2

01 1) 시장이 값이 쌀 거예요.
2) 산에 올라가기 힘들 거예요.
3) 밖이 시원할 거예요.
4) 윈 씨가 학교에 안 올 거예요
5) 식당에 손님이 많을 거예요.
6) 영화가 재미있을 거예요.
7) 걸어가면 시간이 많이 걸릴 거예요.
8) 학생이 한 명도 없을 거예요.
02 1) (아마) 잘 먹을 거예요.
2) (아마) 좋아할 거예요.
3) (아마) 어려울 거예요.
4) (아마) 사람이 많을 거예요.
5) (아마) 일찍 학교에 올 거예요.
6) (아마) 좀 늦게 도착할 거예요.
7) (아마) 친구들이 많이 와서 재미있을 거예요.
8) (아마) 터널로 가면 빠를 거예요.

제10과 음식

01 비빔밥인데 아주 맛있어요

새 어휘

01 1) 비비세요　2) 채소를
3) 볶은　4) 쇠고기를
02 1) 쇠고기를　2) 채소를
3) 넣으세요　4) 비벼서

주제 어휘

01 1) 소금을　2) 짜지만
3) 쓰니까　4) 고추장을
02 1) 매운　2) 식초
3) 단　4) 써서

문법1

01 1) 이 분은 제임스 씨인데 미국에서 왔어요.
2) 저는 여동생이 있는데 예쁘고 친절해요.
3) 제 고향은 호주인데 경치가 아주 좋아요.
4) 저는 경영학을 전공하는데 아주 재미있어요.
5) 태권도는 한국 운동인데 외국 사람도 많이 배워요.
6) 제 친구는 독일에서 왔는데 컴퓨터공학을 전공해요.
7) 이 손수건은 시장에서 샀는데 아주 좋아요.
8) 이 의자는 형이 만들어 주었는데 아주 튼튼해요.
02 1) 이 음식이 제육볶음인데 좀 맵지만 맛있어요.
2) 이것이 읽기 책인데 재미있는 이야기가 많아요.

3) 이 장갑이 선물 받은 장갑인데 예쁘고 따뜻해요.
4) 이 가방을 명동에서 샀는데 가볍고 튼튼해요.
5) 저는 남대문 시장에 자주 가는데 물건이 많고 싸요.
6) 이 사과는 3개에 2000원인데 달고 맛있어요.
7) 이 스키복이 1벌에 5만원인데 멋있고 편해요.
8) 생략

문법2

01 1) 지하철로 학교에 왔어요.
2) 영어로 말하지 마세요.
3) 손수건으로 땀을 닦아요.
4) 비행기로 2시간 걸려요.
5) 팥과 아이스크림으로 만들었어요.
6) 한국말로 통화했어요.
7) 육교로 건너세요.
8) 이메일로 연락했어요.

02 1) 책상은 나무로 만들었어요.
2) 수첩에 이름을 볼펜으로 썼어요.
3) 인도 사람은 음식을 손으로 먹어요.
4) 부산에 고속버스로 가려고 해요.
5) 불고기는 소고기하고 채소로 만들어요.
6) 고향에 비행기로 돌아갈 거예요.
7) 아이스크림은 무엇으로 만들어요?
8) 수업 시간에 어느 나라말로 이야기해요?

02 뭘 드시겠습니까?

새 어휘

01 1) 정말 2) 꼭
3) 닭갈비를 4) 힘들었어요

02 1) 정말 2) 닭갈비를
3) 드셨어요 4) 꼭

주제 어휘

01 1) 일식을 2) 탕수육을
3) 스테이크를 4) 김치찌개는

02 1) 김치찌개를 2) 초밥
3) 양식을 4) 갈비탕을

문법1

01 1) 밖에서 기다리겠습니다.
2) 사진을 찍겠습니다.
3) 영화를 보겠습니다.
4) 열심히 공부하겠습니다.
5) 친구를 만나겠습니다.
6) 스키를 타겠습니다.
7) 잠깐만 쉬겠습니다.
8) 학교에 늦게 오지 않겠습니다.

02 1) 네, 도서관에서 숙제하겠습니다.
2) 네, 방학에 고향에 돌아가겠습니다.
3) 주스를 마시겠어요.
4) 내일 학교에 오겠습니다.
5) 주말에 친구하고 영화를 보겠습니다.
6) 체육관에서 농구를 하겠습니다.
7) 눈이 오면 스키를 타러 가겠습니다.
8) 시험이 끝나면 친구와 여행을 가겠습니다.

문법2

01 1) 그 책을 읽어 봤어요.
2) 한국말로 전화해 봤어요.
3) 서울에서 운전해 봤어요.
4) 스키를 타 봤어요.
5) 탁구를 쳐 봤어요.
6) 한국 음식을 만들어 봤어요?
7) 하숙집에 살아 봤어요?
8) 탕수육을 먹어 봤어요.

02 1) 명동에서 쇼핑을 해 봤어요. (또는) 명동에서 쇼핑을 해 보지 않았어요.
2) 남산타워에 올라가 봤어요.
(또는) 남산타워에 올라가 보지 않았어요.

3) 서울에서 지하철을 타 봤어요.
(또는) 서울에서 지하철을 타 보지 않았어요.
4) 한강 공원에서 자전거를 타 봤어요.
(또는) 한강 공원에서 자전거를 타 보지 않았어요.
5) 한복을 입어 봤어요.
(또는) 한복을 입어 보지 않았어요.
6) 서울 사진을 찍어 봤어요.
(또는) 서울 사진을 찍어 보지 않았어요.
7) 한국 사람과 한국말로 이야기해 봤어요.
(또는) 한국 사람과 한국말로 이야기해 보지 않았어요.
8) 한국 음식을 만들어 봤어요.
(또는) 한국 음식을 만들어 보지 않았어요.

03 삼계탕을 드신 적이 있어요?

새 어휘

01 1) 삼계탕을 2) 뜨거우니까
3) 번 4) 비슷한
02 1) 번 2) 삼계탕이
3) 뜨거운 4) 비슷한

주제 어휘

01 1) 카페라떼예요 2) 기뻤어요
3) 차가운 4) 슬퍼서
02 1) 카페라떼를 2) 유자차를
3) 슬퍼요 4) 괜찮을

문법1

01 1) 뭐든지 좋아요.
2) 어느 나라 사람이든지 그 대학교에 들어갈 수 있어요.
3) 어디든지 괜찮아요.
4) 누구든지 볼 수 있는 영화예요.
5) 무슨 고기든지 다 좋아해요.
6) 몇 시든지 괜찮아요.
7) 어떤 회사에서든지 일할 수 있어요.
8) 얼마든지 드세요.
02 1) 언제든지 연락하세요.
2) 어디에서든지 공부합시다.
3) 누구든지 갈 수 있어요.
4) 무슨 채소든지 삽시다.
5) 무슨 음식이든지 다 맛있어요.
6) 얼마든지 더 드세요.
7) 뭐든지 잘 먹어요.
8) 어느 회사에서든지 일하고 싶어요.

문법2

01 1) 비빔냉면을 먹은 적이 있어요.
2) 운전을 배운 적이 없어요.
3) 한국 신문을 읽은 적이 없어요.
4) 바다에서 수영을 한 적이 있어요.
5) 김치찌개를 만들어 본 적이 있어요.
6) 눈썰매를 탄 적이 없어요.
7) 민속촌을 방문한 적이 있어요.
8) 팥빙수를 먹어 본 적이 없어요.
02 1) 네, 혼자 여행을 간 적이 있어요.
2) 네, 버스를 잘못 탄 적이 있어요.
3) 아니요, 한국친구 집에 가 본 적이 없어요.
4) 네, 삼계탕을 먹은 적이 있어요.
5) 아니요, 한국에서 스키를 타 본 적이 없어요.
6) 네, 제주도에 가 본 적이 있어요.
7) 아니요, 눈사람을 만든 적이 없어요.
8) 네, 아르바이트를 해 본 적이 있어요.

04 음식이 맛있겠어요

새 어휘

01 1) 들 2) 상을
3) 그릇을 4) 식사를
02 1) 놓았습니다 2) 식사를
3) 들 4) 놓

주제 어휘

01 1) 소리를 내　2) 젓가락으로
3) 상을 차릴　4) 앞접시가

02 1) 밥그릇을　2) 국그릇을
3) 반찬그릇은　4) 소리를 내도

문법1

01 1) 팥빙수가 맛있겠어요.
2) 이 영화가 재미있겠어요.
3) 소금을 많이 넣어서 짜겠어요.
4) 회사 일이 많아서 피곤하겠어요.
5) 바람이 불어서 쌀쌀하겠어요.
6) 휴일이어서 쉴 수 있겠어요.
7) 5년 동안 스키를 배워서 잘 타겠어요.
8) 어제 선물을 받아서 기뻤겠어요.

02 1) 맛있겠어요.
2) 스케이트를 잘 타겠어요.
3) 비빔밥이 맵겠어요.
4) 수영을 아주 잘하겠어요.
5) 많이 춥겠어요.
6) 기쁘겠어요.
7) 힘들었겠어요.
8) 재미있었겠어요.

문법2

01 1) 삼계탕을 만들려고 닭고기를 삽니다.
2) 어머니께 드리려고 꽃을 샀어요.
3) 옷을 사려고 돈을 찾았어요.
4) 대학교에 들어가려고 열심히 공부했어요.
5) 한국 가수를 만나려고 한국에 왔어요.
6) 한국 친구하고 이야기하려고 한국어를 공부해요.
7) 집에 가려고 버스를 탔어요.
8) 운동을 하려고 체육관에 갔어요.

02 1) 여행을 가려고
2) 김치찌개를 만들려고
3) 저를 만나려고
4) 겨울옷을 사려고
5) 생일 파티를 하려고
6) 한국 친구하고 이야기하려고 한국말을 공부해요.
7) 소풍을 가서 먹으려고 김밥을 만들어요.
8) 눈사람을 만들려고 밖에 나갔어요.

부록 1 숫자

수1

물건이나 사물을 셀 때 쓰며, 보통 단위 명사와 함께 사용한다. 단위 명사는 대상 명사에 따라 다르다. '하나, 둘, 셋, 넷, 스물'은 단위 명사 앞에서 '한, 두, 세, 네, 스무'로 쓴다.

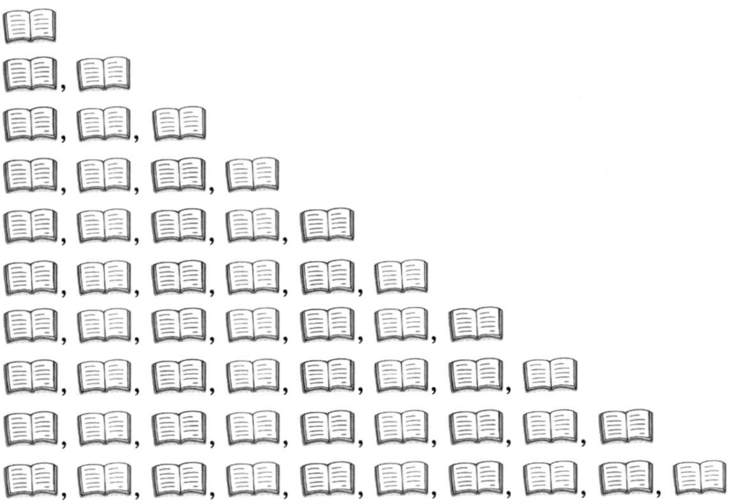

하나	한 권
둘	두 권
셋	세 권
넷	네 권
다섯	다섯 권
여섯	여섯 권
일곱	일곱 권
여덟	여덟 권
아홉	아홉 권
열	열 권

열하나(11), ... 스물(20), 서른(30), 마흔(40), 쉰(50), 예순(60), 일흔(70), 여든(80), 아흔(90), 백(100)

수2

시간, 날짜, 값, 여러 가지 번호 등에 쓴다. 시간에서 '시'는 수1을 쓴다.

1	일
2	이
3	삼
4	사
5	오
6	육
7	칠
8	팔
9	구
10	십

11	십일
20	이십
30	삼십
40	사십
50	오십
60	육십
70	칠십
80	팔십
90	구십
100	백

1,000	천
10,000	만
100,000	십만
1,000,000	백만
88	팔십팔
670	육백칠십
1,981	천구백팔십 일
2,905	이천구백오
12,345	만 이천삼백사십오
506,400	오십만 육천사백

부록 2 단위명사

단위 명사는 수사 뒤에 오는 명사이며 대상 명사에 따라 달라진다.
다음 단의 명사에는 '한, 두, 세, 네...'를 쓴다.

대	자동차, TV, 세탁기, 휴대전화	잔	커피, 물, 맥주, 우유	켤레	신발. 양말, 장갑
개	물건(사탕, 초콜릿, 사과)	마리	동물(개, 고양이, 생선)	자루	연필, 볼펜
벌	옷(티셔츠, 바지, 치마)	송이	꽃	권	책, 공책, 잡지
장	종이, 우표, 표	병	병(맥주, 콜라)	통	껌, 편지, 과자, 수박
사람/명/분	사람	살	나이	번	횟수
시간	시간	시	시간	달	시간

다음 단위 명사에는 '일, 이, 삼, 사...'를 쓴다.

층	건물	호실	방	인분	음식
일	시간	주일	시간	년	시간

부록 3 불규칙동사(Irregular Verb, 不規則動詞)

1. ㄹ동사

	-습니다/ ㅂ니다	-습니까/ ㅂ니까?	-은데/ ㄴ데, 는데	-으니까/ 니까	-으세요/ 세요
알다	압니다	압니까?	아는데	아니까	아세요
살다	삽니다	삽니까?	사는데	사니까	사세요
팔다	팝니다	팝니까?	파는데	파니까	파세요
만들다	만듭니다	만듭니까?	만드는데	만드니까	만드세요
걸다	겁니다	겁니까?	거는데	거니까	거세요
길다	깁니다	깁니까?	긴데	기니까	
멀다	멉니다	멉니까?	먼데	머니까	

2. 으동사

	-어요/아요/여서	-었습니다/있습니다/였습니다	-어서/아서/아요
쓰다	써요	썼습니다	써서
크다	커요	컸습니다	커서
바쁘다	바빠요	바빴습니다	바빠서
아프다	아파요	아팠습니다	아파서
예쁘다	예뻐요	예뻤습니다	예뻐서

3. 르동사

	-어요/아요.여요	-었습니다/았습니다/ 였습니다	-어서/아서/여서	-어야/아야/ 여야 합니다
다르다	달라요	달랐습니다	달라서	달라야 합니다
마르다	말라요	말랐습니다	말라서	말라야 합니다
모르다	몰라요	몰랐습니다	몰라서	몰라야 합니다
고르다	골라요	골랐습니다	골라서	골라야 합니다
부르다	불러요	불렀습니다	불러서	불러야 합니다
기르다	길러요	길렀습니다	길러서	길러야 합니다

4. ㄷ동사

	-으십시오/십시오	-으면/면	-으니까/니까	-어서/아서/여서
묻다	물으십시오	물으면	물으니까	물어서
듣다	들으십시오	들으면	들으니까	들어서
걷다	걸으십시오	걸으면	걸으니까	걸어서
싣다	실으십시오	실으면	실으니까	실어서
* 닫다	닫으십시오	닫으면	닫으니까	닫아서
* 받다	받으십시오	받으면	받으니까	받아서

5. ㅂ동사

	-었어요/았어요	-어서/아서	-으면/면	-은/ㄴ	-으니까/니까
덥다	더웠어요	더워서	더우면	더운	더우니까
춥다	추웠어요	추워서	추우면	추운	추우니까
맵다	매웠어요	매워서	매우면	매운	매우니까
싱겁다	싱거웠어요	싱거워서	싱거우면	싱거운	싱거우니까
아름답다	아름다웠어요	아름다워서	아름다우면	아름다운	아름다우니까
고맙다	고마웠어요	고마워서	고마우면	고마운	고마우니까
돕다	도왔어요	도와서	도우면	도운	도우니까
곱다	고왔어요	고와서	고우면	고운	고우니까

6. ㅎ동사

	-어서/아서/여서	-으면/면	-은/ㄴ	-었어요/았어요/였어요
빨갛다	빨개서	빨가면	빨간	빨개요
파랗다	파래서	파라면	파란	파래요
노랗다	노래서	노라면	노란	노래요
하얗다	하얘서	하야면	하얀	하얘요
까맣다	까매서	까마면	까만	까매요
이렇다	이래서	이러면	이런	이래요
저렇다	저래서	저러면	저런	저래요
그렇다	그래서	그러면	그런	그래요
어떻다	어때서	어떠면	어떤	어때요

7. ㅅ동사

	-어서/아서	-으니까/니까	-은/ㄴ	-으면/면
낫다	나아서	나으니까	나은	나으면
젓다	저어서	저으니까	저은	저으면
붓다	부어서	부으니까	부은	부으면
짓다	지어서	지으니까	지은	지으면
잇다	이어서	이으니까	이은	이으면
긋다	그어서	그으니까	그은	그으면
* 웃다	웃어서	웃으니까	웃은	웃으면
* 씻다	씻어서	씻으니까	씻은	씻으면
* 벗다	벗어서	벗으니까	벗은	벗으면

부록 4 가계도

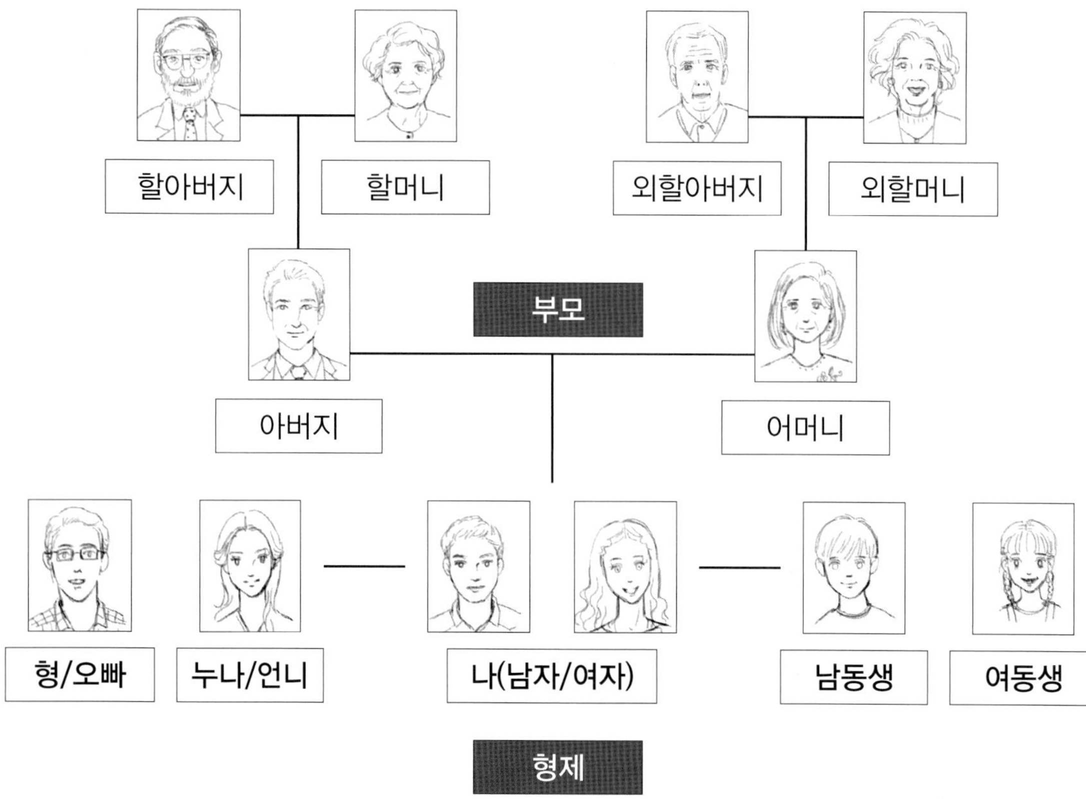

03 번역

인사와 소개

제 1 과

Chapter 1
Greetings & Introduction

第 1 課　挨拶と紹介

第 1 课 打招呼和介绍

01 한국 사람입니다

I am Korean.

私は韓国人です。

我是韩国人。

EN

Misun	Hello, I'm Misun Kim. I am Korean.
James	Hello, Misun. I'm James. I am American.

JP

ミソン	こんにちは。キム・ミソンです。韓国人です。
ジェームス	ミソンさん、こんにちは。私はジェームスです。アメリカ人です。

CH

美善	你好！ 我是金美善。我是韩国人。
詹姆斯	美善，你好！我是詹姆斯。我是美国人。

새 어휘

EN New Vocabulary JP 新しい語彙 CH 生词

안녕하십니까?	EN Hello(honorific)	JP こんにちは。	CH 你好!
한국	EN Korea	JP 韓国	CH 韩国
사람	EN person	JP 人	CH 人
씨	EN Mr., Ms. / Honorific attached at the end of a name that is used amongst people of approximately equal social status	JP -さん	CH 不完全名词（用于成年人的姓、姓名、名字后，表示对该人的尊敬或待遇，一般不用于长辈，用于晚辈或同事）
저	EN I	JP 私	CH 我
미국	EN America (USA)	JP アメリカ	CH 美国

주제 어휘

EN Thematic Vocabulary JP テーマ語彙 CH 主题词汇

국적 EN Nationalities JP 国籍 CH 国籍

일본	EN Japan	JP 日本	CH 日本
중국	EN China	JP 中国	CH 中国
영국	EN England	JP イギリス	CH 英国
태국	EN Thailand	JP タイ	CH 泰国
미국	EN America (USA)	JP アメリカ	CH 美国
캐나다	EN Canada	JP カナダ	CH 加拿大
베트남	EN Vietnam	JP ベトナム	CH 越南
호주	EN Australia	JP オーストラリア	CH 澳大利亚
브라질	EN Brazil	JP ブラジル	CH 巴西
인도	EN India	JP インド	CH 印度

문법 1

EN Grammar JP 文法 CH 语法

입니다

EN This is a formal final ending form used in conjunction with a noun to express the character of the subject(be verb).

JP '입니다' は名詞に付いて、主語を叙述する格式体の終結語尾である。

CH "입니다"：格式体终结词尾，用于名词后，用来叙述主语。

❶ I am Misun Kim. キム·ミソンです。 我是金美善。

❷ I am James. ジェームスです。 我是詹姆斯。

❸ I am Korean. 韓国人です。 我是韩国人。

❹ This is America. アメリカです。 （这里）是美国。

문법 2

EN Grammar JP 文法 CH 语法

은/는 [1]

EN This is a particle that follows the noun in a sentence in order to specify the subject or topic of the sentence. '은' is used when the noun ends in a consonant and '는' is used when the noun ends in a vowel.

JP 名詞の後に付いて、文章のテーマや話題を表示してくれる助詞である。名詞が子音で終われば'은'を使い、名詞が母音で終われば'는'を使う。

CH 助词，用于名词后，表示句子的主题或话题。名词以辅音结尾用"은"，名词以元音结尾用"는"。

❶ Nguyen is Vietnamese. ヌエンはベトナム人です。 阮是越南人。

❷ Misun Kim is Korean. キム·ミソンは韓国人です。 金美善是韩国人。

❸ I am Misun Kim. 私はキム·ミソンです。 我是金美善

❹ James is American. ジェームスさんはアメリカ人です。 詹姆斯是美国人。

02 제 가방이 아닙니다

It is not my bag.

私のかばんではありません。

不是我的包。

EN

Yamada	Are you a student?
Misun	Yes, I am a student.
Yamada	Is this your bag?
Misun	No, it is not my bag.

JP

山田	学生ですか。
ミソン	はい、学生です。
山田	これはミソンさんのかばんですか。
ミソン	いいえ、私のかばんではありません。

CH

山田	你是学生吗?
美善	是，我是学生。
山田	这个是你的包吗?
美善	不是，不是我的包。

새 어휘

EN New Vocabulary JP 新しい語彙 CH 生词

	EN	JP	CH
학생	student	学生	学生
네	yes	はい	是（的）/ 对好（的）
이것/그것/저것	this that (closer to the person whom the speaker is speaking to) that (far away from both parties)	これ それ あれ	这（个） 那（个） 那（个）
가방	bag	かばん	包
아니요	no	いいえ	不是
제	my	私の	我的

주제 어휘

EN Thematic Vocabulary JP テーマ語彙 CH 主题词汇

직업 EN occupations JP 職業 CH 职业

	EN	JP	CH
선생님	teacher	先生	老师
교수님	professor	教授	教授
기자	reporter	記者	记者
가수	singer	歌手	歌手
회사원	company employee	会社員	公司职员
은행원	banker	銀行員	银行职员
사장님	company president	社長	总经理
의사	doctor	医者	医生

문법 1

EN Grammar JP 文法 CH 语法

입니까?

EN It is the interrogative form of '입니다(be verb)'.

JP '입니다'の疑問形である。

CH "입니다"的疑问形式。

❶ Are you a teacher? 先生ですか。 你是老师吗?

❷ Are you Yamada? 山田さんですか。 你是山田吗?

❸ Is this a bag? これはかばんですか。 这个是包吗?

❹ Is James American? ジェームスさんはアメリカ人ですか。 詹姆斯是美国人吗?

문법 2

EN Grammar JP 文法 CH 语法

이/가 아닙니다

EN It follows the noun and is the negative form of '입니다'. '이 아닙니다' is used when the noun ends in a vowel and '가 아닙니다' is used when the noun ends in a consonant.

JP 名詞の後に使用され、'입니다'の否定形である。前の名詞が子音で終われば '이 아닙니다' を使い、母音で終われば '가 아닙니다' を使う。

CH "입니다"的否定形式，用于名词后。前面的名词以辅音结尾用"이 아닙니다"，以元音结尾用"가 아닙니다"。

❶ I am not a student. 私は学生ではありません。 我不是学生。

❷ This is not a bag. これはかばんではありません。 这不是包。

❸ Yamada is not a reporter. 山田さんは記者ではありません。 山田不是记者。

❹ Minchul Jang is not a singer. チャン·ミンチョルさんは歌手ではありません。 张民哲不是歌手。

03 한국 친구가 많습니다

I have many Korean friends.

韓国の友達が多いです。

韓国朋友很多。

EN

Teacher	Who is a Vietnamese student?
Nguyen	I am a Vietnamese student. My name is Nguyen.
Teacher	Are you Misun's friend?
Nguyen	Yes, I have many Korean friends.

JP

先生	ベトナムの学生が誰ですか。
ヌエン	私がベトナムの学生です。名前はヌエンです。
先生	ミソンさんの友達ですか。
ヌエン	はい、私は韓国の友達が多いです。

CH

老师	谁是越南学生?
阮	我是越南学生。我的名字叫阮。
老师	你是美善的朋友吗?
阮	是的，我有很多韩国朋友。

새 어휘

EN New Vocabulary JP 新しい語彙 CH 生词

누구	EN who	JP 誰	CH 谁
제	EN my	JP 私(が),	CH 我(的)
이름	EN name	JP 名前	CH 名字
친구	EN friend	JP 友達	CH 朋友
많다	EN many/a lot	JP 多い	CH 多

주제 어휘

EN Thematic Vocabulary JP テーマ語彙 CH 主题词汇

동사1, 형용사1 EN Action Verbs1, Descriptive Verbs1 JP 動詞1, 形容詞1 CH 动词 1， 形容词 1

가다	EN to go	JP 行く	CH 去
오다	EN to come	JP 来る	CH 来
먹다	EN to eat	JP 食べる	CH 吃
보다	EN to watch/look at	JP 見る	CH 看
듣다	EN to listen	JP 聞く	CH 听
이야기하다	EN to talk	JP 話す	CH 说
인사하다	EN to greet	JP あいさつする	CH 打招呼
예쁘다	EN pretty	JP きれいだ	CH 漂亮
좋다	EN good	JP よい	CH 好
재미있다	EN fun/interesting	JP 面白い	CH 有意思
반갑다	EN glad	JP (会えて)うれしい	CH 高兴
많다	EN many/a lot	JP 多い	CH 多

문법 1

EN Grammar JP 文法 CH 语法

이/가

EN This particle is used with a noun to indicate that the noun is the subject of the sentence. '이' is used when the noun ends in a consonant and '가' is used when the noun ends in a vowel. If it is used with the personal pronoun '저' or the interrogative pronoun '누구', it becomes to '제가' and '누가'.

JP 名詞に付いて、その名詞が文章の主語であることをあらわす助詞である。名詞が子音で終われば'이'を使い、母音で終われば'가'を使う。人称代名詞'저'と疑問代名詞'누구'に'가'が結合すると'제가', '누가'になる。

CH 助词，用于名词后，表示该名词为句子的主语。名词以辅音结尾用"이"，以元音结尾用"가"。人称代词"저" 和疑问代词"누구"跟"가" 结合则变成"제가"、"누가"。

❶ This is a bag. これがかばんです。 这个是包。
❷ Wei is my friend. ウェイさんが私の友達です。 伟是我的朋友。
❸ I am Youngsu Kim. 私がキム·ヨンスです。 我是金英洙。
❹ Who is American? 誰がアメリカ人ですか。 谁是美国人?

문법 2

EN Grammar JP 文法 CH 语法

-습니다/ㅂ니다

EN This is a formal final ending form used with an action verb or descriptive verb stem to describe the subject. If the stem of the action verb or descriptive verb ends in a consonant, '-습니다' is used and if it ends in a vowel, '-ㅂ니다' is used.

JP 動詞や形容詞の語幹の後に付いて、主語を叙述する格式体の終結語尾である。動詞、形容詞の語幹が子音で終われば'-습니다'を使い、母音で終われば'-ㅂ니다'を使う。

CH 格式体终结词尾，用于动词或形容词词干后，用来叙述主语。动词、形容词的词干以辅音结尾用"-습니다"，以元音结尾用 "-ㅂ니다"。

❶ My friend is eating. (literal: My friend eats.) 友達が食べます。 朋友吃。
❷ I am going. (literal: I go) 私が行きます。 我去。
❸ The bag is good. かばんがいいです。 包很好。
❹ Misun is pretty. ミソンさんがきれいです。 美善很漂亮。

04 미선 씨, 연필이 있습니까?

Misun, do you have a pencil?

ミソンさん、鉛筆がありますか。

美善，有铅笔吗？

EN

Rie	Misun, do you have a pencil?
Misun	No, I don't.
Rie	What do you have?
Misun	I have a pen. I have many pens.

JP

りえ	ミソンさん、鉛筆がありますか。
ミソン	いいえ、ありません。
りえ	何がありますか。
ミソン	ボールペンがあります。私はボールペンが多いです。

CH

利惠	美善，你有铅笔吗？
美善	不，我没有。
利惠	你有什么？
美善	有圆珠笔。我有很多圆珠笔。

새 어휘

EN New Vocabulary JP 新しい語彙 CH 生词

	EN	JP	CH
연필	EN pencil	JP 鉛筆	CH 铅笔
있다	EN there is / to have	JP ある/いる	CH 有
없다	EN there is not / do not have	JP ない/いない	CH 没有
무엇	EN what	JP 何	CH 什么
볼펜	EN pen/ballpoint pen	JP ボールペン	CH 圆珠笔

주제 어휘

EN Thematic Vocabulary JP テーマ語彙 CH 主题词汇

사물 EN Objects JP ものごと CH 东西

	EN	JP	CH
냉장고	EN refrigerator	JP 冷蔵庫	CH 冰箱
의자	EN chair	JP 椅子	CH 椅子
달력	EN calendar	JP カレンダー	CH 挂历
책상	EN desk	JP 机	CH 桌子
침대	EN bed	JP ベッド	CH 床
컴퓨터	EN computer	JP パソコン	CH 电脑
필통	EN pencil case	JP ペンケース	CH 笔筒
책	EN book	JP 本	CH 书
교과서	EN textbook	JP 教科書	CH 教科书
공책	EN notebook	JP ノート	CH 笔记本

문법 1

EN Grammar JP 文法 CH 语法

-습니까/ㅂ니까?

EN It is the interrogative form of '-습니다/ㅂ니다' which is a formal final ending.

JP 格式体の終結語尾'-습니다/ㅂ니다'の疑問形である。動詞、形容詞の語幹が子音で終われば'-습니까?'を使い、母音で終われば'-ㅂ니까?'を使う。

CH 格式体终结词尾"-습니다/ㅂ니다"的疑问形式。动词、形容词的词干以辅音结尾用"-습니까?"，以元音结尾用"-ㅂ니까?"。

❶ Is your friend pretty?　友達がきれいですか。　你朋友漂亮吗？
❷ Is the student coming?　学生が来ますか。　学生来吗？
❸ Is the bed good?　ベッドがいいですか。　床好吗？
❹ Who is eating?　誰が食べますか。　谁吃？

문법 2

EN Grammar JP 文法 CH 语法

-이/가 있다, 이/가 없다

EN There are two meanings for '있다'. It can be used to show that someone or something exists in a specified place(there is). It can also be used to show the meaning of possession(to have). '없다' is the negation of '있다'.

JP '있다'の意味は2種類である。人やものごとが特定の場所に存在するという意味で使うことができ、持っているという所有の意味でも使うことができる。'없다'は'있다'の否定である。

CH "있다"有两种含义。它有"人或事物存在于特定的场所"之义，也有"所有"之义。"없다"是"있다"的否定形式。

❶ There is a desk.　机があります。　有桌子。
❷ There is no Australian student.　オーストラリアの学生がいません。　有桌子。
❸ I have Korean friends.　私は韓国の友達がいます。　我有韩国朋友。
❹ Misun does not have a textbook.　ミソンさんは教科書がありません。　美善没有教科书。

제2과

학교

Chapter 2 School

第 2 課 学校

第 2 课 学校

01 창문은 작습니다

The window is small.

窓は小さいです。

窗户很小。

EN

Youngsu	Is the classroom door big?
Michael	Yes, it is big.
Youngsu	Is the window big, too?
Michael	No, the window is small.

JP

ヨンス	教室のドアが大きいですか。
マイケル	はい、大きいです。
ヨンス	窓も大きいですか。
マイケル	いいえ、窓は小さいです。

CH

英洙	教室的门大吗?
迈克	是的，大。
英洙	窗户也大吗?
迈克	不，窗户小。

새 어휘

EN New Vocabulary JP 新しい語彙 CH 生词

	EN	JP	CH
문	door	ドア	门!
크다	big	大きい	大
창문	window	窓	窗户
작다	small	小さい	小

주제 어휘

EN Thematic Vocabulary JP テーマ語彙 CH 主题词汇

교실 물건, 형용사2 EN Classroom Objects, Descriptive Verbs2 JP 教室の物, 形容詞2 CH 教室物品, 形容词2

	EN	JP	CH
그림	picture	絵	画
교실	classroom	教室	教室
분필	chalk	チョーク	粉笔
옷걸이	hanger	ハンガー	衣架
지도	map	地図	地图
칠판	chalkboard	黒板	黑板
텔레비전	television	テレビ	电视
휴지통	waste basket	ゴミ箱	垃圾桶
깨끗하다	clean	きれいだ	干净
더럽다	dirty	汚い	脏
적다	a few/little	少ない	少

문법 1

EN Grammar JP 文法 CH 语法

도

EN '도' is a particle that follows the noun in order to describe that something is similar or the same in repetition.

JP '도'は名詞の後に付いて、同じであったり似た内容が反復して叙述されるとき使う助詞である。

CH "도": 助词，用于名词后，用来叙述相同或相似的情况反复发生。

❶ There is a television. There is a computer, too.
テレビがあります。パソコンもあります。　有电视。还有电脑。

❷ America is big. China is also big.
アメリカが大きいです。中国も大きいです。　美国大。中国也大。

❸ Youngsu is greeting me. Misun is greeting, too.
ヨンスさんがあいさつします。ミソンさんもあいさつします。　英洙在打招呼。美善也在打招呼。

❹ James is a student. Michael is also a student.
ジェームスさんは学生です。マイケルさんも学生です。　詹姆斯是学生。迈克也是学生。

문법 2

EN Grammar JP 文法

은/는 2

EN This is a particle that follows the noun in a sentence in order to specify the subject or topic of the sentence. It is also used to compare or emphasize something.

JP 名詞の後に付いて、文章のテーマや話題を表示してくれる助詞である。対照や強調をあらわすこともする。

CH 助词，用于名词后，表示句子的主题或话题。也可以表示对比或强调。

❶ There is a map. There is no picture.
地図があります。絵はありません。　有地图，但没有画。

❷ There is a television. There is no computer.
テレビがあります。パソコンはありません。　有电视，但没有电脑。

❸ There are many Chinese students. There are few Indian students.
中国の学生は多いです。インドの学生は少ないです。　中国学生多，而印度学生少。

❹ James is American. I am Korean.
ジェームスさんはアメリカ人です。私は韓国人です。　詹姆斯是美国人，而我是韩国人。

02 식당이 어디에 있습니까?

Where is the cafeteria?

食堂はどこにありますか。

食堂在哪儿?

EN

Michael	Where is Misun?
Youngsu	She is at the school cafeteria. She is eating (food).
Michael	Where is the cafeteria?
Youngsu	The cafeteria is next to the library.

JP

マイケル	ミソンさんはどこにいますか。
ヨンス	学校の食堂にいます。ご飯を食べています。
マイケル	食堂がどこにありますか。
ヨンス	食堂は図書館の隣にあります。

CH

迈克	美善在哪儿?
英洙	她在学校食堂。吃饭呢。
迈克	食堂在哪儿?
英洙	食堂在图书馆旁边。

새 어휘

EN New Vocabulary JP 新しい語彙 CH 生词

	EN	JP	CH
어디	where	どこ	哪儿
학교	school	学校	学校
식당	cafeteria	食堂	食堂
밥	rice/meal in general	ごはん	饭
도서관	library	図書館	图书馆
옆	next to	横	旁边

주제 어휘

EN Thematic Vocabulary JP テーマ語彙 CH 主题词汇

학교 시설물, 위치 EN School Facilities, Position JP 学校の施設, 位置 CH 学校设施，位置

	EN	JP	CH
강의실	lecture hall	講義室	教室
기숙사	dormitory	寄宿舎	宿舍
도서관	library	図書館	图书馆
서점	bookstore	本屋	书店
앞	in front of	前	前（面）
뒤	behind	後	后（面）
위	on/up	上	上（面）
아래	down/below	下	下（面）
밑	under	下	底下
안	inside	中	里（面）
밖	outside	外	外（面）
옆	next to	横	旁边

문법 1

EN Grammar JP 文法 CH 语法

에[1]

EN '에' is a particle that comes after the noun and is used to indicate the position of a person or object. It is used together with '가다'(to go) to signify a destination.

JP '에'は場所をあらわす名詞の後に付いて、人やものごとの位置をあらわす助詞である。また'가다'とともに目的地をあらわす助詞として使われる。

CH "에"：助词，用于表处所的名词后，用来表示人或物的位置。同时，它又跟"가다"连用，用来表示目的地。

❶ The student is at the lecture hall.　学生が講義室にいます。　学生在教室。

❷ The bag is under the desk.　かばんは机の下にあります。　包在桌子下面。

❸ The television is not in the classroom.　テレビが教室にありません。　电视不在教室。

❹ I am going to the library.　私は図書館に行きます。　我去图书馆。

문법 2

EN Grammar JP 文法 CH 语法

을/를

EN This is a particle that comes after the noun in order to show that the noun is the object of the sentence. If the noun ends in a consonant, '을' is used, and if the noun ends in a vowel, '를' is used.

JP 名詞の後に付いて、その名詞が文章の目的語であることをあらわす助詞である。名詞が子音で終われば'을'を使い、名詞が母音で終われば'를'を使う。

CH 助词，用于名词后，表示该名词为句子的宾语。名词以辅音结尾用"을"，名词以元音结尾用"를"。

❶ I am eating food. (literal: I eat rice.)　私はごはんを食べます。　我在吃饭。

❷ James looks at the picture.　ジェームスさんは絵を見ます。　詹姆斯在看画。

❸ Amara listens to a story.　アマラは話を聞きます。　阿马拉在听故事。

❹ Piu Piu is greeting (others).　ピュピュはあいさつをします。　飘飘在打招呼。

03 도서관에서 공부합니다

I study at the library.

図書館で勉強します。

在图书馆学习。

EN

James	Misun, where do you study?
Misun	I study at the library.
James	How is the library?
Misun	The library is spacious and quiet.

JP

ミソン	ジェームスさん、どこで勉強しますか。
ジェームス	図書館で勉強します。
ミソン	図書館がどうですか。
ジェームス	図書館は広くて静かです。

CH

美美善	詹姆斯，你在哪儿学习?
詹姆斯	我在图书馆学习。
美善	图书馆怎么样?
詹姆斯	图书馆又宽敞又安静。

새 어휘

EN New Vocabulary JP 新しい語彙 CH 生词

	EN	JP	CH
공부하다	to study	勉強する	学习
어떻다	how (something) is	どうだ	怎么样
넓다	wide/spacious	広い	宽敞
조용하다	quiet	静かだ	安静

주제 어휘

EN Thematic Vocabulary JP テーマ語彙 CH 主题词汇

동사2, 형용사3 EN Action Verbs2, Descriptive Verbs3 JP 動詞2, 形容詞3 CH 动词2, 形容词3

	EN	JP	CH
하다	to do	する	做
숙제하다	to do one's homework	宿題をする	做作业
운동하다	to exercise	運動する	运动
음악을 듣다	to listen to music	音楽を聞く	听音乐
책을 읽다	to read a book	本を読む	看书
커피를 마시다	to drink coffee	コーヒーを飲む	喝咖啡
넓다	wide/spacious	広い	宽敞
맛있다	delicious/tasty	おいしい	好吃
복잡하다	crowded/complicated	複雑だ	复杂
시끄럽다	loud/noisy	うるさい	吵
시원하다	cool/refreshing	涼しい	凉快
싸다	cheap	安い	便宜

문법 1

EN Grammar JP 文法 CH 语法

에서

EN It is a particle that comes after a noun that shows the location where the action took place.

JP 場所をあらわす名詞の後に付いて、動作が起こった場所をあらわす助詞である。

CH 助词，用于表场所的名词后，表示动作进行的场所。

❶ My friend studies at the library. 友達が図書館で勉強をします。 朋友在图书馆学习。
❷ I listen to music at the dormitory. 私は寄宿舎で音楽を聞きます。 我在宿舍听音乐。
❸ The student eats (food) at the cafeteria. 学生が食堂でごはんを食べます。 学生在食堂吃饭。
❹ Michael, where do you drink coffee? マイケルさん、どこでコーヒーを飲みますか。 迈克，在哪儿喝咖啡？

문법 2

EN Grammar JP 文法 CH 语法

-고[1]

EN It is used after the stem of the action verb or descriptive verb when two or more actions, conditions or facts are mentioned one after another.

JP 動詞や形容詞の語幹の後に使って、2つ以上の動作や状態、事実を羅列するとき使用する。

CH 用于动词或形容词词干后，使用于罗列两个以上的动作、状态或事情。

❶ The classroom is big and clean. 教室が大きくてきれいです。 教室又大又干净。
❷ Misun is pretty and fun. ミソンさんはきれいで面白いです。 美善又漂亮又有意思。
❸ I am studying and my friend is exercising. 私は勉強して友達は運動をします。 我在学习，我朋友在运动。
❹ Youngsu is Korean and James is American. ヨンスさんは韓国人でジェームスさんはアメリカ人です。 英洙是韩国人，詹姆斯是美国人。

04 학교 앞에서 버스를 타십시오

Take the bus in front of school.

学校の前でバスに乗ってください。

在学校前面坐公交车吧。

EN

Rie	I want to go shopping.
Youngsu	Go to the department store.
Rie	How do I go there?
Youngsu	Take the bus in front of school.

JP

りえ	私はショッピングをしたいです。
ヨンス	デパートに行ってください。
りえ	どのように行きますか。
ヨンス	学校の前でバスに乗ってください。

CH

利惠	我想购物。
英洙	去百货商店吧。
利惠	怎么去?
英洙	在学校前面坐公交车吧。

새 어휘

EN New Vocabulary JP 新しい語彙 CH 生词

	EN	JP	CH
쇼핑	shopping	ショッピング	购物
백화점	department store	デパート	百货商店
어떻게	how	どのように	怎么
버스	bus	バス	公交车
타다	to ride/take(transportation)	乗る	坐

주제 어휘

EN Thematic Vocabulary JP テーマ語彙 CH 主题词汇

동사3, 학교 근처 시설물 EN Verbs3, Facilities Near School JP 動詞3, 学校付近の施設 CH 动词3, 学校附近设施

	EN	JP	CH
게임을 하다	to play a game	ゲームをする	玩游戏
노래를 부르다	to sing a song	歌を歌う	唱歌
산책을 하다	to take a walk	散歩をする	散步
영화를 보다	to watch a movie	映画を見る	看电影
자다	to sleep	寝る	睡觉
공원	park	公園	公园
시장	marketplace	市場	市场
영화관	movie theater	映画館	电影院
체육관	gymnasium	体育館	体育馆
커피숍	coffee shop	コーヒーショップ	咖啡厅

문법 1

EN Grammar JP 文法 CH 语法

-고 싶다

EN It is attached to the action verb stem in order to express a certain action that you desire or wish for.

JP 動詞の語幹の後に付いて、ある動作をすることを願ったり望むとき使う。

CH 用于动词词干后，表示希望做什么动作时使用。

❶ I want to listen to music. 私は音楽を聞きたいです。 我想听音乐。

❷ I want to take a walk. 私は散歩をしたいです。 我想散步。

❸ Rie, do you want to exercise? りえさん、運動をしたいですか。 利惠，你想运动吗?

❹ Michael, what do you want to eat? マイケルさん、何を食べたいですか。 迈克，你想吃什么?

문법 2

EN Grammar JP 文法 CH 语法

-으십시오/십시오

EN This final ending is an imperative form that follows an action verb stem in order to express a command to the listener to do something. If the action verb stem ends in a consonant, '-으십시오' is used and if it ends in a vowel, '-십시오' is used.

JP 動詞の語幹の後に付く格式体の命令形終結語尾である。動詞の語幹が子音で終われば'-으십시오'を使い、母音で終われば'-십시오'を使う。

CH 格式体命令型终结词尾，用于动词词干后。动词词干以辅音结尾用“-으십시오”，以元音结尾用“-십시오”。

❶ Read the textbook. 教科書を読んでください。 读教科书吧。

❷ Do your homework. 宿題をしてください。 做作业吧。

❸ Sing a song. 歌を歌ってください。 唱歌吧。

❹ Take the bus in front of school. 学校の前でバスに乗ってください。 在学校前面坐公交车吧。

친구와 가족

제3과

Chapter 3
Friends & Family

第 3 課　友達と家族

第 3 课　朋友和家人

01 친구가 무슨 음식을 좋아합니까?

What kind of food does your friend like?

友達が何の食べ物が好きですか。

朋友喜欢什么食物?

EN

Youngsu	Wien, what is your friend like?
Wien	He is very friendly.
Youngsu	What kind of food does your friend like?
Wien	My friend often eats bulgogi and bibimbap.

JP

ヨンス	ウィンさん、友達がどうですか。
ウィン	とても親切です。
ヨンス	友達が何の食べ物が好きですか。
ウィン	友達がプルコギとビビンバをよく食べます。

CH

英洙	云，你朋友怎么样?
云	很亲切。
英洙	你朋友喜欢什么食物?
云	我朋友经常吃烤肉和拌饭。

새 어휘

EN New Vocabulary JP 新しい語彙 CH 生词

	EN	JP	CH
아주	very	とても	很
친절하다	kind/friendly	親切だ	亲切
음식	food	食べ物	食物
좋아하다	to like	好きだ	喜欢
불고기	bulgogi	プルコギ	烤肉
비빔밥	bibimbap	ビビンバ	拌饭
자주	often	よく	经常

주제 어휘

EN Thematic Vocabulary JP テーマ語彙 CH 主题词汇

형용사4 EN Descriptive Verbs4 JP 形容詞4 CH 形容词4

	EN	JP	CH
귀엽다	cute	かわいい	可爱
멋있다	cool	かっこいい	帅
잘생겼다	handsome	(顔が)かっこいい	英俊
친절하다	kind/friendly	親切だ	亲切
머리가 길다	long-haired	髪が長い	头发长
머리가 짧다	short-haired	髪が短い	头发短
키가 크다	tall	背が高い	个高
키가 작다	short	背が低い	个矮

*길다: 부록3 'ㄹ동사' 참고 EN to be long: Refer to Appendix 3 'ㄹ verbs' JP 付録3'ㄹ動詞'参考 CH 参考附录3 "ㄹ 动词"

문법 1

EN Grammar JP 文法 CH 语法

무슨

EN It is used in front of a noun to ask a question on things you don't know or to ask what kind of thing it is.

JP 名詞の前に付いて、何であるのかわからないことや対象、物の種類を尋ねるとき使われる。

CH 用于名词前，用来询问不知道的事情、对象或东西的种类。

❶ What kind of sports do you like? 何の運動が好きですか。 喜欢什么运动？

❷ What kind of music do you listen to? 何の音楽を聞きますか。 听什么音乐？

❸ What kind of food do you want to eat? 何の食べ物を食べたいですか。 想吃什么食物？

❹ What kind of book do you want to read? 何の本を読みたいですか。 想看什么书？

문법 2

EN Grammar JP 文法 CH 语法

하고

EN '하고' is a particle that is placed after the noun in order to list two or more nouns. It is used in the form '하고 같이' in order to express the meaning 'to accompany, together with'.

JP 名詞の後に付いて、2つ以上の名詞を羅列するとき使う助詞である。'하고같이'の形態で同伴の意味をあらわす場合もある。

CH 助词，用于名词后，用来罗列两个以上的名词。也以"하고 같이"的形式表示伴随之义。

❶ There is a desk and a chalkboard. 机と黒板があります。 有桌子和黑板。

❷ There are many Chinese students and Japanese students.
中国の学生と日本の学生が多いです。 中国学生和日本学生很多。

❸ I want to eat bulgogi and bibimbap. 私はプルコギとビビンバを食べたいです。 我想吃烤牛肉和拌饭。

❹ Misun goes shopping together with Rie. ミソンさんはりえさんと一緒にショッピングをします。 美善和利惠一起逛街。

02 관광학을 전공하고 싶어합니다

He wants to major in Tourism.

観光学を専攻したがっています。

想读旅游学。

EN

Youngsu	Which country is your friend from?
Wien	He is from Germany. My friend learns Korean, too.
Youngsu	What does your friend want to major in?
Wien	My friend likes to travel. He wants to major in Tourism.

JP

ヨンス	友達がどこの国から来ましたか。
ウィン	ドイツから来ました。友達も韓国語を学びます。
ヨンス	友達は何を専攻したがっていますか。
ウィン	友達が旅行が好きです。観光学を専攻したがっています。

CH

英洙	你朋友来自哪个国家?
云	他来自德国。他也在学习韩国语。
英洙	你朋友想读什么专业?
云	他喜欢旅行。他想读旅游学。

새 어휘

EN New Vocabulary JP 新しい語彙 CH 生词

	EN	JP	CH
어느	which	どの	哪
나라	country	国	国家
독일	Germany	ドイツ	德国
한국어	Korean (language)	韓国語	韩国语
배우다	to learn	学ぶ	学习
전공하다	to major in	専攻する	（攻）读
여행	travel	旅行	旅行
관광학	tourism (major)	観光学	旅游学

주제 어휘

EN Thematic Vocabulary JP テーマ語彙 CH 主题词汇

전공 EN Majors JP 専攻 CH 专业

	EN	JP	CH
경영학	Business	経営学	经营学
경제학	Economics	経済学	经济学
국어국문학	Korean Language & Literature	国語国文学	国语国文学
국제학	International Studies	国際学	国际学
언론정보영상학	Journalism & Media	言論情報映像学	媒体信息影像学
컴퓨터공학	Computer Engineering	コンピューター工学	计算机工程学
의학	Medicine	医学	医学
관광학	Tourism	観光学	旅游学

문법 1

EN Grammar JP 文法 CH 语法

에서 왔다

EN This is used to specify where something or someone is from and is used together with a noun that denotes a location.

JP 場所名詞に付いて、'出身地'をあらわす。

CH 用于处所名词后，表示"出身地"。

❶ I am from Japan. 私は日本から来ました (私は日本出身です)。 我来自日本。

❷ Minchul is from Busan. ミンチョルさんはプサンから来ました(ミンチョルさんはプサン出身です)。 民哲来自釜山。

❸ Where is Michael from?
りえさん、マイケルさんはどこから来ましたか(マイケルさんはどこの出身ですか)。 迈克来自哪儿?

❹ Which country is Wien from?
ウィンさんはどこの国から来ましたか (ウィンさんはどこの国の出身ですか)。 云来自哪儿?

문법 2

EN Grammar JP 文法 CH 语法

-고 싶어 하다

EN This is used when the subject is a third person. It is attached to the action verb stem in order to express a certain action that a third person desires or wishes for.

JP 主語が3人称であるとき動詞の語幹の後に付いて、ある動作をすることを願ったり望むとき使う。

CH 主语为第3人称时，用于动词词干后，用来表示希望做什么动作。

❶ My friend wants to sleep. 友達が寝たがっています。 我朋友想睡觉。

❷ Wien wants to go to Australia. ウィンさんがオーストラリアに行きたがっています。 云想去澳大利亚。

❸ The student wants to read a book. 学生が本を読みたがっています。 学生想读书。

❹ James wants to eat bulgogi. ジェームスさんがプルコギを食べたがっています。 詹姆斯想吃烤肉。

03 형이 운동을 잘하십니까?

Is your brother good at sports?

お兄さんが運動がよくできますか。

哥哥擅长运动吗？

EN

Youngsu	Wien, is your brother good at sports?
Wien	Yes, my brother is a basketball player.
Youngsu	Do you like sports, too?
Wien	No. I do not like sports.

JP

ヨンス	ウィンさん、お兄さんが運動がよくできますか。
ウィン	はい、私の兄がバスケットボール選手です。
ヨンス	ウィンさんも運動が好きですか。
ウィン	いいえ、私は好きではありません。

CH

英洙	云，你哥哥擅长运动吗？
云	是的，我哥哥是篮球运动员。
英洙	你也喜欢运动吗？
云	不，我不喜欢。

새 어휘

EN New Vocabulary JP 新しい語彙 CH 生词

	EN	JP	CH
형	older brother	兄	哥哥
잘하다	to be good at	上手だ	擅长
우리	our/us	私たち	我们
농구	basketball	バスケットボール	篮球
선수	athlete (player)	選手	选手/运动员

주제 어휘

EN Thematic Vocabulary JP テーマ語彙 CH 主题词汇

가족 명칭 · 존대 어휘 EN Family Titles · Honorific Words JP 家族名称, 尊敬の語彙 CH 家人称呼 · 敬语词汇

	EN	JP	CH
가족	family	家族	家人
할아버지	grandfather	おじいさん	爷爷
할머니	grandmother	おばあさん	奶奶
아버지	father	父	爸爸
어머니	mother	母	妈妈
언니	older sister (for a female)	(妹から見て)姉	姐姐
오빠	older brother (for a female)	(妹から見て)兄	哥哥
누나	older sister (for a male)	(弟から見て)姉	姐姐
형	older brother (for a male)	(弟から見て)兄	哥哥
동생	younger brother/sister	弟(妹)	弟弟 / 妹妹
계시다	to be	いらっしゃる	的敬语-有 / 在
잡수시다	to eat	召し上がる	的敬语-吃
드시다	to eat	召し上がる	的敬语-吃 / 喝
주무시다	to sleep	お休みになる	的敬语-睡（觉）
말씀하시다	to say	おっしゃる	的敬语-说

*가족 명칭: 부록4 '가계도' 참고
EN Family Titles: Refer to Appendix 4 'Family Tree' JP 付録4 '家系図' 参考 CH 参考附录4 "家庭成员关系图"

문법 1

EN Grammar JP 文法 CH 语法

–으시/시–

EN This is attached to the stem of the action verb or descriptive verb in order to convert it into an honorific form. At this time, '께서' is usually attached as a subject marker to the noun. If the stem of the action verb or descriptive verb ends in a consonant, '–으시–' is used and if the stem ends in a vowel, '–시–' is used.

JP 動詞や形容詞の語幹の後に付いて、文章の主語を高める意味をあらわす。このとき主格助詞は普通'께서'を付ける。語幹が子音で終われば'-으시-'を、語幹が母音で終われば'-시-'を使用する。

CH 用于动词或形容词词干后，表示对句子主语的尊敬。这时，主格助词一般加"께서"。词干以辅音结尾用"-으시-"，词干以元音结尾用"-으시-"。

❶ My mother goes to the department store. 母がデパートに行きます。 妈妈去百货商店。

❷ The professor reads a book. 教授が本を読まれます。 教授在看书。

❸ Mr. Kim is tall. キム先生が背が高いです。 金老师个高。

❹ My father is a company employee. 私の父が会社員です。 我爸爸是公司职员。

(tip)		EN	JP		CH
있다	→ 계시다	"to be"	いる	→ いらっしゃる	有 / 在
자다	→ 주무시다	"to sleep"	寝る	→ お休みになる	睡（觉）
먹다	→ 잡수시다, 드시다	"to eat"	食べる	→ 召し上がる	吃
마시다	→ 드시다	"to drink"	飲む	→ 召し上がる	喝
말하다	→ 말씀하시다	"to say"	言う	→ おっしゃる	说

문법 2

EN Grammar JP 文法 CH 语法

–지 않다

EN It is attached to the action verb or descriptive verb stem in order to negate the actions or state of the object. It is not used to issue a command or make a suggestion.

JP 動詞や形容詞の語幹の後に付いて、主語の行為や状態を否定するとき使う。命令形や勧誘形には使わない。

CH 用于动词或形容词词干后，用来否定主语的行为或状态。命令式和共动式中不可使用。

❶ I am not tall. 私は背が高くありません。 我个子不高。

❷ There aren't many Indian students. インドの学生が多くありません。 印度学生不多。

❸ My younger sibling does not drink coffee. 私の弟(妹)はコーヒーを飲みません。 我弟弟不喝咖啡。

❹ I do not want to read a book. 私は本を読みたくありません。 我不想看书。

04 바빠서 이메일을 자주 보내지 않습니다

I do not send E-mails because I am busy.

忙しくてメールをよく送りません。

因为忙所以不经常发电子邮件。

EN

Youngsu	Do you call your family often?
Wien	No. I sometimes send an e-mail.
Youngsu	Why don't you send e-mails often?
Wien	I do not send e-mails often because I am busy.

JP

ヨンス	家族によく電話しますか。
ウィン	いいえ、時々メールを送ります。
ヨンス	なぜメールをよく送りませんか。
ウィン	忙しくてメールをよく送りません。

CH

英洙	你经常给家人打电话吗?
云	不，偶尔发电子邮件。
英洙	为什么不经常发电子邮件?
云	因为忙所以不经常发电子邮件。

새 어휘

EN New Vocabulary JP 新しい語彙 CH 生词

	EN	JP	CH
전화하다	EN to call	JP 電話する	CH 打电话
가끔	EN sometimes/occasionally	JP 時々	CH 偶尔
이메일	EN e-mail	JP メール	CH 电子邮件
보내다	EN to send	JP 送る	CH 发送 / 发
왜	EN why	JP なぜ	CH 为什么
바쁘다	EN busy	JP 忙しい	CH 忙

주제 어휘

EN Thematic Vocabulary JP テーマ語彙 CH 主题词汇

수사 · 단위명사1 EN Numerals · Unit Nouns1 JP 数詞, 単位名詞1 CH 数词 · 单位名词1

	EN	JP	CH
하나 1	EN one	JP 一	CH 一
둘 2	EN two	JP 二	CH 二
셋 3	EN three	JP 三	CH 三
넷 4	EN four	JP 四	CH 四
다섯 5	EN five	JP 五	CH 五
열 10	EN ten	JP 十	CH 十
명	EN counting unit for people	JP 名	CH 人 / 名
개	EN counting unit for objects	JP 個	CH 个
권	EN counting unit for books	JP 冊	CH 本

* 수사: 부록 1 '숫자' 참고 EN Numerals: Refer to Appendix 1 'Numbers' JP 付録1'数字'参考 CH 参考附录1 "数字"

* 단위명사: 부록 2 '단위 명사' 참고 EN Unit Nouns: Refer to Appendix 2 'Unit Nouns' JP 付録2'単位名詞'参考 CH 参考附录2 "单位名词"

문법 1

EN Grammar JP 文法 CH 语法

한테, 에게

EN This particle is attached to a noun for people or animals to show that the noun is the object of the action. It is often used with the verbs '주다'(to give), '보내다'(to send), '가르치다'(to teach), '빌려주다'(to lend). In spoken form, it can be used interchangeably with '한테'(colloquial) and when a person of higher standing is the object of the action, '께' is used.

JP 人や動物をあらわす名詞の後に付いて、前にある名詞が動作の対象であることをあらわす助詞である。主に'주다, 보내다, 가르치다, 빌려주다'のような動詞とともに使う。話すときは'한테'とかえて使うことができ、目上の人が動作の対象であるときは'께'を使用する。

CH 助词，用于表人或动物的名词后，表示前面的名词是动作的对象。主要与"주다, 보내다, 가르치다, 빌려주다"等动词连用。口语中可与"한테"互换使用，当动作的对象为地位较高的人时使用敬语"께"。

❶ My older brother is talking to me. 兄が私に話します。 哥哥对我说。

❷ Wei is giving Rie a call. ウェイさんがりえさんに電話します。 伟给利惠打电话。

❸ I send an e-mail to Wien. 私はウィンさんにメールを送ります。 我给云发电子邮件。

❹ The student greets the teacher. 学生が先生にあいさつをします。 学生跟老师打招呼。

문법 2

EN Grammar JP 文法 CH 语法

–어서/아서/여서 [1]

EN It is attached to the stem of the action verb or descriptive verb to denote that the content before it is a cause or reason of the action behind it. If the stem of the action verb or descriptive verb ends with the vowels 'ㅏ, ㅗ', '–아서' is used and in all other cases, '–어서' is used. '–여서' is used with '하다'(to do) but it is usually used as the contraction '해서', The tense is not used in front of '–어서/아서/여서', '–어서/아서/여서' cannot be used in a command or a suggestion.

JP 動詞や形容詞の語幹に付いて、前の内容が後の内容についての原因や理由をあらわす。動詞や形容詞の語幹の末尾の音節に'ㅏ,ㅗ'があれば'-아서'を使い、それ以外の場合は'-어서'を使う。'하다'には'-여서'を使うが、主に略して'해서'で使う。'-어서/아서/여서'の前には時制を使用しない。'-어서/아서/여서'の後行節には命令形と勧誘形の終結語尾を使用しない。

CH 用于动词或形容词词干后，表示前面内容是后面内容的原因或理由。动词或形容词词干的结尾音节为"ㅏ，ㅗ"的用"-아서"，其他元音结尾的用"어서"。以"하다"结尾的用"-여서"，一般缩写为"해서"。"-어서/아서/여서"前面不使用时态。"어서/아서/여서"的后句不使用命令式和共动式终结词尾。

❶ I listen to music often because I like music. 私は音楽が好きでよく聞きます。 我喜欢音乐所以经常听。

❷ I go to the gymnasium because I want to exercise.
私は運動をしたくて体育館に行きます。 我想运动所以去体育馆。

❸ There are many people so it is noisy. 人が多くてうるさいです。 人多所以很吵。

❹ Wien sings well because he is a singer. ウィンさんは歌手なので歌がうまいです。 云是歌手所以唱歌唱得好。

제4과

일상생활

Chapter 4 Daily Life

第 4 課 日常生活

第 4 课 日常生活

01 몇 시에 일어납니까?

What time do you wake up?

何時に起きますか。

几点起床?

EN

Youngsu	Michael, what time do you wake up?
Michael	I wake up around 7:30AM.
Youngsu	From what time to what time do you learn Korean?
Michael	I learn Korean from 9AM to 4PM.

JP

ヨンス	マイケルさん、何時に起きますか。
マイケル	7時30分くらいに起きます。
ヨンス	何時から何時まで韓国語を学びますか。
マイケル	午前9時から午後4時まで韓国語を学びます。

CH

英洙	迈克，你几点起床?
迈克	7点30分左右起床。
英洙	从几点到几点学习韩国语?
迈克	从上午9点到下午4点学习韩国语。

새 어휘

EN New Vocabulary JP 新しい語彙 CH 生词

몇	EN What (how many)	JP いくつ	CH 几
시	EN time	JP -時	CH 点
일어나다	EN to wake up	JP 起きる	CH 起床
분	EN minutes	JP -分	CH 分钟
쯤	EN about (approximately)	JP -くらい	CH 左右
오전	EN AM	JP 午前	CH 上午
오후	EN PM	JP 午後	CH 下午

주제 어휘

EN Thematic Vocabulary JP テーマ語彙 CH 主题词汇

시간1 EN Time JP 時間1 CH 时间

언제	EN When	JP いつ	CH 什么时候
아침	EN morning	JP 朝	CH 早上
점심	EN lunch time	JP お昼	CH 中午
저녁	EN evening	JP 夕方	CH 晚上
시간	EN time	JP 時間	CH 时间
날마다	EN every day	JP 毎日	CH 每天
월	EN month	JP -月	CH 月
며칠	EN what day(of the month)	JP 何日	CH 几天
일	EN day	JP -日	CH 号/日

문법 1

EN Grammar JP 文法 CH 语法

에 [2]

EN '에' is attached to a noun that denotes time and is a particle that signifies when an action or situation thatks place. Howerer, it is not used together with nouns such as '어제'(yesterday), '오늘'(today), '내일'(tomorrow), '모레'(the day after tomorrow), and '그저께'(the day before yesterday).

JP 時間をあらわす名詞に付いて、動作や状況が起こるときをあらわす助詞である。しかし'어제(昨日), 오늘(今日). 내일(明日), 모레(あさって), 그저께(おととい)'のような名詞には使わない。

CH 助词，用于表时间的名词后，表示动作或情况发生的时间。但是"어제，오늘，내일，모레，그저께"一类的名词不能使用。

❶ I wake up at 7AM. 私は朝7時に起きます。 我早上7点起床。

❷ What time do you go to school? 何時に学校に行きますか。 几点去学校？

❸ My friend listens to music in the evening. 友達が夕方に音楽を聞きます。 我朋友晚上听音乐。

❹ Michael is going to America in June. マイケルが6月にアメリカに行きます。 迈克6月去美国。

문법 2

EN Grammar JP 文法 CH 语法

부터 ~ 까지

EN It is attached to a time-related noun in order to state the beginning and end of something.

JP 時間名詞に付いて、時間の始まりと終わりを示す。

CH 用于时间名词后，表示时间的起点和终点。

❶ I exercise from 7AM to 8AM. 私は朝7時から8時まで運動をします。 我从7点到8点运动。

❷ Rie learns Korean from 9AM to 1PM.
りえさんは午前9時から午後1時まで韓国語を学びます。 利惠从上午9点到下午1点学习韩国语。

❸ From what time to what time do you study? 何時から何時まで勉強しますか。 从几点到几点学习？

❹ I am in Korea from March to August. 私は3月から8月まで韓国にいます。 我从3月到8月在韩国。

02 저는 숙제를 하고 운동을 합니다

I do my homework and then I exercise.
私は宿題をしてから運動をします。
做完作业后运动。

EN

Misun	Rie, what do you usually do on Friday afternoons?
Rie	I do my homework and then I exercise.
Misun	Are you going to exercise this Friday?
Rie	No, I have an appointment, so I am going to go to Myungdong.

JP

ミソン	りえさん、金曜日の午後に普段何をしますか。
りえ	私は宿題をしてから運動をします。
ミソン	今週の金曜日にも運動をしますか。
りえ	いいえ、約束があってミョンドンに行くつもりです。

CH

美善	利惠，星期五下午一般做什么?
利惠	我做完作业后运动。
美善	这个星期五你也运动吗?
利惠	不，我有约会所以要去明洞。

새 어휘

EN New Vocabulary JP 新しい語彙 CH 生词

	EN	JP	CH
금요일	Friday	金曜日	星期五
보통	usually	ふつう	一般
이번	this (coming)	今度	这次
약속	appointment / plan	約束	约会
명동	Myungdong	ミョンドン	明洞

주제 어휘

EN Thematic Vocabulary JP テーマ語彙 CH 主题词汇

요일, 일과 EN Days of the Week, Daily Tasks JP 曜日, 日課 CH 星期, 日程

	EN	JP	CH
월요일	Monday	月曜日	星期一
화요일	Tuesday	火曜日	星期二
수요일	Wednesday	水曜日	星期三
목요일	Thursday	水曜日	星期四
금요일	company employee	金曜日	星期五
토요일	Friday	土曜日	星期六
일요일	Saturday	日曜日	星期日
뉴스를 보다	to watch the news	ニュースを見る	看新闻
빨래를 하다	to do laundry	洗濯をする	洗衣服
세수를 하다	to wash your face	顔を洗う	洗脸
이를 닦다	to brush your teeth	歯を磨く	刷牙

문법 1

EN Grammar JP 文法 CH 语法

-고 2

EN It is attached to the action verb stem in order to signify that the action in the first clause is performed and then another action takes place.

JP 動詞の語幹の後に使い、先行する行為に続いて他の行為が継続することをあらわす。

CH 用于动词的词干后，表示一个动作结束以后接着进行第2个动作

❶ Rie reads a book and then goes to sleep. りえさんは本を読んでから寝ます。 利惠看完书以后睡觉。

❷ I wash my face in the morning and then brush my teeth.
私は朝、顔を洗ってから歯を磨きます。 我早上洗完脸以后刷牙。

❸ Michael eats breakfast and then goes to the park.
マイケルさんは朝ご飯を食べてから公園に行きます。 迈克吃完早饭以后去公园。

❹ Wei, do your homework and then watch television.
ウェイさん、宿題をしてからテレビを見てください。 伟，你做完作业后再看电视吧。

문법 2

EN Grammar JP 文法 CH 语法

-을/ㄹ 거예요 1

EN This is attached to the action verb stem and is used to show the plans or will of the speaker or to ask the listener his/her will. If the action verb stem ends in a consonant, '-을 거예요' is used and if it ends in a vowel, '-ㄹ 거예요' is used.

JP 動詞の語幹の後に使い、話す人の計画、意志をあらわしたり、相手の意志を尋ねるとき使用する。語幹が子音で終われば'-을 거예요'を使い、語幹が母音で終われば'-ㄹ 거예요'を使う。

CH 用于动词的词干后，用来表示说话人的计划、意志或者询问对方的意志。词干以辅音结尾用"-을 거예요"，词干以元音结尾用"-ㄹ 거예요"。

❶ I am going to read a book at the library in the afternoon.
私は午後に図書館で本を読むつもりです。 我下午要在图书馆看书。

❷ I am going to watch a movie this Saturday.
私は今週の土曜日に映画を見るつもりです。 我这个星期六要看电影。

❸ Wei, what are you going to eat for dinner?
ウェイさん、夕方に何を食べるつもりですか。 伟，晚上要吃什么？

❹ James, are you going to the gymnasium this Friday?
ジェームスさん、今週の金曜日に体育館に行くつもりですか。 詹姆斯，这个星期六你要去体育馆吗？

03 운동장에 가서 축구를 했습니다

I went to the sports field and played soccer.

運動場に行ってサッカーをしました。

去操场踢足球了。

EN

Youngsu	Wei, what did you do last weekend?
Wei	I cleaned my room.
Youngsu	What did you do after cleaning?
Wei	I went to the sports field and played soccer.

JP

ヨンス	ウェイさん、先週末に何をしましたか。
ウェイ	私は掃除をしました。
ヨンス	掃除をしてから何をしましたか。
ウェイ	運動場に行ってサッカーををしました。

CH

英洙	伟，上个周末你做什么了？
伟	我打扫卫生了。
英洙	打扫以后做什么了？
伟	去操场踢足球了。

새 어휘

EN New Vocabulary JP 新しい語彙 CH 生词

지난	EN last	JP 前の-	CH 上个
주말	EN weekend	JP 週末	CH 周末
청소	EN clean	JP 掃除	CH 打扫
운동장	EN sports field	JP 運動場	CH 操场
축구	EN soccer	JP サッカー	CH 足球

주제 어휘

EN Thematic Vocabulary JP テーマ語彙 CH 主题词汇

주말활동, 휴일 EN Weekend Activities, Holidays JP 週末の活動, 休日 CH 周末活动, 假日

야구를 하다	EN to play baseball	JP 野球をする	CH 打棒球
농구를 하다	EN to play basketball	JP バスケットボールをする	CH 打篮球
탁구를 치다	EN to play table tennis	JP 卓球をする	CH 打乒乓球
수영을 하다	EN to swim	JP 水泳をする	CH 游泳
소풍을 가다	EN to go on a picnic	JP ピクニックに行く	CH 郊游
아르바이트를 하다	EN to work part-time	JP アルバイトをする	CH 打工
일하다	EN to work	JP 仕事をする	CH 工作
쉬다	EN to rest	JP 休む	CH 休息
휴일	EN Holiday	JP 休日	CH 假日
연휴	EN long weekend / consecutive days off	JP 連休	CH 假期
휴가	EN vacation	JP 休暇	CH 休假

문법 1

EN Grammar JP 文法 CH 语法

-었/았/였-

EN '었' is attached to the stem of the action verb or descriptive verb in order to signify that a certain action or state has already taken place. If the vowel of the action verb or descriptive verb stem ends in '아' or '오', '았습니다' is used and if the stem ends in any other vowel, '었습니다' is used. If it ends in '하다', '-였습니다' is used. '-하였습니다' is often used for '-했습니다'

JP 動詞や形容詞の語幹の後に付いて、ある動作や状態がすでに起こったことをあらわす。語幹の母音が'아'か'오'で終われば'-았습니다'を、語幹の母音が他の母音で終われば'-었습니다'を、'하다'で終われば'-였습니다'を使用する。'-하였습니다'はふつう'-했습니다'で使用する。

CH 用于动词或形容词词干后，表示某种动作或情况已经发生。词干的元音以"아"或"오"结尾的用"-았습니다"，词干的元音以其他元音结尾的用"-었습니다"，词干以"하다"结尾的用"-였습니다"。"-하였습니다"一般用的是"-했습니다"。

❶ Michael went to the park in the afternoon.　マイケルさんは午後に公園に行きました。,　迈克下午去公园了。

❷ Rie ate food and drank coffee at the restaurant
りえさんは食堂でごはんを食べてコーヒーを飲みました。　利惠在食堂吃完饭以后喝咖啡了。

❸ I did not clean during the weekend.　私は週末に掃除をしませんでした。　我周末没打扫卫生。

❹ The bibimbap was tasty.　ビビンバがおいしかったです。　拌饭挺好吃的。

문법 2

EN Grammar JP 文法 CH 语法

-어서/아서/여서 2

EN '-어서' is attached to the action verb stem and connects two actions in the consecutive order of when they occurred. If the vowel of the verb stem ends with '아' or '오', '-아서' is used and if the verb stem ends in any other vowel, '-어서' is used. If the verb stem ends in '하다', '-여서' is used. '-여서' is often used colloquially as '-해서'. Tenses are not used in front of '-어서/아서/여서', and the subject in the first clause and the second clause must be the same.

JP 動詞の語幹の後に付いて、2つの動作が時間の順序にしたがって羅列されることをあらわす。語幹の母音が'아'か'오'で終われば'-아서'を、語幹の母音が他の母音で終われば'-었습니다'を、'하다'で終われば'-어서'を使用する。'-여서'はふつう'-해서'で使用する。'-어서/아서/여서'の前には時制を使用せず、先行節の主語と後行節の主語が同一でなければならない。

CH 用于动词的词干后，表示两个动作按照时间的顺序排列。词干的元音以"아"、"오"结尾的用"-아서"，词干的元音以其他元音结尾的用"-어서"，词干以"하다"结尾的用"-여서"。"-여서"一般用的是"-해서"。"-어서/아서/여서"前面不使用时态，同时前一句和后一句的主语应相同。

❶ I go to the library every day and study. 私は毎日図書館に行って勉強をします。 我每天去图书馆学习。

❷ James came to Korea and is learning Korean.
ジェームスさんが韓国に来て韓国語を学びます。 詹姆斯来韩国学习韩国语。

❸ I went to Myungdong last weekend and went shopping.
私は先週末にミョンドンに行ってショッピングをしました。 我上个周末去明洞购物了。

❹ Rie wants to learn Korean and talk to Korean people.
りえさんが韓国語を学んで韓国人と話したがっています。 利惠想学习韩国语以后跟韩国人聊天。

04 토요일 11시에 기숙사 앞에서 만납시다

Let's meet in front of the dormitory at 11AM on Saturday.

土曜日11時に寄宿舎の前で会いましょう。

星期六11点在宿舍前面见吧。

EN

Rie	Shall we ride bicycles at the park next weekend?
Maria	Yes, let's look at the flowers and take pictures too.
Rie	Good. Then when shall we meet?
Maria	Let's meet in front of the dormitory at 11AM on Saturday.

JP

りえ	来週末に公園で自転車に乗りましょうか。
マリア	はい、花も見物して写真も撮りましょう。
りえ	いいです。ではいつ会いましょうか。
マリア	土曜日11時に寄宿舎の前で会いましょう。

CH

利惠	下个周末去公园骑自行车，好吗？
玛丽亚	好啊，去赏赏花、拍拍照吧。
利惠	好的。那什么时候见？
玛丽亚	星期六11点在宿舍前面见吧。

새 어휘

EN New Vocabulary JP 新しい語彙 CH 生词

새 어휘	EN	JP	CH
다음	next	次(の)	下个
자전거	bicycle	自転車	自行车
꽃	flower	花	花
구경하다	to look around/sightsee/watch	見物する,	赏
사진	picture	写真	照片
찍다	to take (a picture)	撮る	拍
그럼	then	それでは	那么
만나다	to meet	会う	见

주제 어휘

EN Thematic Vocabulary JP テーマ語彙 CH 主题词汇

취미, 후식 EN Hobbies, Desserts JP 趣味, デザート CH 爱好, 茶点

주제 어휘	EN	JP	CH
드라마를 보다	to watch a drama	ドラマを見る	看电视剧
사진을 찍다	to take a picture	写真を撮る	拍照
자전거를 타다	to ride a bicycle	自転車に乗る	骑自行车
등산을 하다	to go hiking	登山をする	爬山
우유	milk	牛乳	牛奶
주스	juice	ジュース	果汁
차	tea	茶	茶
케이크	cake	ケーキ	蛋糕
아이스크림	ice cream	アイスクリーム	冰淇淋

문법 1

EN Grammar JP 文法 CH 语法

-을까요?/ㄹ까요? [1]

EN This is attached to the action verb stem in order to make a proposition or ask the opinion of the listener on what to do together. If the action verb stem ends in a consonant, '-을까요?' is used and if it ends in a vowel, '-ㄹ까요?' is used.

JP 動詞の語幹の後に付いて、相手にあることを一緒にすることを提案したり、意見を聞くとき使用する終結語尾である。動詞の語幹が子音で終わるときは'-을까요?'を使い、動詞の語幹が母音で終わるときは'-ㄹ까요?'を使う

CH 终结词尾，用于动词的词干后，用来向对方建议共做某事或询问对方的意见。动词的词干以辅音结尾的用"-을까요?"，动词的词干以元音结尾的用"-ㄹ까요?"。

❶ Shall we read a book together? 一緒に本を読みましょうか。 我们一起读书好吗？

❷ Shall we eat lunch together? 昼食を一緒に食べましょうか。 一起吃午饭好吗？

❸ Shall we meet this Saturday? 今週の土曜日に会いましょうか。 这个星期六见一下好吗？

❹ Shall we go hiking this weekend? 週末に登山をしましょうか。 周末去爬山好吗？

문법 2

EN Grammar JP 文法 CH 语法

-읍시다/ㅂ시다

EN It is a final ending that is placed after the action verb stem in order to make a proposition about doing something with the listener. If the action verb stem ends in a consonant, '-읍시다' is used and if it ends in a vowel, '-ㅂ시다' is used.

JP 動詞の語幹の後に付いて、相手にある行為を一緒にすることを提案するとき使用する終結語尾である。動詞の語幹が子音で終われば'-읍니다'を使い、母音で終われば'-ㅂ시다'を使う。

CH 终结词尾，用于动词的词干后，用来向对方建议共做某一行为。动词的词干以辅音结尾的用"-읍니다"，以元音结尾的用"-ㅂ시다"。

❶ Let's eat dinner together. 一緒に夕食を食べましょう。 我们一起吃晚饭吧。

❷ Let's take a picture at the park. 公園で写真を撮りましょう。 在公园拍照吧。

❸ Let's study at the library. 図書館で勉強しましょう。 在图书馆学习吧。

❹ Let's watch a movie together on the weekend. 週末に一緒に映画を見ましょう。 周末一起看电影吧。

제 5 과

학교 시설

Chapter 5
School Facility

第 5 課 学校の施設

第 5 课 学校设施

01 선물을 사러 문구점에 가요

I am going to the stationery store to buy a gift.

プレゼントを買いに文具店に行きます。

去文具店买礼物。

EN

Wei	Rie, where are you going?
Rie	I am going to the stationery store to buy a gift.
Wei	You didn't buy a gift yesterday when you went downtown?
Rie	No, the school stationery store is cheap and good.

JP

ウェイ	りえさん、どこに行きますか。
りえ	プレゼントを買いに文具店に行きます。
ウェイ	昨日、市内でプレゼントを買いませんでしたか。
りえ	はい、学校の文具店が安くてよいです。

CH

伟	利惠，你去哪儿?
利惠	我去文具店买礼物。
伟	你昨天没在市里买礼物吗?
利惠	没有，学校文具店又便宜又好。

새 어휘

EN New Vocabulary JP 新しい語彙 CH 生词

	EN	JP	CH
선물	gift/present	プレゼント	礼物
사다	to buy	買う	买
문구점	stationery store	文具店	文具店
시내	downtown	市内	市里

주제 어휘

EN Thematic Vocabulary JP テーマ語彙 CH 主题词汇

서적류, 문구류/부사 EN Publications, Stationery Products / Adverbs JP 書籍類, 文具類/副詞 CH 书籍类, 文具类/副词

	EN	JP	CH
소설책	novel	小説	小说
잡지	magazine	雑誌	杂志
사전	dictionary	辞典	词典
종이	paper	紙	纸
지우개	eraser	消しゴム	橡皮擦
수첩	notebook	手帳	手册
마우스	mouse	マウス	鼠标
빨리	quickly	速く	快
일찍	early	早く	早
열심히	hard/diligently	一生懸命	努力
많이	a lot	たくさん	多

문법 1

EN Grammar JP 文法 CH 语法

-어요/아요/여요

EN '-어요' is an informal final ending that is attached to the stem of an action verb or descriptive verb. This form is used when showing respect for the other person and is widely used in regular conversation. It can be used in a declarative, interrogative, imperative or propositive sentence.
If the action verb or descriptive verb stem ends in 'ㅏ' or 'ㅗ', '-아요' is used and in all other cases, '-어요' is used. '여요' is attached to '하다' but this is more commonly spoken as '해요.' '-세요' is used with the prefinal ending '-시-' which is used to convert the action of the subject of the sentence into honorific form.

JP 動詞や形容詞の語幹に付く非格式体の終結語尾である。これは相手を尊重するとき使用する形態で日常会話で広く使われ、叙述形、疑問形、命令形、勧誘形としてすべて使用される。
動詞や形容詞の語幹の末尾の音節に'ㅏ,ㅗ'があれば'-아요'を使い、それ以外の場合は'-어요'を使う。'하다'には'-여요'を使うが、主に略して'해요'で使う。文章の主語の行為を高める先語末語尾'시-'とともに'-세요'で使う。

CH 非格式体终结词尾，用于动词或形容词的词干后。广泛用于日常对话中，用来表示尊重对方，可以用于叙述式、疑问式、命令式、共动式。
动词或形容词词干的结尾音节是'ㅏ、ㅗ'的用'-아요'，否则用'-어요'。'하다'则用'여요'，但一般缩写为'해요'。与对句子主语行为表示尊敬的补助词尾"-시-"结合时用"-세요"。

❶ My friend is short. 友達は背が低いです。 朋友个子很矮。
❷ I eat lunch at the school cafeteria. 私は学校の食堂で昼食を食べます。 我在学校食堂吃午饭。
❸ Where do you study every day? 毎日どこで勉強しますか。 你每天在哪儿学习?
❹ Misun, hurry up and come. ミソンさん、早く来てください。 美善，快来吧。

문법 2

EN Grammar JP 文法 CH 语法

-으러/러

EN '-으러' is attached to the action verb stem in order to signify the purpose of action. It is used together with verbs such as '가다(to go), 오다(to come), 다니다(to attend)'. If the action verb stem ends in a consonant, '-으러' is used and if it ends with a vowel, '-러' is used.

JP 動詞の語幹に付いて、移動する目的をあらわす。'가다(行く), 오다(来る), 다니다(通う)'など'가다, 오다'系統の動詞とともに使われる。語幹が子音で終われば'-으러'を、母音で終われば'-러'を使う。

CH 用于动词词干后，表示位移的目的。与"가다, 오다, 다니다"等"가다, 오다"类动词搭配使用。词干以辅音结尾的用"-으러"，以元音结尾的用"-러"。

❶ Misun is going to meet her friend. ミソンさんが友達に会いに行きます。 美善去见朋友。
❷ Rie, are you going to the restaurant to eat food? りえさん、ごはんを食べに食堂に行きますか。 利惠，你去食堂吃饭吗?
❸ I came to Korea to learn Korean. 私は韓国語を学びに韓国に来ました。 我来韩国是为了学习韩国语。
❹ Shall we go to watch a movie? 映画を見に行きましょうか。 去看电影，好吗?

02 학교 티셔츠가 한 장에 얼마입니까?

How much is a school T-shirt?

学校Tシャツが1枚でいくらですか。

学校T恤一件多少钱?

EN

Misun	How much is a school t-shirt?
Store owner	It is 7,000 won per shirt.
Misun	Please give me 100 shirts. Please wrap and deliver them to me.

JP

ミソン	学校Tシャツが1枚でいくらですか。
店主	1枚で7千ウォンです。
ミソン	100枚ください。包装して配達して下さい。

CH

美善	学校T恤一件多少钱?
老板	一件七千韩元。
美善	给我100件吧。包装后送过来吧。

새 어휘

EN New Vocabulary JP 新しい語彙 CH 生词

	EN	JP	CH
티셔츠	EN T-shirt	JP Tシャツ	CH T恤
장	EN counting unit for shirts, paper, etc.; comparable to 'sheet'	JP 枚	CH 件
얼마	EN how much	JP いくら	CH 多少钱
주다	EN to give	JP くれる/あげる,	CH 给
포장하다	EN to wrap (to package)	JP 包装する,	CH 包装
배달하다	EN to deliver	JP 配達する	CH 送（货）

* 값에 대한 숫자 단위 표현 : 부록1 숫자 '수2' 참고 EN refer to Appendix 1 Numbers 'Numbers 2' JP 付録1 数字 '数 2 '参考 CH 附录 1 数字 "数 2 "

주제 어휘

EN Thematic Vocabulary JP テーマ語彙 CH 主题词汇

단위명사2, 쇼핑 EN Unit Nouns2, Shopping JP 曜日, 日課 CH 单位名词2, 购物

	EN	JP	CH
잔	EN counting unit for cup	JP 杯	CH 杯
상자	EN box	JP 箱	CH 箱
송이	EN counting unit for flower	JP 束	CH 朵
인분	EN portions, servings	JP 人分	CH 人份
꽃가게	EN flower shop	JP 花屋	CH 花店
기념품점	EN souvenir shop	JP 記念品店	CH 纪念品店
모자	EN hat	JP 帽子	CH 帽子
값	EN price	JP 値段	CH 价格
계산하다	EN to calculate/to pay	JP 計算する	CH 计算

문법 1

EN Grammar JP 文法 CH 语法

에3

EN This particle is used to show the standard of a unit or calculation and is attached to a unit noun for countable objects.

JP ものごとを数える単位名詞と結合して単位や計算の基準をあらわす助詞である。

CH 助词，与计算事物的单位名词结合使用，表示单位或计算的基准。

❶ How much is one flower? 花は1束でいくらですか。 花一朵多少钱？

❷ How much is a cup of juice? ジュースは1杯でいくらですか。 果汁一杯多少钱？

❸ It is 3,000 won for two notebooks. ノート2冊で3千ウォンです。 笔记本两本三千韩元。

❹ It is 2,000 won for three erasers. 消しゴム3個で2千ウォンです。 橡皮擦 3 个两千韩元。

문법 2

EN Grammar JP 文法 CH 语法

-어/아/여 주다

EN It is attached to the action verb stem when an action is done for someone else. In order to show respect for the person who is the receiver of the action, the honorific form of '주다' which is '드리다' is used. If the action verb stem ends in '아' or '오', '-아 주다' is used and for all other verb stem endings, '-어 주다' is used. If the verb stem ends in '하다', '-여 주다' is used, '-하여 주다' is commonly replaced by '-해 주다'.

JP 動詞の語幹に付いて、他の人のためにある行動をするとき使う。行動を受ける人に尊敬を表せば'주다'を'드리다'で謙遜して使う。語幹の母音が'아'か'오'で終われば'-아 주다'を、語幹の母音が他の母音で終われば'-어 주다'を、'하다'で終われば'-여 주다'を使う。'-하여 주다'はふつう'-해 주다'で使う。

CH 用于动词的词干，在为他人做某一行为时使用。若需对接受行为的人表示尊敬，则把"주다"换成表谦虚的"드리다"。词干的元音以"아"或"오"结尾的用"-아 주다"，以其他元音结尾的用"-어 주다"，以"하다"结尾的用"-여 주다"。"-하여 주다"一般用"-해 주다"。

❶ Please give me a call on Monday. 月曜日に電話して下さい。 星期一打电话吧。

❷ Please send me an e-mail. メールを送って下さい。 发邮件吧。

❸ My older sister took a picture for me. 姉が写真を撮ってくれました。 姐姐给拍的照片。

❹ Do you want this wrapped? (Lit: Should I wrap this for you?)
これを包装して差し上げましょうか。 这需要给您包装吗？

03 저것이 비빔냉면이에요?

Is that Bibimnaengmyun?

あれがビビン冷麺ですか。

那是拌面吗？

EN

Rie	What shall we eat at the student cafeteria?
Youngsu	There are pictures in the menu, so let's look at it and then order.
Rie	Is that Bibimnaengmyun? How does it taste?
Youngsu	Bibimnaengmyun is a bit spicy.

JP

りえ	学生食堂で何を食べましょうか。
ヨンス	メニューに写真があるので見てから注文しましょう。
りえ	あれがビビン冷麺ですか。味がどうですか。
ヨンス	ビビン冷麺は少し辛いです。

CH

利惠	在学生食堂吃什么呢？
英洙	菜单上面有照片看完点吧。
利惠	那是拌面吗？味道怎么样？
英洙	拌面有点儿辣。

새 어휘

EN New Vocabulary JP 新しい語彙 CH 生词

	EN	JP	CH
매뉴	menu	メニュー	菜单
주문하다	to order	注文する	点
비빔냉면	bibimnaengmyung (spicy cold noodles)	ビビン冷麺	拌面
맛	taste	味	味道
좀	a bit	少し	有点儿
맵다	spicy	辛い	辣

주제 어휘

EN Thematic Vocabulary JP テーマ語彙 CH 主题词汇

음식 주문/형용사5 EN Ordering Food/Descriptive Verbs5 JP 食べ物の注文/形容詞5 CH 点菜/形容词5

	EN	JP	CH
된장찌개	doenjangjjigae (bean paste stew)	味噌チゲ	大酱汤
물냉면	moolnaengmyun (cold noodles in meat broth)	水冷麺	冷面
제육볶음	jaeyookbokeum (spicy marinated pork)	豚肉炒め	辣炒猪肉
시키다	to order	注文する	点（菜）
아프다	sick/hurt	痛い	不舒服
피곤하다	tired	疲れる	累
무겁다	heavy	重い	重
가볍다	light	軽い	轻
튼튼하다	strong/healthy	丈夫だ	结实

문법 1

EN Grammar JP 文法 CH 语法

-으니까/니까

EN It is attached to the stem of the action verb or descriptive verb in order to show that the former clause is the reason for or grounds for the judgment expressed in the second clause of the sentence. If the action verb or descriptive verb stem ends in a consonant, '-으니까' is used and if it ends in a vowel, '-니까' is used.

JP 動詞や形容詞の語幹に付いて、前の内容が後の内容についての理由や判断の根拠であることをあらわす。語幹が子音で終わる動詞や形容詞の後には'-으니까'を、語幹が母音で終わる動詞や形容詞の後には'-니까'を使う。

CH 用于动词或形容词词干后，表示前一句内容是后一句内容的理由或判断依据。词干以辅音结尾的动词或形容词后用“-으니까”，词干以元音结尾的动词或形容词后用“-니까”。

❶ Let's meet in the evening because I am busy during the day. 昼は忙しいので夕方に会いましょう。 白天忙，晚上见吧。
❷ Shall we buy it since it is cheap? 値段が安いので買いましょうか。 价格很便宜，买吗?
❸ Get some rest since you are tired. 疲れているので休んでください。 累了，休息吧。
❹ It is fun because we are looking around the marketplace. 市場を見物するので面白いです。 逛市场很有意思。

문법 2

EN Grammar JP 文法 CH 语法

이에요/예요, 이/가 아니에요

EN These are the informal counterparts of the formal expressions '입니다, -이/가 아닙니다.' They are used in order to express respect for the other person in regular conversation. If the noun ends in a consonant, '이에요' is used and if it ends in a vowel, '예요' is used. The negation of these expressions is '이/가 아니에요'

JP 格式体'입니다, -이/가 아닙니다'の非格式体である。日常会話で相手を尊重して話すとき使う。子音で終わる名詞の後では'이에요'を、母音で終わる名詞の後では'예요'を使い、否定形は'이/가 아니에요'を使う。

CH 格式体“입니다, -이/가 아닙니다”的非格式体。在日常对话中用来尊敬对方。以辅音结尾的名词后用“이에요”，以元音结尾的名词后用“예요”，否定式用“이/가 아니에요”。

❶ Yamada is a company employee. 山田さんは会社員です。 山田是公司职员。
❷ What kind of book is this? これは何の本ですか。 这是什么书?
❸ Who is James? ジェームスさんが誰ですか。 詹姆斯是谁?
❹ I am not Chinese. 私は中国人ではありません。 我不是中国人。

04 저기 큰 건물 206호예요

It is Room 206 in that large building.

あそこの大きい建物の206号です。

在那边大楼的206号。

EN

Michael	Where is the classroom where you study, Misun?
Misun	It is Room 206 in that large building.
Michael	Do you eat lunch at the cafeteria on the first floor?
Misun	Yes, shall we go to eat lunch right now?

JP

マイケル	ミソンさんが勉強する教室がどこにありますか。
ミソン	あそこの大きい建物の206号です。
マイケル	昼食は1階にある食堂で食べますか。
ミソン	はい、今昼食を食べに行きましょうか。

CH

迈克	你学习的教室在哪儿?
美善	在那边大楼的206号。
迈克	午饭在一楼的食堂吃吗?
美善	是的，现在去吃午饭吗?

새 어휘

EN New Vocabulary JP 新しい語彙 CH 生词

	EN	JP	CH
저기	there	あそこ	那边
건물	building	建物	楼/建筑
호	room number	一号	号
층	floor	一階	层 / 楼
지금	now	今	现在

주제 어휘

EN Thematic Vocabulary JP テーマ語彙 CH 主题词汇

학교 건물과 시설, 동사4 EN School Buildings & Facilities, Verb4 JP 学校の建物と施設, 動詞4 CH 学校建筑和设施, 动词4

	EN	JP	CH
사무실	office	事務室	办公室
자료실	resource center	資料室	资料室
컴퓨터실	computer lab	コンピューター室	微机房
멀티미디어룸	multi-media room	マルチメディアルーム	多媒体室
엘리베이터	elevator	エレベータ	电梯
살다	to live	住む	住
찾다	to look for/find	探す	找
닫다	to close	閉める	关
열다	to open	開ける	开
기다리다	to wait	待つ	等

문법 1

EN Grammar JP 文法 CH 语法

-은/ㄴ

EN It is a modifier that is used to describe the noun and is attached to the descriptive verb stem. If the descriptive verb ends in a consonant, '은' is used and if it ends in a vowel, 'ㄴ' is used.

JP 形容詞の語幹に付いて、名詞を修飾する冠形形語尾である。子音で終わる形容詞の後には'은'、母音で終わる形容詞の後には'ㄴ'を使う。

CH 冠形型词尾，用于形容词词干后，用来修饰名词。以辅音结尾的形容词后用"은"，以元音结尾的形容词后用"ㄴ"。

❶ That short person is my older sister. 背が低い人が私の姉です。 个子矮的人是我姐姐。

❷ Misun is a friendly person. ミソンさんは親切な人です。 美善是一个很亲切的人。

❸ My friend bought inexpensive and pretty clothes at the department store.
友達がデパートで安くてかわいい服を買いました。 朋友在百货商店买了又便宜又漂亮的衣服。

❹ I ordered food that is not spicy. 辛くない食べ物を注文しました。 点了一个不辣的东西。

문법 2

EN Grammar JP 文法 CH 语法

-은/ㄴ, 는, 을/ㄹ

EN These are modifiers that are used to describe the noun and attached to the action verb stem. If the action has been completed, '-은/ㄴ' is used and if the action is in process or ongoing, '-는' is used. If the action will take place in the future, '-을/ㄹ' is used.

JP 動詞の語幹に付いて、名詞を修飾する冠形形語尾である。行為が完了した場合は'-은/ㄴ'を使い、行為が進行中であったり持続する場合は'-는'、未来に行為をするときは'-을/ㄹ'を使う。
재미있다(面白い), 재미없다(つまらない), 맛있다(おいしい), 맛없다(まずい)など '있다, 없다'系統の形容詞は名詞を修飾するとき'-는'を使う。

CH 冠形型词尾，用于动词词干后，用来修饰名词。当动作完成时用"-은/ㄴ"，动作进行中或持续时用"-는"，表达未来的动作时用"-을/ㄹ"。当"재미있다, 재미없다, 맛있다, 맛없다"等"있다, 없다"类形容词修饰名词时，用"-는"。

❶ I am Yamada from Japan. 私は日本から来た山田です(私は日本出身の山田です)。 我是来自日本的山田。

❷ The food that I often eat is bibimbap. 私がよく食べる食べ物はビビンバです。 我常吃的东西是拌饭。

❸ This is the gift that I will give to my younger brother.
これは弟(妹)にあげるプレゼントです。 这是给弟弟 / 妹妹的礼物。

❹ I want to eat tasty food. おいしい食べ物を食べたいです。 想吃好吃的东西。

학교 생활

제6과

Chapter 6
School Life

第 6 課 学校生活

第 6 课 学校生活

01 수업이 어렵지만 참 재미있어요

The class is difficult, but it is very fun.

授業が難しいけれども、とても面白いです。

课程难但是真的很有意思。

EN

Wei	Is the class fun?
Rie	Yes, the class is difficult, but it is very fun.
Wei	What is difficult?
Rie	Listening is the most difficult.

JP

ウェイ	授業が面白いですか。
りえ	はい、授業が難しいけれども、とても面白いです。
ウェイ	何が難しいですか。
りえ	リスニングが一番難しいです。

CH

伟	课程有意思吗?
利惠	是的，课程难但是真的很有意思。
伟	什么难?
利惠	听力最难。

새 어휘

EN New Vocabulary JP 新しい語彙 CH 生词

수업	EN class	JP 授業	CH 课程/上课
어렵다	EN difficult	JP 難しい	CH 难
참	EN very	JP 本当に	CH 真/真的
듣기	EN listening	JP リスニング	CH 听/听力
제일	EN most (-est)	JP 一番	CH 最

주제 어휘

EN Thematic Vocabulary JP テーマ語彙 CH 主题词汇

수업 EN Class JP 授業 CH 课程

듣기	EN listening	JP リスニング	CH 听
말하기	EN speaking	JP スピーキング	CH 说
쓰기	EN writing	JP ライティング	CH 写
읽기	EN reading	JP リーディング	CH 读
시간표	EN timetable	JP 時間割表	CH 时间表
시험	EN exam	JP 試験	CH 考试
점수	EN score/grade	JP 点数	CH 分数 / 成绩
가르치다	EN to teach	JP 教える	CH 教
배우다	EN to learn	JP 学ぶ	CH 学
쉽다	EN easy	JP 易しい	CH 容易
어렵다	EN difficult	JP 難しい	CH 难
수업을 듣다	EN to take the class	JP 授業を聞く(授業を受ける)	CH 听课

문법 1

EN Grammar JP 文法 CH 语法

–지만

EN '–지만' is placed after the action verb or descriptive verb stem and is used when the content of the beginning of the sentence is contrary to that of the latter content of the sentence.

JP 動詞、形容詞の語幹に付いて、前の内容と反対になる内容を後の文章でつなげて言うとき使う。

CH 用于动词、形容词词干后，表示前后文的内容相反。

❶ I like ping-pong, but I do not play it often. 卓球が好きだけれども、よくしません。 喜欢乒乓球但是不经常打。

❷ The class is difficult, but fun. 授業が難しいけれども、面白いです。 课程难但是有意思。

❸ I studied hard, but my grade was not very good.
一生懸命勉強したけれども、点数がよくないです。 努力学习了但是成绩不好。

❹ James is American, but he is very good at Korean.
ジェームスさんはアメリカ人だけれども、韓国語が上手です。 詹姆斯是美国人，但是韩国语说得很好。

문법 2

EN Grammar JP 文法 CH 语法

ㅂ동사

EN When action or descriptive verbs such as '덥다'(hot) or '춥다'(cold) is used with a word ending that begins with a vowel, the final consonat 'ㅂ' is replaced with '우', but in the case of '돕다'(to help) and '곱다'(lovely), the 'ㅂ' is changed to '우' when it is followed by the vowel '–으', and when the following vowel is '–아', the 'ㅂ' is changed to '오'. However action verbs such as '입다'(to wear), '잡다'(to hold), '씹다'(to chew) or descriptive verbs such as '좁다'(narrow) follow the regular conjugation rule.

JP '덥다(暑い),춥다(寒い)'のような動詞や形容詞は母音で始まる語尾が続くと'ㅂ'が'우'に変わる。ただし'돕다'と'곱다'は母音'–으'が続くと'우'に変わるが、'–아'が続くと'오'に変わる。しかし'입다, 잡다, 씹다'のような動詞や'좁다'のような形容詞は規則どおり活用する。

CH "덥다, 춥다" 类动词或形容词若与元音开头的词尾结合, "ㅂ" 则变成 "우"。但是 "돕다"、"곱다" 若与元音 "–으" 结合 "ㅂ" 就变成 "우", 若与 "–아" 结合 "ㅂ" 就变成 "오"。"입다, 잡다, 씹다" 类动词和 "좁다" 类形容词按规则使用。

❶ My younger sibling is very cute. 弟(妹)がとてもかわいいです。 弟弟 / 妹妹真可爱。

❷ Misun likes spicy food. ミソンさんは辛い食べ物が好きです。 美善喜欢辣的东西。

❸ The test was difficult, so my grade is not good. 試験が難しくて点数がよくないです。 考试难所以成绩不好。

❹ There were many books in the bag so it was heavy. かばんに本が多くて重かったです。 书包里有很多书所以重。

02 방학에 운전과 태권도를 배웠어요

I learned driving and Taekwondo during vacation.

学校の休みに運転とテコンドーを習いました。

放假期间学开车和跆拳道了。

EN

Rie	What did you do during your last vacation?
Youngsu	I learned driving and Taekwondo during vacation.
Rie	Did you go to your hometown?
Youngsu	I wasn't able to go because I didn't have time.

JP

りえ	前の学校の休みに何をしましたか。
ヨンス	学校の休みに運転とテコンドーを習いました。
りえ	故郷に行きましたか。
ヨンス	時間がなくて行けませんでした。

CH

利惠	上个假期做什么了?
英洙	放假期间学开车和跆拳道了。
利惠	回老家了吗?
英洙	因为没有时间所以没去。

새 어휘

EN New Vocabulary JP 新しい語彙 CH 生词

방학	EN vacation	JP 学校の休み	CH 放假/假期
운전	EN driving	JP 運転	CH 开车
태권도	EN Taekwondo	JP テコンドー	CH 跆拳道
고향	EN hometown	JP 故郷	CH 故乡/老家

주제 어휘

EN Thematic Vocabulary JP テーマ語彙 CH 主题词汇

방학 생활 EN vacation JP 学校の休みの生活 CH 假期生活

고향에 가다	EN to go to one's hometown	JP 故郷に行く	CH 回老家
민속촌에 가다	EN to go to the folk village	JP 民俗村に行く	CH 去民俗村
박물관에 가다	EN to go to the museum	JP 博物館に行く	CH 去博物馆
아르바이트를 하다	EN to work part-time	JP アルバイトをする	CH 打工
여행을 하다	EN to travel	JP 旅行をする	CH 旅行
역사를 공부하다	EN to study history	JP 歴史を勉強する	CH 学历史
운전을 배우다	EN to learn to drive	JP 運転を習う	CH 学开车
외국어를 배우다	EN to learn a foreign language	JP 外国語を学ぶ	CH 学外语
태권도를 배우다	EN to learn Taekwondo	JP テコンドーを習う	CH 学跆拳道

문법 1

EN Grammar JP 文法 CH 语法

과/와

EN This is a particle that is palced after the noun is used when two or more nouns are listed. They can be used interchangeably with '하고'. If the noun ends in a consonant, '과' is used and if the noun ends in a vowel, '와' is used.

JP 名詞の後に付いて、2つ以上の名詞を同等に羅列するとき使う助詞である。'하고'とかえて使うことができる。名詞が子音で終われば'과'を使い、名詞が母音で終われば'와'を使う。

CH 助词，用于名词后，同等排列两个或两个以上的名词时使用。可以与"하고"换用。名词以辅音结尾的用"과"，以元音结尾的用"와"。

❶ My older brother and younger brother are in my hometown.
故郷に兄と弟(妹)がいます。 老家有哥哥和弟弟 / 妹妹。

❷ I bought a novel and a magazine at the bookstore.
私は本屋で小説と雑誌を買いました。 我在书店买了小说和杂志。

❸ Speaking and listening are difficult. スピーキングとリスニングが難しいです。 说和听很难。

❹ My mother and father came to Seoul last weekend.
先週末に母と父がソウルに来ました。 上个周末爸爸和妈妈来首尔了。

문법 2

EN Grammar JP 文法 CH 语法

-지 못하다

EN It is attached to the action verb stem to express that something cannot be done or that someone is incapable of doing something. Also, '못' can be placed in front of the verb and it can be used interchangeably in the '못-' form.

JP 動詞の語幹に付いて、あることをできなかったり、能力が不足することをあらわす。また'못'が動詞の前に使われ'못-'の形態でも使うことができる。

CH 用于动词词干后，表示不能做某事或能力不足。"못"也可位于动词前，以"못-"的形式使用。

❶ I cannot go because I don't have time. 私が時間がなくて行けません。 我没有时间所以去不了。

❷ Rie cannot eat spicy food. りえさんは辛い食べ物を食べられません。 利惠不能吃辣的。

❸ I cannot drive. 私は運転できません。 我不能开车。

❹ I did not see Misun. 私はミソンさんに会えませんでした。 我没看见美善。

03 기숙사가 하숙집보다 편해요?

Is the dormitory more convenient than a boarding house?

寄宿舎が下宿より楽ですか。

宿舍比寄宿家庭方便吗？

EN

Maria	The room is very clean. Is the dormitory fee expensive?
Erico	Yes, the dormitory fee is a bit expensive.
Maria	Is the dormitory more convenient than a boarding house?
Erico	Yes, it is more convenient because it is on campus.

JP

マリア	部屋がきれいですが、寄宿舎費が高いですか。
えりこ	はい、寄宿舎費が少し高いです。
マリア	寄宿舎が下宿より楽ですか。
えりこ	はい、学校の中にあってもっと楽です。

CH

玛丽亚	房间很干净，但宿舍费贵，是吗？
惠理子	是的，宿舍费有点儿贵。
玛丽亚	宿舍比寄宿家庭方便吗？
惠理子	是的，在学校里面所以更方便。

새 어휘

EN New Vocabulary JP 新しい語彙 CH 生词

	EN	JP	CH
방	room	部屋	房间
기숙사비	dormitory fee	寄宿舎費	宿舍费
비싸다	expensive	(値段が)高い	贵
하숙집	boarding house	下宿	寄宿家庭
편하다	comfortable/ convenient	楽だ	方便
더	more	もっと	更

주제 어휘

EN Thematic Vocabulary JP テーマ語彙 CH 主题词汇

기숙사/동사5 EN Dormitory/ Action Verbs5 JP 寄宿舎/動詞5 CH 宿舍/动词5

	EN	JP	CH
독서실	reading room	読書室	读书室
샤워실	shower room	シャワー室	淋浴室
휴게실	lounge	休憩室	休息室
세탁실	laundry room	洗濯室	洗衣房
화장실	bathroom	トイレ	洗手间
헬스 클럽	gym	ジム	健身房
다니다	to go/to attend	通う	上/去
말하다	to speak	言う	说
시작하다	to start	始める	开始
앉다	to sit	座る	坐

문법 1

EN Grammar JP 文法 CH 语法

-는데, 은데/ㄴ데 [1]

EN It is placed after the action verb or descriptive verb stem as a connector that draws a connection between the first clause and the second clause of the sentence so that a question can be asked in the latter half of the sentence. '-는데' is used after the action verb stem. If the descriptive verb stem ends in a consonant, '-은데' is used and if it ends in a vowel, '-ㄴ데' is used.

JP 動詞や形容詞の語幹の後に付いて、後の節であることを尋ねるためにその対象と関係する状況をあらかじめ言うときに使う連結語尾である。動詞の語幹'있다'、'없다'の後には'-는데'を使う。子音で終わる形容詞の語幹の後には'-은데'を使い、母音で終わる形容詞の語幹の後には'-ㄴ데'を使う。

CH 连接词尾，用于动词或形容词词干后，为了在后一句中提出某一问题，提前在前一句中说出与之相关的情况。动词词干后用"-는데"。以辅音结尾的形容词词干后用"-은데"，以元音结尾的形容词词干后用"-ㄴ데"。

❶ You are very good at basketball. When did you start playing?
バスケットボールが上手ですが、いつからしましたか。 你篮球打得好，什么时候开始的？

❷ The room is dirty. Didn't you clean? 部屋が汚いですが、掃除をしませんでしたか。 房间很脏，没有打扫吗？

❸ Jerry, you're from America. When did you come to Korea?
ジェリーさんはアメリカ人ですが、いつ韓国に来ましたか。 杰瑞是美国人，什么时候来的韩国？

❹ Youngsu, you studied hard. How is your grade?
ヨンスさんが一生懸命勉強しましたが、試験の点数がどうですか。 英洙努力学习了，老师成绩怎么样？

문법 2

EN Grammar JP 文法 CH 语法

보다

EN '보다' is a case marker that is placed after a noun in order to make a comparison between two different things. It is attached to the subject of the comparison and has the meaning of '~에 비해서' (compared with).

JP 名詞の後に付いて、互いに差があることを比較する場合、比較の対象になることばに付いて'~에 비해서'(-に比べて)の意味をあらわす格助詞である。

CH 格助词，用于名词后，当比较两个彼此有差异的事物或事情时，加在被比较的对象之后表示"~에 비해서"之义。

❶ Listening is more difficult than speaking. 私はリスニングがスピーキングより難しいです。 我觉得听比说难。

❷ Rie studies harder than me. りえさんが私より一生懸命勉強します。 利惠比我更努力学习。

❸ I want to go to Jeju Island more than Busan. 私はプサンよりチェジュドにもっと行きたいです。 跟釜山相比，我更想去济州岛。

❹ Michael likes basketball more than soccer.
マイケルさんはサッカーよりバスケットボールがもっと好きです。 跟足球相比，迈克更喜欢篮球。

04 편의점에서 김밥이나 컵라면을 먹읍시다

Let's eat Kimbap or instant noodles at the convenience store.

コンビニでキムパプかカップラーメンを食べましょう。

在便利店吃紫菜包饭或杯面吧。

EN

Amara	I'm a bit hungry. Shall we go to the convenience store together?
Youngsu	Yes, let's eat kimbap or instant noodles at the convenience store.
Amara	Since we don't have cash, let's also take out some cash.

JP

アマラ	お腹が少しすいたんですけど。一緒にコンビニに行きましょうか。
ヨンス	はい、コンビニでキムパプかカップラーメンを食べましょう。
アマラ	お金がないのでお金も引き出しましょう。

CH

阿马拉	有点儿饿了，一起去便利店吗？
英洙	好的，在便利店吃紫菜包饭或杯面吧。
阿马拉	没钱了，取点儿钱吧。

새 어휘

EN New Vocabulary JP 新しい語彙 CH 生词

	EN	JP	CH
배가 고프다	hungry	お腹がすく	肚子饿
같이	together	一緒に	一起
편의점	convenience store	コンビニ	便利店
김밥	kimbap (rice wrapped in dried seaweed)	キムパプ	紫菜包饭
컵라면	instant noodles /cup noodles	カップラーメン	杯面
돈	money	お金	钱

주제 어휘

EN Thematic Vocabulary JP テーマ語彙 CH 主题词汇

편의점 EN Convenience Store JP コンビニ CH 便利店

	EN	JP	CH
만두	dumplings	餃子	饺子
만화책	comic book	漫画本	漫画书
물	water	水	水
양말	socks	靴下	袜子
우산	umbrella	傘	雨伞
장갑	gloves	手袋	手套
지갑	wallet	財布	钱包
소포	parcel/package	小包	包裹

문법 1

EN Grammar JP 文法 CH 语法

-는데요, 은데요/ㄴ데요 [1]

EN It is placed after the stem of the action verb or descriptive verb and is used when the speaker cuts off the sentence instead of expressing everything he/she wants to and instead waits for a response from the listener. It is used when the speaker wants to continue the conversation on the same subject. '-는데요' is an action verb stem, but it is used after the stem '있다' and '없다.' '-은데요' is used after a descriptive verb stem that ends in a consonant. '-ㄴ데요' is used after a descriptive verb stem that ends in a vowel.

JP 動詞や形容詞の語幹に付いて、言いたいことをすべて言わずに含蓄しながら相手の反応を期待する表現である。ふつう、対話が切れずにつながることを望むとき使う。'-는데요'は動詞の語幹や'있다', '없다'の語幹の後に使用する。'-은데요'は子音で終わる形容詞の語幹の後に使用し、'-ㄴ데요'は母音で終わる形容詞の語幹の後に使用する。

CH 用于动词或形容词词干后，表示没有全部说出自己想说的话，隐含其中的一部分而等待对方的反应。一般希望不要中断此次对话而接着进行时使用。"-는데요"用于动词词干后或"있다"、"없다"词干后。"-은데요"用于以辅音结尾的形容词词干后，"-ㄴ데요"用于以元音结尾的形容词词干后。

❶ I am looking for a large bag.　大きいかばんを探すのですが。　我在找一个大包。
Then come over here.　ではこちらへ来てください。　请往这边来。

❷ It's loud outside.　外がうるさいですが。　外面好吵。
Then shall we close the window?　では窓を閉めましょうか。　关上窗户吗？

❸ This hat is a bit expensive.　この帽子は値段が少し高いですが。　这顶帽子有点贵。
Then how is that hat?　ではあの帽子はどうですか。　那那顶帽子怎么样？

❹ This apple is big and tasty.　このりんごが大きくておいしいですが。　这个苹果又大又好吃。
Then please give me 10.　では10個ください。　那么给我10个吧

문법 2

EN Grammar JP 文法 CH 语法

이나/나

EN '이나' is placed after a noun to signify that either one or the other in a list of things must be selected. '이나' is used after a noun that ends in a consonant, and '나' is used after a noun that ends in a vowel.

JP 名詞の後で2つ以上の対象を羅列するとき使うが、羅列された対象の中で1つだけ選択されることをあらわす。'이나'は子音で終わる名詞の後に使用し、'나'は母音で終わる名詞の後に使用する。

CH 用于名词后，在罗列两个或两个以上的对象时使用，表示在罗列的对象中只选择其中的一个。"이나" 用于以辅音结尾的名词后，"나" 用于以元音结尾的名词后。

❶ I read novels or magazines in the evening. 私は夕方に小説か雑誌を読みます。 我晚上看小说或杂志。
❷ Please give me some juice or water. ジュースか水をください。 来点儿果汁或水吧。
❸ Every day, I exercise in the morning or the evening. 毎日朝か夕方に運動をします。 每天早上或晚上运动。
❹ I study in the lecture hall or the library. 私は講義室か図書館で勉強をします。 我在教室或图书馆学习。

교통

제 7 과

Chapter 7
Transportation

第 7 課 交通

第 7 课 交通

01 똑바로 가면 빵집이 있어요.

If you go straight, there is a bakery.

まっすぐ行ったらパン屋があります。

直走就有一个面包店。

EN

Wei	Is there a bakery nearby?
Rie	If you go straight from that bank, there is a bakery.
Wei	How is that bakery?
Rie	The bread is tasty. I think my friends often go there.

JP

ウェイ	この近所にパン屋がありますか。
りえ	あの銀行の前からまっすぐ行ったらパン屋があります。
ウェイ	そのパン屋がどうですか。
りえ	パンがおいしいです。友達もよく行くようです。

CH

伟	这附近有面包店吗?
利惠	在那家银行前面直走就有一个面包店。
伟	那家面包店怎么样?
利惠	面包很好吃。我朋友好像也常去。

새 어휘

EN New Vocabulary JP 新しい語彙 CH 生词

	EN	JP	CH
이/그/저	this/that(the)/that	この/その/あの	这/那/那
근처	nearby	近所	附近
빵집	bakery	パン屋	面包店
은행	bank	銀行	银行
똑바로	straight	まっすぐ	(一)直
빵	bread	パン	面包

주제 어휘

EN Thematic Vocabulary JP テーマ語彙 CH 主题词汇

교통 수단 EN Transportation JP 交通手段 CH 交通工具

	EN	JP	CH
지하철	subway	地下鉄	地铁
버스	bus	バス	公交车
택시	taxi	タクシー	出租车
기차	train	汽車	火车
케이티엑스(KTX)	KTX(Korea Train Express)	韓国高速鉄道(KTX)	韩国高速铁路
고속버스	express bus	高速バス	高速大巴
비행기	airplane	飛行機	飞机
배	ship	船	船

문법 1

EN Grammar JP 文法 CH 语法

–으면/면

EN '–으면' is placed after the stem of the action verb or descriptive verb to denote the condition for the statement that follows the form. If the action verb or descriptive verb stem ends with a consonant, '–으면' is used and if it ends in a vowel, '–면' is used.

JP 動詞、形容詞の語幹に付いて、後の内容についての条件をあらわす。子音で終わる動詞、形容詞の後には'-으면'を使い、母音で終わる動詞、形容詞の後には'-면'を使う。

CH 用于动词、形容词词干后，表示对后一内容的条件。以辅音结尾的动词、形容词后用"-으면"，以元音结尾的动词、形容词后用"-면"。

❶ If you take a pretty picture, please send it to me.
きれいな写真を撮ったら私に送って下さい。 要是拍到漂亮的照片就发给我吧。

❷ If you go straight, there is the dormitory. まっすぐ行ったら寄宿舎があります。 直走就有宿舍。

❸ If the food is spicy, drink some water. 食べ物が辛かったら水を召し上がってください。 要是辣就喝水吧。

❹ If you are busy today, shall we meet tomorrow? 今日忙しかったら明日会いましょうか。 今天忙，明天见怎么样？

문법 2

EN Grammar JP 文法 CH 语法

–는 것 같다

EN It is attached to the action verb stem or the stem '있다' (there is) or '없다' (there is not) and denotes speculation regarding something that is happening in the present.

JP 動詞の語幹や'있다', '없다'の語幹に付いて、現在のことを推測することをあらわす。

CH 用于动词词干后或"있다"、"없다" 词干后，表示推测现在发生的事。

❶ It seems like it is raining outside. 外で雨が降るようです。 外面好像下雨呢。

❷ I think Wien eats Korean food every day. ウィンさんが毎日韓国料理を食べるようです。 云好像每天都吃韩餐。

❸ I think my grandmother is sleeping. おばあさんがお休みになるようです。 奶奶好像在睡觉呢。

❹ I don't think my younger sister is in the room. 弟(妹)が部屋にいないようです。 弟弟 / 妹妹好像不在房间里。

02 여기에서 공항까지 얼마나 걸려요?

How long does it take from here to the airport?

ここから空港までどれくらいかかりますか。

从这儿到机场需要多长时间？

EN

Rie	How long does it take from here to the airport?
Youngsu	It takes about 30 minutes if you take the bus.
Rie	I think the bus is faster than the subway.
Youngsu	Yes, I think it is faster because it doesn't detour.

JP

りえ	ここから空港までどれくらいかかりますか。
ヨンス	バスに乗ったら30分くらいかかります。
りえ	バスが地下鉄より速いようです。
ヨンス	はい、バスは回り道をしないので速く行くようです。

CH

利惠	从这儿到机场需要多长时间？
英洙	坐公交车大概需要30分钟。
利惠	公交车好像比地铁快。
英洙	对，公交车不绕，好像更快。

새 어휘

EN New Vocabulary JP 新しい語彙 CH 生词

여기	EN here	JP ここ	CH 这儿
공항	EN airport	JP 空港	CH 机场
얼마나	EN how long	JP どれくらい	CH 多长时间
걸리다	EN to take (time)	JP (時間が)かかる	CH 需要
빠르다	EN fast	JP 速い	CH 快
돌아가다	EN to take a detour/ to take a turn	JP 回り道をする	CH 迂回

주제 어휘

EN Thematic Vocabulary JP テーマ語彙 CH 主题词汇

교통 시설 EN Traffic facilities JP 交通施設 CH 交通设施

지하철역	EN subway station	JP 地下鉄駅	CH 地铁站
버스 정류장	EN bus stop	JP バス停留場	CH 公交车站
기차역	EN train station	JP 汽車駅	CH 火车站
고속버스 터미널	EN express bus terminal	JP 高速バスターミナル	CH 高速巴士客运站
여객 터미널	EN passenger terminal	JP 旅客ターミナル	CH 客运站
공항	EN airport	JP 空港	CH 机场
횡단보도	EN crosswalk	JP 横断歩道	CH 人行横道
육교	EN overpass	JP 陸橋	CH 天桥
지하도	EN underpass	JP 地下道	CH 地下道
건너다	EN to cross	JP 渡る	CH 过

문법 1

EN Grammar JP 文法 CH 语法

에서 ~ 까지

EN This expression is used together with a noun that species a place or time in order to state the start and end of a location or time.

JP 場所名詞と時間名詞に付いて、場所や時間の始まりと終わりをあらわす。

CH 用于处所名词和时间名词后，表示处所或时间的起点和终点。

❶ How long does it take from the subway station to your house?
地下鉄駅から家までどのくらい時間がかかりますか。 从地铁站到你家有多远?

❷ If you take a taxi, it takes about 20 minutes from the airport to the dormitory.
タクシーに乗ったら空港から寄宿舎まで20分くらいかかります。 打车的话，从机场到宿舍大概需要20分钟。

❸ The second floor to the fifth floor of this building are all lecture halls.
この建物は2階から5階まで講義室です。 这栋楼从2楼到5楼是教室。

❹ Lunch time is from 12PM to 1PM. 12時から1時まで昼食時間です。 从12点到1点是午饭时间。

문법 2

EN Grammar JP 文法 CH 语法

-은/ㄴ 것 같다

EN This expression is attached to the action verb stem in order to speculate about things in the past by considering the current situation or is attached to the descriptive verb stem in order to speculate about things in the present. If the action verb or descriptive verb stem ends in a consonant, '-은 것 같다' is used and if it ends in a vowel, '-ㄴ 것 같다' is used.

JP 動詞の語幹に付いて、状況で判断して過去のことを推測したり、形容詞の語幹に付いて、現在のことを推測することをあらわす。子音で終わる動詞、形容詞の後には'-은 것 같다'を使い、母音で終わる動詞、形容詞の後には'-ㄴ 것 같다'を使う。

CH 用于动词词干后，从情况推断出过去的事情。或用于形容词词干后，用来推断现在发生的事情。以辅音结尾的动词、形容词后用"-은 것 같다"，以元音结尾的动词、形容词后用"-ㄴ 것 같다"。

❶ I think Wien ate bibimbap for lunch. 昼食にウィンさんがビビンバを食べたようです。 中午云好像吃拌饭了。

❷ I think James went to his hometown. ジェームスさんが故郷に行ったようです。 詹姆斯好像回国了。

❸ I think there are few people at the department store in the morning.
朝はデパートに人が少ないようです。 早上百货商店好像人很少。

❹ I think Wien's older brother is tall. ウィンさんのお兄さんが背が高いようです。 云的哥哥好像个子很高。

03 저쪽으로 가서 버스를 탑시다

Let's go over there and take the bus.

あちらへ行ってバスに乗りましょう。

去那边坐公交车吧。

EN

Wei	There is a lot of traffic. Shall we take the subway?
Maria	Subway transfers are inconvenient.
Wei	Then, let's go over there and take the bus.
Maria	Let's do that.

JP

ウェイ	車が少し渋滞しますが、地下鉄に乗りましょうか。
マリア	地下鉄は乗り換えが不便です。
ウェイ	ではあちらへ行ってバスに乗りましょう。
マリア	そうしましょう。

CH

伟	有点儿堵车，坐地铁怎么样?
玛丽亚	地铁换乘不方便。
伟	那么去那边坐公交车吧。
玛丽亚	好吧。

새 어휘

EN New Vocabulary JP 新しい語彙 CH 生词

	EN	JP	CH
차	car	車	车
밀리다	to be congested	(車が)渋滞する	堵
갈아타다	to transfer	乗り換える	换乘
불편하다	uncomfortable/inconvenient	不便だ	不方便
저쪽	that way/over there	あちら	那边

주제 어휘

EN Thematic Vocabulary JP テーマ語彙 CH 主题词汇

장소 방향 지시어, 동사 6 EN Directions, Action Verbs6 JP 場所方向指示語, 動詞6 CH 地点方向指示语，动词6

	EN	JP	CH
이쪽	this way	こちら	这边
그쪽	that way	そちら	那边
저쪽	that way	あちら	那边
왼쪽	left	左側	左边
오른쪽	right	右側	右边
들어가다	to enter (go in)	入る	进去
나오다	to exit (come out)	出る	出来
올라가다	to go up	上がる	上去
내려오다	to come down	下りる	下来
걸어가다	to walk	歩いていく	走路

문법 1

EN Grammar JP 文法 CH 语法

-는데, 은데/ㄴ데 [2]

EN It is placed after the action verb or descriptive verb stem and is used when the speaker states a fact as a background in the first clause of the sentence and then issues a command or makes a proposition based on that fact in the second clause of the sentence. After the action verb stem, '있다' or '없다', '-는데' is used. In the case of descriptive verbs, if the stem ends in a consonant, '-은데' is used and if it ends with a vowel, '-ㄴ데' is used.

JP 動詞、形容詞の語幹に付いて、先行節では話者が知っている状況を説明し、後行節ではその状況で可能なことを命令したり提案するとき使う。動詞と'있다','없다'の後には'-는데'を使う。子音で終わる形容詞の後には'-은데'を使い、母音で終わる形容詞の後には'-ㄴ데'を使う。

CH 用于动词或形容词词干后，前一句说明说话人所知道的情况，后一句命令或建议在此情况下可能发生的事情。动词和"있다"、"없다"后面用"-는데"。以辅音结尾的形容词后面用"-은데"，以元音结尾的形容词后面用"-ㄴ데"。

❶ I am going to the Korean folk village this weekend, Shall we go together?
今週末に民俗村に行きますが、一緒に行きましょうか。 这个周末去民俗村，一起去吗？

❷ I'm free this Saturday. Shall we watch a movie?
土曜日に時間がありますが、映画を見ましょうか。 星期六有时间，一起看电影吗？

❸ The homework is difficult. Shall we work on it together?
宿題が難しいですが、一緒にしましょうか。 作业很难，一起做吗？

❹ The department store is expensive. Go shopping at the marketplace.
デパートは値段が高いですから、市場でショッピングしてください。 百货商店贵，在市场购物吧。

문법 2

EN Grammar JP 文法 CH 语法

으로/로 [1]

EN It is used with a noun to express the direction of an action or a destination. It is used together with an action verb that expresses movement. If the noun ends in a consonant, '-으로' is used. If it ends in a vowel or the sound 'ㄹ', '-로' is used.

JP 名詞に付いて、移動の方向や目的地をあらわす。移動動詞とともに使われる。名詞が子音で終われば'-으로'を使い、母音か'ㄹ'で終われば'-로'を使う

CH 用于名词后，表示位移的方向或目的地。跟位移动词一起使用。名词以辅音结尾的用"-으로"，以元音或"ㄹ"结尾的用"-로"。

❶ This bus goes to Namsan. このバスはナムサンへ行きます。 这辆公交车开往南山。

❷ If you take a left at the bakery, there is a bookstore.
パン屋の前で左側へ行ったら本屋があります。 从面包店往左走就有书店。

❸ Where are you going? どこへ行きますか。 去哪儿？

❹ I will go to the office. 私は事務室へ行くつもりです。 我要去办公室。

04 들어가지 마세요

Do not go inside.

入らないで下さい。

别进去了。

EN

Taxi Driver	We've arrived at Korea University. Shall I go inside?
Rie	No, don't go inside. I think it will be very crowded in the school.
Taxi Driver	Then, you should get off in front of the main entrance.
Rie	Yes, sir. Stop here, please .

JP

タクシー運転手	韓国大学に到着しましたが、中へ入りましょうか。
りえ	いいえ、入らないで下さい。学校の中が混雑しているようです。
タクシー運転手	では正門の前で降りてください。
りえ	はい、運転手さん、ここで止めて下さい。

CH

出租车司机	到韩国大学了，进去吗?
利惠	不，别进去了，学校里面可能比较乱。
出租车司机	那在正门前下吧。
利惠	好的，师傅在这儿给我停吧。

새 어휘

EN New Vocabulary JP 新しい語彙 CH 生词

	EN	JP	CH
기사	driver	(バス·タクシーなどの)運転手	司机 / 师傅
대학교	university	大学	大学
도착하다	to arrive	到着する	到/到达
정문	main entrance	正門	正门
내리다	to get off	降りる	下（车）
세우다	to stop (the car)	(車を)止める	停（车）

주제 어휘

EN Thematic Vocabulary JP テーマ語彙 CH 主题词汇

교통 방법 EN Method of Transportation JP 交通方法 CH 交通方式

	EN	JP	CH
좌회전	left turn	左折	左转
우회전	right turn	右折	右转
직진	straight	直進	直走
유턴	u-turn	Uターン	掉头
터널	tunnel	トンネル	隧道
택시 요금	taxi fare	タクシー料金	出租车费
출발하다	to depart	出発する	出发
길이 막히다	to be stuck in traffic/ There is a lot of traffic	道が渋滞する	堵车

문법 1

EN Grammar JP 文法 CH 语法

–지 말다

EN '–지 말다' is attached to the action verb stem to signify that a certain action is prohibited. It is mainly used in the imperative or propositive form.

JP 動詞の語幹に付いて、ある動作の禁止をあらわす。主に命令文と勧誘文に使われる。

CH 用于动词词干后，表示禁止某种动作。主要用于命令句和共动句。

❶ Do not take pictures at the museum. 博物館で写真を撮らないでください。 在博物馆不要拍照。

❷ The roads are congested, so do not take the bus.
道が渋滞するのでバスに乗らないでください。 堵车呢，别坐公交车了。

❸ I am busy today. Shall we not meet? 今日は忙しいので会うのをやめましょうか。 今天忙，就别见了，可以吗？

❹ Let's not go since the traffic is bad on the weekends.
週末には交通が混雑するので行くのをやめましょう。 周末交通很乱，别去了。

문법 2

EN Grammar JP 文法 CH 语法

–을/ㄹ 것 같다

EN It is attached to the action verb or descriptive verb stem in order to make a speculation regarding the future or the uncertain things in the present, based on the present situation. If the action verb or descriptive verb stem ends in a consonant, '–을 것 같다' is used and if it ends in a vowel, '–ㄹ 것 같다' is used.

JP 動詞、形容詞の語幹に付いて、状況で判断してこれからのことや現在確認できないことを推測することをあらわす。子音で終わる動詞、形容詞の後には'–을 것 같다'を使い、母音で終わる動詞、形容詞の語幹の後には'–ㄹ 것 같다'を使う。

CH 用于动词、形容词词干后，从情况推断出未来的事情或现在无法确认的事情。以辅音结尾的动词、形容词词干后用"–을 것 같다"，以元音结尾的动词、形容词词干后用"–ㄹ 것 같다"。

❶ I think Wien will eat spicy food well. ウィンさんが辛い食べ物をよく食べるようです。 云应该很会吃辣的。

❷ I think my younger sibling will like this music.
弟(妹)がこの音楽が好きなようです。 弟弟 / 妹妹会很喜欢这个音乐。

❸ I think the upcoming exam will be difficult. 今回の試験は難しいようです。 觉得这次考试会很难。

❹ I think the department store will be crowded because it is the weekend.
週末なのでデパートが混雑するようです。 周末了，百货商店会很乱。

제8과

전화

Chapter 8 Telephone

第 8 課 電話

第 8 课 电话

01 미안하지만 모임이 있는데요
I'm sorry but I have a meeting.
すみませんが集まりがあるのですが。
不好意思有一个聚会。

EN

Yamada	Shall we talk a little more together after today's conference?
Erico	I'm sorry, but I have a meeting.
Yamada	Then, please give me a call later. My cell phone number is 010-1234-9870.

JP

やまだ	今日会議が終わった後に一緒に話をもう少ししましょうか。
えりこ	すみませんが集まりがあるのですが。
やまだ	ではあとで電話して下さい。私の携帯電話番号は010-1234-9870です。

CH

山田	今天会议结束后，一起再谈谈？
惠理子	不好意思，我今天有一个聚会。
山田	那一会儿给我打电话吧。我的手机号码是010-1234-9870。

새 어휘

EN New Vocabulary JP 新しい語彙 CH 生词

	EN	JP	CH
오늘	today	今日	今天
회의	conference/meeting	会議	会议
끝나다	to end/finish	終わる	结束
미안하다	sorry	すまない	不好意思
모임	meeting/gathering	集まり	聚会
이따가	later	あとで	一会儿
휴대 전화	cell phone	携帯電話	手机
번호	number	番号	号码

주제 어휘

EN Thematic Vocabulary JP テーマ語彙 CH 主题词汇

전화1, 시간2 EN Telephone1, Time2 JP 電話1, 時間2 CH 电话1, 时间2

	EN	JP	CH
전화 번호	telephone number	電話番号	电话号码
연락처	contact information	連絡先	联系方式
전화 번호/연락처를 알다	to know the telephone number/contact information	電話番号/連絡先を知っている	知道电话号码/联系方式
전화 번호/연락처를 모르다	to not know the telephone number/contact information	電話番号/連絡先を知らない	不知道电话号码/联系方式
어제	yesterday	昨日	昨天
오늘	today	今日	今天
내일	tomorrow	明日	明天
모레	day after tomorrow	あさって	后天

문법 1

EN Grammar JP 文法 CH 语法

–은/ㄴ 후에

EN This is placed after the action verb stem in order to state the time sequence in which actions take place. If the action verb stem ends in a consonant, '–은 후에' is used and if it ends with a vowel, 'ㄴ 후에' is used. '후에' is used after a noun.

JP 動詞の語幹の後に使われ、ある動作をして時間的に後に他の動作がつながるとき使用する。子音で終わる動詞の語幹の後には'–은 후에'を使い、母音で終わる動詞の語幹の後には'ㄴ 후에'を使用する。名詞の後には'후 에'を使用する。

CH 用于动词词干后，表示做完某一动作后然后接着发生后面的动作。以辅音结尾的动词词干后面用"–은 후에"，以元音结尾的动词词干后面用"ㄴ 후에"。名词后则用"후 에"。

❶ Wei, watch television after reading a book.
ウェイさん、本を読んだ後にテレビを見てください。 伟，看完书以后再看电视吧。

❷ I went home and rested after playing ping-pong yesterday.
私は昨日、卓球をした後に家に行って休みました。 我昨天打完乒乓球以后回家休息了。

❸ Maria usually meets her friend after class.
マリアは普段授業が終わった後に友達に会います。 玛丽亚一般下课以后见朋友。

❹ The airplane arrives in one hour. 1時間後に飛行機が到着します。 一个小时之后飞机到达。

문법 2

EN Grammar JP 文法 CH 语法

–는데요, 은데요/ㄴ데요 [2]

EN This is placed after the action verb or descriptive verb stem and is used as a form of indirect rejection without expressing anything directly. '는데요' is used following the action verb stem, '있다' or '없다'. If the descriptive verb stem ends in a consonant, '–은데요' is used and if it ends with a vowel, '–ㄴ데요' is used. For past tense sentences, '었/았/였는데요' is used.

JP 動詞や形容詞の語幹の後に付いて、言いたいことを直接表現しないで間接的に拒絶を表現するとき使う。動詞の語幹や'있다','없다'の語幹の後には'-는데요'を使う。子音で終わる形容詞の語幹の後には'-은데요'を使用し、母音で終わる形容詞の語幹の後に'-ㄴ데요'を使用する。'었/았/였는데요'は過去に使われる。

CH 用于动词或形容词词干后，表示不直接说出自己的想法而是委婉的拒绝。动词词干或"있다"、"없다"词干后用"–는데요"。以辅音结尾的形容词词干后用"–은데요"，以元音结尾的形容词词干后用"–ㄴ데요"。"었/았/였는데요"用于表示过去。

❶ 가: Do you have time to talk? 話す時間がありますか。 有时间谈谈吗？
나: I'm sorry, but I don't have time. すみませんが時間がないのですが。 不好意思，没有时间。

❷ 가: Please give me the school telephone number. 学校の電話番号を教えて下さい。 请告诉一下学校的电话号码。
나: I don't know it, either. 私もよく知らないのですが。 我也不太清楚。

❸ 가: Shall we meet tomorrow? 明日会いましょうか。 明天见吗？
나: I'm a bit busy tomorrow. 明日はちょっと忙しいのですが。 明天有点儿忙。

❹ 가: Shall we do our homework together? 一緒に宿題をしましょうか。 一起做作业吗？
나: I already did my homework. 私はもう宿題をしたのですが。 我已经做完作业了。

02 가기 전에 송별회를 합시다

Let's have a farewell party before you leave.

行く前に送別会をしましょう。

走之前开个送别会吧。

EN

Minchul	What are you going to do when this semester ends?
Jerry	I plan to go back to my hometown.
Minchul	Is that so? Then, let's gather everyone together and have a farewell party before you leave. Shall I contact our friends, since I know all of their contact information?
Jerry	Yes, thank you. Let's have a long conversation that day.

JP

ミンチョル	今学期が終わったら何をするつもりですか。
ジェリー	私は故郷に帰ろうと思います。
ミンチョル	そうですか。では行く前にみんな集まって送別会をしましょう。私が友達の連絡先を知っているので電話しましょうか。
ジェリー	はい、ありがとうございます。その日は長い時間話しましょう。

CH

民哲	这个学期结束了，打算做什么？
杰瑞	我打算回国。
民哲	是吗？那走之前一起聚一下，开个送别会吧。我知道同学们的电话号码，需要我给他们打电话吗？
杰瑞	好啊，谢谢。那天我们再长谈吧。

새 어휘

EN New Vocabulary JP 新しい語彙 CH 生词

	EN	JP	CH
학기	EN semester	JP 学期	CH 学期
모두	EN everyone	JP みんな	CH 都
모이다	EN to gather	JP 集まる	CH 聚
송별회	EN farewell party	JP 送別会	CH 送別会
고맙다	EN to feel thanks to	JP ありがたい	CH 感谢
오래	EN long time	JP 長く	CH 长

주제 어휘

EN Thematic Vocabulary JP テーマ語彙 CH 主题词汇

모임, 휴일 활동 EN Meeting, Holiday Activities JP 集まり, 休日の活動 CH 聚会, 假日活动

	EN	JP	CH
동창회	EN class reunion	JP 同窓会	CH 同学会
반모임	EN class meeting	JP クラス会	CH 班级聚会
생일 파티	EN birthday party	JP 誕生日パーティー	CH 生日派对
송별회	EN farewell party	JP 送別会	CH 送别会
회식	EN company dinner/ gathering for dinner and drinks after work	JP 飲み会	CH 会餐
놀이공원에 가다	EN to go to an amusement park	JP 遊園地に行く	CH 去游乐园
바다를 구경하다	EN to take in the sights at the beach	JP 海を見物する	CH 看海
파티를 하다	EN to have a party	JP パーティーをする	CH 开派对
여행을 가다	EN to go on a trip	JP 旅行に行く	CH 去旅行

문법 1

EN Grammar JP 文法 CH 语法

-으려고/려고 하다

EN It is attached to an action verb stem and is used to express a desire or intention to carry out a certain action. If the verb stem ends in a consonant, '-으려고 하다' is used and if it ends in a vowel, '-려고 하다' is used.

JP 動詞の語幹の後に付いて、ある動作をする気持ちや意志があるとき使う。動詞の語幹が子音で終われば'-으려고 하다'を使い、動詞の語幹が母音で終われば'-려고 하다'を使う。

CH 用于动词词干后，表示有做某一动作的打算。动词的词干以辅音结尾的用"-으려고 하다"，以元音结尾的用"-려고 하다"。

❶ I plan to read a book at home over the weekend.
私は週末に家で本を読もうと思います。 我周末打算在家看书。

❷ I plan to eat bulgogi with my friends in the evening.
夕方に友達とプルコギを食べようと思います。 晚上打算跟朋友们吃烤肉。

❸ I plan to watch a movie at the theatre during the holiday.
休日に映画館に行って映画を見ようと思います。 放假期间打算去电影院看电影。

❹ My younger sibling plans on majoring in Business Management and working at the bank.
弟(妹)が経営学を専攻して銀行で仕事をしようとします。 弟弟 / 妹妹打算读完经营专业后在银行工作。

문법 2

EN Grammar JP 文法 CH 语法

-기 전에

EN This is placed after an action verb stem to signify that a certain action happened before a stated fact. After a noun, '전에' is used.

JP 動詞の語幹の後に付いて、ある動作が前にくる事実より時間上先立つとき使う。名詞の後には'전에'を使用する。

CH 用于动词词干后，表示某一动作在时间关系上先于前一事情发生。名词后用"전에"。

❶ I went to the bathroom before watching a movie at the movie theatre.
映画館で映画を見る前にトイレに行きました， 在电影院看电影之前去了洗手间。

❷ Minchul drinks coffee before eating breakfast.
ミンチョルさんは朝ごはんを食べる前にコーヒーを飲みます， 民哲在吃早饭之前喝咖啡。

❸ Call your friend before going to his/her house.
友達の家に行く前に電話をしてください， 去同学家之前打个电话吧。

❹ I came to Korea one year ago. 1年前に韓国に来ました， 1 年前来到韩国。

03 제가 나중에 다시 전화할게요

I'll call you back later.

私があとでまた電話しますよ。

我回头再给你打电话吧。

EN

Wei	Hello, Misun. This is Wei. Can you talk right now?
Misun	I'm a little busy right now. (literal: Now is a little difficult.) I have a guest over.
Wei	Then, I'll call you back later.

JP

ウェイ	もしもし、ミソンさん、私ウェイです。今通話できますか。
ミソン	今はちょっと難しいんですが。お客さんがいらっしゃってて。
ウェイ	では私があとでまた電話しますよ。

CH

伟	喂，美善，我是伟。现在可以通话吗?
美善	现在有点困难。有客人在。
伟	那，我回头再给你打电话吧。

새 어휘

EN New Vocabulary JP 新しい語彙 CH 生词

	EN	JP	CH
여보세요	Hello	もしもし	喂
통화하다	to talk on the phone	通話する	通话
손님	guest	お客	客人
나중에	later	あとで	回头/改天
다시	again	また	再

주제 어휘

EN Thematic Vocabulary JP テーマ語彙 CH 主题词汇

전화2 EN Telephone2 JP 電話2 CH 电话2

	EN	JP	CH
전화하다	to call	電話する	打电话
전화를 드리다	to call (honorific)	電話を差し上げる	打电话
연락하다	to contact	連絡する	联系
전화가 오다	to receive a call	電話が来る	来电话
전화를 걸다	to make a call	電話をかける	打电话
전화를 받다	to answer the phone	電話を受ける	接电话
전화를 바꾸다	to give the phone to someone else	電話を代わる	换电话
전화를 끊다	to hang up the phone	電話を切る	挂电话
전화를 기다리다	to wait for a call	電話を待つ	等电话
잘못 걸다	to dial the wrong number	(電話を)間違えてかける	打错了

문법 1

EN Grammar JP 文法 CH 语法

-을/ㄹ 수 있다

EN It is attached to the action verb stem and is used to express that a certain task is possible or that someone has the ability to carry out that task. The negation of this expression is '-을/ㄹ 수 없다.' If the verb stem ends in a consonant, '-을 수 있다' is used and if it ends in a vowel, '-ㄹ 수 있다' is used.

JP 動詞の語幹に付いて、あることをする能力があったり、あることが可能であることをあらわす。否定形では'-을/ㄹ 수 없다'を使う。動詞の語幹が子音で終われば'-을 수 있다'を使い、母音で終われば'-ㄹ 수 있다'を使う。

CH 用于动词词干后，表示有做某一事的能力或可以做某事。否定形式用"-을/ㄹ 수 없다"。动词的词干以辅音结尾的用"-을 수 있다"，以元音结尾的用"-ㄹ 수 있다"。

❶ I can ride a bicycle. 私は自転車に乗ることができます。 我能骑自行车。

❷ Michael can swim. マイケルさんは水泳ができます。 迈克能游泳。

❸ I cannot read the Korean newspaper because Korean is difficult.
韓国語が難しくて韓国の新聞を読めません。 韩国语很难，所以看不了韩国报纸。

❹ I can't attend the meeting because I'm busy today. 今日は忙しくて集まりに行けません。 今天很忙，去不了聚会。

문법 2

EN Grammar JP 文法 CH 语法

-을게요/ㄹ게요

EN '-을게요' is attached to the action verb stem and is used to express the speakers intention or promise regarding something in the future. The subject is in the first person and it is often used colloquially. If the verb stem ends in a consonant, '-을게요' is used and if it ends in a vowel, '-ㄹ게요' is used.

JP 動詞の語幹に付いて、未来のことについての話者の意志、約束をあらわす。主語は1人称であり、話すとき主に使われる。子音で終わる動作の語幹の後には'-을게요'を使い、母音で終わる動詞の語幹の後には'-ㄹ게요'を使う。

CH 用于动词词干后，表示说话人对未来事情的意志和约定。主语用第一人称，一般在口语中使用。以辅音结尾的动词词干后用"-을게요"，以元音结尾的动词词干后用"-ㄹ게요"。

❶ I will read the textbook. 私が教科書を読みますよ。 我来读课文吧。

❷ Let me call you around 5PM. 私が5時くらいに電話しますよ。 5点左右我打过去吧。

❸ I won't play a lot of games. ゲームをたくさんしませんよ。 游戏不会玩儿很久的。

❹ I will wait at the subway station. 地下鉄駅で待ちますよ。 我会在地铁站等的。

04 잠깐만 기다리세요

Please wait a moment.

少々お待ちください。

请稍等。

EN

James	Hello, Youngsu. I am writing a report. Can you help me?
Youngsu	Please wait a moment. Let me just send this e-mail and then I will go over there.
James	Alright. Thank you.

JP

ジェームス	もしもし、ヨンスさん。私がレポートを書いていますが、助けて下さることができますか。
ヨンス	少々お待ちください。メールを1通だけ送ってからそちらへ行きますよ。
ジェームス	わかりました。ありがとうございます。

CH

詹姆斯	喂，英洙，我在写报告，能帮我一下吗?
英洙	稍等一下。我只要发完一个邮件，就去那边。
詹姆斯	知道了。谢谢。

새 어휘

EN New Vocabulary JP 新しい語彙 CH 生词

	EN	JP	CH
리포트	report	レポート	报告
쓰다	to write	書く	写
돕다	to help	助ける	帮（助）
잠깐	a moment/a short time	少々	稍（微）
알겠다	all right (I understand)	わかりました	知道了

주제 어휘

EN Thematic Vocabulary JP テーマ語彙 CH 主题词汇

통화, 동사7 EN Making a Call, Action Verbs7 JP 通話, 動詞7 CH 通话，动词7

	EN	JP	CH
통화중이다	on the phone /the line is busy	通話中だ	通话中
통화가 끝나다	to end a call	通話が終わる	通话结束
화상통화를 하다	to video chat	ビデオ通話をする	视频通话
문자메시지를 보내다	to send a text message	携帯メールを送る	发短信
놀다	to play	遊ぶ	玩儿
웃다	to laugh	笑う	笑
울다	to cry	泣く	哭
만들다	to make	作る	做
빌리다	to borrow	借りる	借
세일하다	to be on sale	セールする	打折

문법 1

EN Grammar JP 文法 CH 语法

만

EN It is placed after a noun or adverb and is used to limit something.

JP 名詞や副詞の後で限定するとき使う。

CH 用于名词或副词后，表示限定。

❶ I only drink milk in the morning. 私は朝、牛乳だけ飲みます。 我早上只喝牛奶

❷ Misun likes Korean food so she only eats Korean food.
ミソンさんは韓国料理が好きで韓国料理だけ食べます。 美善喜欢韩餐所以她只吃韩餐。

❸ We only have Chinese students in our class.
私たちの教室に中国の学生だけいます。 我们教室只有中国学生。

❹ Please wait a moment. 少々お待ちください。 请等一下。

문법 2

EN Grammar JP 文法 CH 语法

-고 있다

EN It is attached to the action verb stem and is used when a certain action is in progress or is continually taking place. In order to convert the phrase into honorific form and express respect for the subject, '-고 계시다' is used.

JP 動詞の語幹に付いて、ある動作が進行中であったり継続することをあらわすとき使う。文章の主語を高めるときは'-고 계시다'を使う。

CH 用于动词词干后，表示某一动作正在进行或继续。对句子的主语表达尊敬时，用 "-고 계시다" 。

❶ I am learning Korean in Korea. 私は韓国で韓国語を学んでいます。 我在韩国学习韩国语呢。

❷ Misun is waiting for a friend in front of the school entrance right now.
ミソンさんは今、学校の正門の前で友達を待っています。 现在美善在学校正门前等朋友呢。

❸ The person listening to music right now is James.
今音楽を聞いている人がジェームスです。 现在听音乐的人是詹姆斯。

❹ My mother is cleaning and my younger sibling is doing homework.
母は掃除をしており、弟(妹)は宿題をしています。 妈妈在打扫卫生，弟弟 / 妹妹在做作业。

제 9 과

날씨와 계절

Chapter 9
Weather & Seasons

第 9 課 天気と季節

第 9 课 天气和季节

01 학교에 늦게 가면 안 돼요

I can't be late to school.

学校に遅れて行ったらいけません。

上学不能迟到。

EN

Maria	I have a test today so I can't be late to school.
Rie	There's still time left, so take your time.
Maria	Let's leave quickly since it's snowing heavily.

JP

マリア	今日試験があって学校に遅れて行ったらいけません。
りえ	まだ時間があるのでゆっくり行ってもいいです。
マリア	雪がたくさん降るので早く出ましょう。

CH

玛丽亚	今天有考试，所以上学不能迟到。
利惠	还有时间可以慢点儿去。
玛丽亚	雪下得很大，快出去吧。

새 어휘

EN New Vocabulary JP 新しい語彙 CH 生词

	EN	JP	CH
늦게	late	遅く	晚
아직	still	まだ	还
천천히	slowly	ゆっくり	慢慢（慢点儿）
눈	snow	雪	雪

주제 어휘

EN Thematic Vocabulary JP テーマ語彙 CH 主题词汇

날씨1 EN Weather1 JP 天気1 CH 天气1

	EN	JP	CH
눈이 오다	snowing	雪が降る	下雪
비가 오다	raining	雨が降る	下雨
눈이 내리다	snow is falling	雪が降る	下雪
비가 내리다	rain is falling	雨が降る	下雨
맑다	clear/sunny	晴れている	晴
개다	clear up	晴れる	晴
바람이 불다	wind is blowing	風が吹く	刮风
안개가 끼다	foggy	霧がかかる	起雾
흐리다	cloudy	曇っている	阴

문법 1

EN Grammar JP 文法 CH 语法

-어도/아도/여도 되다

EN This expression is placed after the verb stem in order to express that a certain action is permitted. If the verb stem ends in the vowel sound, 'ㅏ' or 'ㅗ', '-아도 되다' used and for all other vowel sounds, '-어도 되다' is used. If the verb stem ends in '하다', '-여도 되다' is used. '되다' can be used interchangeably with '괜찮다'(all right).

JP 動詞の語幹に付いて、ある行為や条件について許諾や承認をあらわす。動詞の語幹が母音'ㅏとㅗ'で終われば'-아도 되다'を使い、それ以外の母音で終われば'-어도 되다'、'하다'で終われば'-여도 되다'を使う。'되다'は'괜찮다'にかえて使うことができる。

CH 用于动词词干后，表示允许或认可某种行为或条件。动词词干以元音“ㅏ和 ㅗ”结尾的用“-아도 되다”，以其他元音结尾的用“-어도 되다”，以“하다”结尾的用“-여도 되다”。“되다”可以与“괜찮다”交换使用。

❶ Can I eat this bread? このパンを食べてもいいですか。 这个面包可以吃吗？

❷ You may sit here. ここに座ってもいいです。 可以坐在这里吗？

❸ Can I play games right now? 今、ゲームをしても大丈夫ですか。 现在可以玩游戏吗？

❹ Once you finish the exam, you may leave the classroom.
試験が終わったら教室の外へ出てもいいです。 考试结束以后可以出教室。

문법 2

EN Grammar JP 文法 CH 语法

-으면/면 안 되다

EN This is attached to the stem of the action verb or descriptive verb and is used to express that a certain action or condition is prohibited or restricte. If the action verb or descriptive verb stem ends in a consonant, '-으면 안 되다' is used and if it ends in a vowel, '-면 안 되다' is used.

JP 動詞、形容詞の語幹に付いて、ある行為や条件が禁止されたり制限されることをあらわす。動詞、形容詞の語幹が子音で終われば'-으면 안 되다'、母音で終われば'-면 안 되다'を使う

CH 用于动词、形容词词干后，表示禁止或限制某一行为或条件。动词、形容词词干以辅音结尾的用“-으면 안 되다”，以元音结尾的用“-면 안 되다”。

❶ You should not take pictures at the museum. 博物館で写真を撮ったらいけません, 不可以在博物馆拍照。

❷ You can't sleep here. ここで寝たらいけません, 不可以在这里睡觉。

❸ You should not open the window. 窓を開けたらいけません, 不可以开窗户。

❹ You should not work part-time. アルバイトをしたらいけません, 不可以打工。

02 더울 때 한국 사람들은 무슨 음식을 먹어요?

What do Korean people eat when it is hot?

暑いとき韓国人は何の食べ物を食べますか。

热的时候韩国人吃什么东西?

EN

Maria	Right now, my hometown is not hot, but Korea's weather is very hot.
Wien	What do Korean people eat when it is hot?
Maria	In Korea, people eat cold noodle and patbingsoo a lot.

JP

マリア	今私の故郷は暑くないですが、韓国の天気はとても暑いです。
ウィン	暑いとき韓国人は何の食べ物を食べますか。
マリア	韓国では冷麵とパッピンスをたくさん食べます。

CH

玛丽亚	现在我们老家不热，但是韩国天气很热。
云	热的时候韩国人吃什么东西?
玛丽亚	在韩国一般都吃冷面和红豆刨冰。

새 어휘

EN New Vocabulary JP 新しい語彙 CH 生词

	EN	JP	CH
덥다	EN hot	JP 暑い	CH 热
날씨	EN weather	JP 天気	CH 天气
들	EN noun+s/es (plural),	JP -たち	CH 们
팥빙수	EN shaved ice with red beans(dessert)	JP パッピンス(かき氷)	CH 红豆刨冰

주제 어휘

EN Thematic Vocabulary JP テーマ語彙 CH 主题词汇

날씨2 EN Weather2 JP 天気2 CH 天气2

	EN	JP	CH
춥다	EN cold	JP 寒い	CH 冷
따뜻하다	EN warm	JP 暖かい	CH 暖和
선선하다	EN cool	JP 涼しい	CH 凉快
쌀쌀하다	EN chilly	JP 肌寒い	CH 凉飕飕
습도가 높다	EN humidity is high	JP 湿度が高い	CH 湿度高
습도가 낮다	EN humidity is low	JP 湿度が低い	CH 湿度低
기온이 높다	EN temperature is high	JP 気温が高い	CH 气温高
기온이 낮다	EN temperature is low	JP 気温が低い	CH 气温低

문법 1

EN Grammar JP 文法 CH 语法

-는데, 은데/ㄴ데 3

EN It is attached to the action verb or descriptive verb stem and is used to contrast the first clause of the sentence to the latter clause. '-는데' is used for the action verb and '있다, 없다'. '-은데' is used with descriptive verb stems that end in a consonant and '-ㄴ데' is used with descriptive verb stems that end in a vowel.

JP 動詞、形容詞の語幹に付いて、先行節と後行節間の対照関係をあらわす。'있다'と'없다'、動詞は'-는데'を使い、形容詞は語幹が子音で終われば'-은데'、母音で終われば'-ㄴ데'を使う。

CH 用于动词、形容词词干后，表示前后文的对比关系。"있다"、"없다" 和动词用"-는데"，形容词词干若以辅音结尾时用 "-은데"，以元音结尾时用 "-ㄴ데"。

❶ I like to exercise, but my younger sibling doesn't.
私は運動が好きですが、弟(妹)は好きではありません。 我喜欢运动而弟弟 / 妹妹不喜欢。

❷ I have Korean friends, but I don't have any Japanese friends.
韓国の友達はいますが、日本の友達はいません。 有韩国朋友但没有日本朋友。

❸ I am short, but my older sister is tall. 私は背が低いですが、姉は背が高いです。 我个矮但是我姐个高。

❹ Products at the market are cheap, but they are expensive at the department store.
市場は値段が安いですが、デパートは高いです。 市场便宜而百货商店贵。

문법 2

EN Grammar JP 文法 CH 语法

-을/ㄹ 때

EN It is attached to the action verb or descriptive verb stem and is used to state the time at which a certain event took place or is continuously arising. If the action verb or descriptive verb stem ends in a consonant, '-을 때' is used and if it ends in a vowel, '-ㄹ 때' is used.

JP 動詞と形容詞の語幹に付いて、あることが発生した時間やある行動や状態が持続する時間をあらわす。動詞と形容詞の語幹が子音で終われば'-을 때'、母音で終われば'-ㄹ 때'を使う。

CH 用于动词或形容词后，表示某一事情发生的时间或某一动作或状态持续的时间。动词和形容词词干以辅音结尾的用 "-을 때"，以元音结尾的用 "-ㄹ 때"。

❶ Listen to this song when you're tired. 疲れているときこの歌を聞きます。 累的时候听这首歌。

❷ I go to watch a movie when I have time. 時間があるとき映画を見に行きます。 有时间的时候去看电影吧。

❸ The telephone rang when I was eating dinner. 夕食を食べるとき電話が来ました。 吃晚饭的时候来电话了。

❹ When I was sleeping, my friend was studying.
私が寝ているとき友達は勉強をしていました。 我睡觉的时候我朋友在学习呢。

03 마실 물과 손수건이 있어야 해요

We must have drinking water and a handkerchief.

飲み水とハンカチがなければいけません。

要有喝的水和手巾。

EN

Wien	What should we do during the weekend?
Minchul	The flowers are in bloom. Shall we go to the mountains? Let's go hiking and take in the scenery.
Wien	What must we prepare?
Minchul	Since we will sweat a lot, we must have drinking water and a handkerchief.

JP

ウィン	週末に何をしましょうか。
ミンチョル	花が咲きましたが、山に行きましょうか。登山をする間、景色を見物しましょう。
ウィン	何を準備しなければいけませんか。
ミンチョル	汗をたくさんかくので、飲み水とハンカチがなければいけません。

CH

云	周末做什么呢?
民哲	开花了，上山怎么样? 爬山的时候欣赏一下景色吧。
云	要准备什么?
民哲	汗出得多，要有喝的水和手巾。

새 어휘

EN New Vocabulary JP 新しい語彙 CH 生词

피다	EN to bloom	JP (花が)咲く	CH 开
산	EN mountain	JP 山	CH 山
경치	EN scenery	JP 景色	CH 景色
준비하다	EN to prepare	JP 準備する	CH 准备
땀이 나다	EN to sweat	JP 汗をかく	CH 出汗
손수건	EN handkerchief	JP ハンカチ	CH 手巾

주제 어휘

EN Thematic Vocabulary JP テーマ語彙 CH 主题词汇

자연과 계절 EN Nature & Seasons JP 自然と季節 CH 自然和季节

봄	EN spring	JP 春	CH 春天
여름	EN summer	JP 夏	CH 夏天
가을	EN fall	JP 秋	CH 秋天
겨울	EN winter	JP 冬	CH 冬天
강	EN river	JP 川	CH 河
바다	EN ocean	JP 海	CH 海
나무	EN tree	JP 木	CH 树
꽃이 피다	EN to bloom	JP 花が咲く	CH 开花
땀이 나다	EN to sweat	JP 汗をかく	CH 出汗
단풍이 들다	EN leaves turning color	JP 紅葉する	CH 枫叶红了
길이 미끄럽다	EN path is slippery	JP 道が滑る	CH 路滑

문법 1

EN Grammar JP 文法 CH 语法

–는 동안

EN It is attached to the action verb stem,'있다' (there is) or '없다' (there is not) to express the duration of an ongoing action or state. Also, it is attached to a noun in the form '–동안' and means 'during that time'.

JP 動詞や'있다,없다'の語幹に付いて、ある行為や状態が継続する時間の意味をあらわす表現である。また'–동안'の形態で期間をあらわす名詞に付いて、'その時間の間'を意味する。

CH 用于"있다, 없다"词干后，表示某一动作或状态持续的时间。同时，以"–동안"的形式加在名词后，表示"그 시간 동안"之义。

❶ Let's go to Busan while you are in Korea.
韓国にいる間、一緒にプサンに行きましょう。 在韩国的期间一起去釜山吧。

❷ I made a call while my friend was taking out cash.
友達がお金を引き出す間、私は電話をしました。 朋友取钱的时候我打电话了。

❸ Michael traveled to many places during the vacation.
マイケルさんは学校の休みの間、あちこち旅行をしました。 迈克在放假期间到处去旅行了。

❹ Piu Piu waited for her friend in front of the school entrance for an hour.
ピュピュさんは正門の前で1時間、友達を待ちました。 飘飘在正门前等朋友等了一个小时。

문법 2

EN Grammar JP 文法 CH 语法

–어야/아야/여야 하다

EN This is an ending that is attached to the action verb or descriptive verb stem and is used to emphasize an obligation or a need. It can be used interchangeably with '-아야 되다'. If the action verb or descriptive verb stem ends in the vowel sounds '아' or '오', '아야 해요' is used and if it ends in any other vowel sound, '어야 해요' is used. If the stem ends in '하다', '여야 해요' is used.

JP 動詞や形容詞の語幹に付いて、義務や必要を強調する語尾である。'–아야 되다'も同じ意味で使うことができる。語幹の母音が'아'か'오'で終われば'아야 해요'を、語幹の母音が他の母音で終われば'어야 해요'を、'하다'で終われば'여야 해요'を使用する。

CH 用于动词或形容词词干后，是用来强调义务或必要性的词尾。"–아야 되다"也表相同的意思。词干的元音以"아"或"오"结尾的用"아야 해요"，词干的元音以其他元音结尾的用"어야 해요"，以"하다"结尾的用"여야 해요"。

❶ You have to brush your teeth before you sleep. 寝る前に歯を磨かなければいけません。 睡觉前应该刷牙。

❷ You have to arrive at the airport two hours before your flight time.
飛行機の出発2時間前に空港に到着しなければいけません。 飞机出发 2 个小时前应该到达机场。

❸ The room has to be spacious because two people will live together.
2人が一緒に住むので部屋が広くなければいけません。 因为两个人一起住，所以房间应该宽敞。

❹ Do basketball players need to be tall?
バスケットボール選手は背が高くなければいけませんか。 篮球运动员个子要高吗？

04 테드 씨가 스키를 잘 탈까요?

Do you think Ted will be good at skiing?

テッドさんがスキーが上手でしょうか。

泰德滑雪滑得好吗？

EN

Rie	Do you think Ted will be good at skiing?
Youngsu	He's from Canada, so he'll probably be good at skiing.
Rie	Then shall we go to the ski slopes with Ted this weekend?
Youngsu	Yes, let's go. But there will probably be lots of people since they give student discounts on the weekend.

JP

りえ	テッドさんがスキーが上手でしょうか。
ヨンス	カナダから来たのでたぶん上手でしょう。
りえ	では今週末にマイケルさんと一緒にスキー場に行きましょうか。
ヨンス	そうしましょう。ところで週末に学生割引をするので人が多いでしょう。

CH

利惠	泰德滑雪滑得好吗？
英洙	他来自加拿大，可能会滑得很好吧。
利惠	那么这个周末跟迈克一起去滑雪场怎么样？
英洙	好吧。但是周末因为给学生打折所以可能会有很多人。

새 어휘

EN New Vocabulary JP 新しい語彙 CH 生词

	EN	JP	CH
스키	skiing	スキー	滑雪
아마	probably	たぶん	可能
잘	good (well)	よく	好
스키장	ski slopes	スキー場	滑雪场
그런데	but	ところで	但是
할인	discount	割引	打折

주제 어휘

EN Thematic Vocabulary JP テーマ語彙 CH 主题词汇

겨울 활동 EN Winter Activities JP 冬の活動 CH 冬季活动

	EN	JP	CH
눈사람	snowman	雪だるま	雪人
눈싸움	snow fight	雪合戦	雪仗
스노보드	snowboard	スノーボード	滑雪板
스키	ski	スキー	滑雪
스케이트	skate	スケート	滑冰
스키복을 입다	to put on a ski suit	スキー服を着る	穿滑雪服
모자를 쓰다	to wear a hat	帽子をかぶる	戴帽子
선글라스를 끼다	to put on sunglasses	サングラスをかける	戴墨镜
장갑을 끼다	to put on gloves	手袋をはめる	戴手套

문법 1

EN Grammar JP 文法 CH 语法

-을까요/ㄹ까요?²

EN This is used to ask a question when the speaker makes a speculation about the action or state of the subject of the sentence. If the action verb or descriptive verb stem ends in a consonant, '-을까요?' is used and if it ends in a vowel, '-ㄹ까요?' is used.

JP 主語の行動や状態について話者が推測しながら質問するとき使う。子音で終わる動詞や形容詞の語幹の後に'-을까요?'、母音で終わる動詞や形容詞の語幹の後に'-ㄹ까요?'を使用する。

CH 当说话人对主语的行为或状态进行推测并发出提问时使用。以辅音结尾的动词或形容词词干后面用"-을까요?"，以元音结尾的动词或形容词词干后面用"-ㄹ까요?"。

❶ Will the guest be good at eating spicy food? お客が辛い食べ物をよく食べるでしょうか。 客人会喜欢吃辣的吗?

❷ Will it rain tomorrow? 明日雨が降るでしょうか。 明天会下雨吗?

❸ Will the weather be nice? 天気が晴れるでしょうか。 天气会晴吗?

❹ Which country do you think that person is from? あの人がどこの国の人でしょうか。 那个人会是哪国人?

문법 2

EN Grammar JP 文法 CH 语法

-을/ㄹ 거예요²

EN This is used when the speaker makes a speculation regarding the action or state of the subject. If the action verb or descriptive verb stem ends in a consonant, '-을 거예요' is used and if it ends in a vowel, '-ㄹ 거예요' is used.

JP 主語の行動や状態について話者が推測するとき使う。子音で終わる動詞や形容詞の語幹の後に'-을 거예요'、母音で終わる動詞や形容詞の語幹の後に'-ㄹ 거예요'を使用する。

CH 说话人对主语的行为或状态进行推测时使用。以辅音结尾的动词或形容词词干后面用"-을 거예요"，以元音结尾的动词或形容词词干后面用"-ㄹ 거예요"。

❶ Piu Piu likes spicy food, so she will eat bibimnaengmyun well.
ピュピュさんは辛い食べ物が好きでビビン冷麺をよく食べるでしょう。 飘飘喜欢吃辣的，所以会喜欢吃拌面的。

❷ If we leave right now, there will probably be a lot of traffic.
今出発したら、たぶん車が渋滞するでしょう。 现在出发的话可能会堵车。

❸ There will be lots of people at the amusement park because it is the weekend.
週末なので遊園地に人が多いでしょう。 因为是周末，所以游乐园会有很多人。

❹ Jerry will probably be tired because he just came back from a party.
ジェリーさんはパーティーをしてから来て、たぶん疲れているでしょう。 杰瑞刚从派对回来，所以可能会很累。

제 10 과

음식

Chapter 10 Food

第10課 食べ物

第10课 饮食

01 비빔밥인데 아주 맛있어요

It is Bibimbap and it is very tasty.

ビビンバですが、とてもおいしいです。

这是拌饭，很好吃。

EN

Wien	What is the name of this food?
Youngsu	It is bibimbap and it is very tasty.
Wien	What is it made of?
Youngsu	It is made of stir-fried beef and vegetables. You eat it by mixing it with rice and red pepper paste.

JP

ウィン	この食べ物は名前が何ですか。
ヨンス	ビビンバですが、とてもおいしいです。
ウィン	何(の材料)で作りましたか。
ヨンス	牛肉と野菜をいためて作りました。コチュジャンを入れてご飯と混ぜて食べます。

CH

云	这个食物叫什么?
英洙	这是拌饭，很好吃。
云	用什么做的?
英洙	把牛肉和蔬菜放在一起炒好。吃的时候放点儿辣椒酱和米饭，拌一拌就可以了。

새 어휘

EN New Vocabulary JP 新しい語彙 CH 生词

	EN	JP	CH
쇠고기	EN beef	JP 牛肉	CH 牛肉
채소	EN vegetables	JP 野菜	CH 蔬菜
볶다	EN stir-fry	JP いためる	CH 炒
고추장	EN gochujang (red pepper paste)	JP コチュジャン	CH 辣椒酱
넣다	EN to put in	JP 入れる	CH 放
비비다	EN mix	JP 混ぜる	CH 拌

주제 어휘

EN Thematic Vocabulary JP テーマ語彙 CH 主题词汇

맛, 양념 EN Tastes, Seasoning JP 味, 調味料 CH 味道, 调料

	EN	JP	CH
달다	EN sweet	JP 甘い	CH 甜
맵다	EN spicy	JP 辛い	CH 辣
짜다	EN salty	JP しょっぱい	CH 咸
시다	EN sour	JP すっぱい	CH 酸
쓰다	EN bitter	JP 苦い	CH 苦
싱겁다	EN bland/tasteless	JP 味が薄い	CH 淡
설탕	EN sugar	JP 砂糖	CH 砂糖
소금	EN salt	JP 塩	CH 盐
식초	EN vinegar	JP 酢	CH 醋
된장	EN doenjang (bean paste)	JP 味噌	CH 大酱
고추장	EN gochujang (red pepper paste)	JP コチュジャン	CH 辣椒酱

문법 1

EN Grammar JP 文法 CH 语法

–는데, 은데/ㄴ데[4]

EN It is attached to the stem of the action verb, descriptive verb, '있다' or '없다' and is used when a specific subject or fact is introduced. In this case, the sentence that follows this expression is a supplementary explanation of the preceding clause.
'-는데' is used after the action verb stem, '있다' or '없다.' If the descriptive verb stem ends in a consonant, '-은데' is used and if it ends in a vowel, '-ㄴ데' is used.

JP 動詞、形容詞の語幹や'있다','없다'の語幹に付いて、ある対象や事実を紹介したり提示するとき使う。この場合、後の文章には前の文章の事実と関連した敷衍説明や付加的な内容がくる。
動詞の語幹と'있다','없다'の後には'-는데'を使う。子音で終わる形容詞の語幹の後には'-은데'を使い、母音で終わる形容詞の語幹の後には'-ㄴ데'を使う。

CH 用于动词、形容词词干或"있다"、"없다"词干后，用来介绍或提示某种对象或事实。这个时候，后一句一般是跟前一句有关的附带说明或补充内容。
动词词干和"있다"、"없다"后面用"-는데"。以辅音结尾的形容词的词干后面用"-은데"，以元音结尾的形容词的词干后面用"-ㄴ데"。

❶ I live in the dormitory, and it is very spacious and clean.
私は寄宿舎に住みますが、とても広くてきれいです。 我住在宿舍，又大又干净。

❷ I have a bed in my room, and it is small but comfortable.
私の部屋にはベッドがありますが、小さいけれども楽です。 我的房间里面有一张床，虽然小但是方便。

❸ This book is a Korean textbook, and it is very fun.
この本は韓国語の教科書ですが、とても面白いです。 这本书是韩国语教科书，真的很有意思。

❹ My friend is from Thailand, and he is very good at Korean.
私の友達はタイから来ましたが、韓国語が上手です。 我朋友来自泰国，韩国语说得很好。

문법 2

EN Grammar JP 文法 CH 语法

–으로/로[2]

EN This is used when denoting that a certain tool, means, method, or ingredient is being used. If the noun ends in a consonant, '–으로' is used and if it ends in a vowel or the sound 'ㄹ', '–로' is used.

JP あることの道具や手段、方法、材料などをあらわすとき使う。
名詞が子音で終われば'-으로'を使い、母音か'ㄹ'で終われば'-로'を使う。

CH 用来表示某一事情的工具、手段、方法、材料等。
名词以辅音结尾的用"-으로"，以元音或"ㄹ"结尾的用"-로"。

❶ I come to school by bus. 私は学校にバスで来ます。 我坐公交车来学校。

❷ Speak Korean in the classroom. 教室で韓国語で話してください。 在教室里用韩国语说吧。

❸ You eat bread with your hands. パンは手で食べます。 面包用手吃。

❹ Jaeyookbokeum(spicy marinated pork) is made with pork and vegetables.
豚肉炒めは豚肉と野菜で作ります。 辣炒猪肉是用猪肉和蔬菜做的。

02 뭘 드시겠습니까?

What would you like to eat?

何を召し上がりますか。

您要吃什么？

EN

Youngsu	What would you like to eat?
Rie	Since there's a lot to do today and it's strenuous, shall we eat meat?
Youngsu	Sounds good. The dakkalbi at this restaurant is very tasty. Have you ever eaten dakkalbi, Rie?
Rie	No, I haven't eaten it. I certainly want to eat it today.

JP

ヨンス	何を召し上がりますか。
りえ	今日は仕事が多くて大変なので、肉を食べましょうか。
ヨンス	いいです。この食堂のタッカルビが本当においしいです。りえさんはタッカルビを食べたことがありますか。
りえ	いいえ、食べたことがありません。今日はぜひ食べたいです。

CH

英洙	吃什么呢？
利惠	今天事情太多，很累，吃肉怎么样？
英洙	好啊。这个食堂的铁板鸡真的很好吃。你吃过铁板鸡吗？
利惠	没有，没吃过。今天一定要吃。

새 어휘

EN New Vocabulary JP 新しい語彙 CH 生词

	EN	JP	CH
드시다	to eat (honorific)	召し上がる	的敬语-吃/喝
힘들다	strenuous/tough	大変だ	累
닭갈비	dakkalbi (spicy stir-fried chicken)	タッカルビ	铁板鸡
정말	really	本当	真的
꼭	certainly	ぜひ	一定

주제 어휘

EN Thematic Vocabulary JP テーマ語彙 CH 主题词汇

음식 EN Food JP 食べ物 CH 饮食

	EN	JP	CH
한식	Korean food	韓国料理	韩餐
일식	Japanese food	日本料理	日餐
중국 음식	Chinese food	中国料理	中餐
양식	Western food	洋食	西餐
갈비탕	kalbitang (short rib soup)	カルビタン	排骨汤
김치찌개	kimchijjigae (kimchi stew)	キムチチゲ	泡菜汤
초밥	sushi	寿司	寿司
탕수육	sweet and sour pork	タンスユク(酢豚)	糖醋肉
자장면	jajangmyun (noodles with black soybean sauce)	ジャージャー麺	炸酱面
스테이크	steak	ステーキ	牛排
스파게티	spaghetti	スパゲティ	意大利面

문법 1 -겠-[1]

EN Grammar JP 文法 CH 语法

EN This is used for the first person and second person and is attached to the action verb stem. It is used to reveal the intention or inclination to do something.

JP 1人称、2人称に使われ、動詞の語幹に付いて、何をするとかするつもりだという意図や意志をあらわす。

CH 用于第一人称、第二人称，加在动词词干后，表示做某事或要做某事的意图或意志。

❶ I will eat doenjangjjigae. 私は味噌チゲを食べます。 我要吃大酱汤。

❷ What will you do in the afternoon? 午後に何をされますか。 下午要做什么?

❸ I will go to Busan with my friend tomorrow. 明日、友達と一緒にプサンに行きます。 明天要跟朋友一起去釜山。

❹ I will certainly contact my teacher. 先生に必ず連絡を差し上げます。 一定会跟老师联系的。

문법 2 -어/아/여 보다

EN Grammar JP 文法 CH 语法

EN This is attached to the action verb stem in order to express experience. It is used together with the past tense. It the action verb stem ends in a vowel sound with the exemption of '아' or '오', '-어 보다' is used and if the verb stem ends in '아' or '오', '-아 보다' is used. For verbs that end with '하다', '-여 보다' is used. '하여' is often used as '해.'

JP 動詞の語幹に付いて、経験をあらわす。過去形とともに使う。動詞の語幹が'ㅏ, ㅗ'以外の母音で終われば'-어 보다'を使い、動詞の語幹が'ㅏ, ㅗ'で終われば'-아 보다'を使う。'하다'が付く動詞の語幹には'-여 보다'を使うが、ふつう'하여'は略して'해'で使う。

CH 用于动词词干后，表示经验。跟过去式连用。动词的词干以"ㅏ, ㅗ"之外的元音结尾的用"-어 보다"，动词的词干以"ㅏ, ㅗ"结尾的用"-아 보다"。与"하다"连用的动词词干用"-여 보다"，一般将"하여"缩写为"해"。

❶ I tried to eat kalbitang in Korea. 韓国でカルビタンを食べたことがあります。 在韩国喝过排骨汤。

❷ Have you tried to write an e-mail in Korean? 韓国語でメールを書いたことがありますか。 用韩国语写过电子邮件吗?

❸ I haven't gone to Jeju Island yet. まだチェジュドに行ったことがありません。 还没去过济州岛。

❹ I have worked part-time at a convenience store. コンビニでアルバイトをしたことがあります。 在便利店打过工。

03 삼계탕을 드신 적이 있어요?

Have you ever eaten Samgyetang before?

サムゲタンを召し上がったことがありますか。

你喝过参鸡汤吗？

EN

Misun	Maria, I think you eat all kinds of food well.
Maria	Yes, I eat spicy foods well and I also eat hot foods well too.
Misun	Then, have you ever eaten samgyetang before?
Maria	Yes, I have eaten it once before. There is a similar dish in my hometown.

JP

ミソン	マリアさんは何でもよく召し上がるようです。
マリア	はい、私は辛い食べ物もよく食べるし、熱い食べ物もよく食べます。
ミソン	ではサムゲタンを召し上がったことがありますか。
マリア	はい、一度食べたことがあります。私の故郷にも似た食べ物があります。

CH

美善	玛丽亚，你好像什么都喜欢吃。
玛丽亚	是的，我喜欢吃辣的也喜欢吃热的。
美善	那喝过参鸡汤吗？
玛丽亚	是的，喝过一次。在我的老家也有差不多的食物。

새 어휘

EN New Vocabulary JP 新しい語彙 CH 生词

	EN	JP	CH
뜨겁다	hot	熱い	烫
삼계탕	samgyetang (chicken soup with ginseng)	サムゲタン	参鸡汤
번	~time(s),	~回	次
비슷하다	similar	似ている	差不多

주제 어휘

EN Thematic Vocabulary JP テーマ語彙 CH 主题词汇

형용사6, 음료 EN Descriptive Verbs6, Beverages JP 形容詞6, 飲み物 CH 形容词6, 饮料

	EN	JP	CH
같다	same	同じだ	一样
다르다	different	違う	不一样
차갑다	cold	冷たい	冷淡
기쁘다	happy	うれしい	高兴
슬프다	sad	悲しい	伤心
괜찮다	okay/alright	大丈夫だ	不错
식혜	Sikhye (sweet rice drink)	シッケ(韓国式甘酒)	米酒
인삼차	ginseng tea	人参茶	人参茶
유자차	citrus tea	ゆず茶	柚子茶
녹차	green tea	緑茶	绿茶
카페라떼	café latte	カフェラテ	咖啡拿铁

문법 1

EN Grammar JP 文法 CH 语法

이든지/든지

EN This is used together with the interrogative, including, '언제(when), 누구(who), 어디(where), 무엇(what), 얼마(how much) etc' and is used to express that it doesn't matter what kind of decision is made. If the noun ends in a consonant, '이든지' is used and if it ends in a vowel, '든지' is used.

JP '언제(いつ), 누구(誰), 어디(どこ), 무엇(何), 얼마(いくら)'などの疑問詞と結合して、何をしても、どんな決定をしても関係がないことをあらわす。名詞が子音で終われば'이든지'、母音で終われば'든지'を使う。

CH 跟"언제, 누구, 어디, 무엇, 얼마"等疑问词相结合，表示无论做什么、决定什么都没有关系。名词以辅音结尾的用"이든지"，以元音结尾的用"든지"。

❶ I eat all kinds of food well. 私は何の食べ物でもよく食べます。 我什么都喜欢吃。

❷ Come over whenever you have time. 時間があったらいつでも遊びに来てください。 有时间的时候，随时来玩儿吧。

❸ Anyone can go to that meeting その集まりに誰でも行けます。 那个聚会谁都可以去。

❹ You can eat as much as you want of this food here.
ここにある食べ物はいくらでも召し上がってもいいです。 这里的东西吃多少都可以。

문법 2

EN Grammar JP 文法 CH 语法

–은/ㄴ 적이 있다

EN It is attached to the action verb stem to express that someone has had a certain experience before in the past. If there was no such experience in the past, '–은 적이 없다' can be used. '–은 적이 있다/없다' can be used interchangeably with '–은 일이 있다/없다' If the verb stem ends in a consonant, '–은 적이 있다/없다' is used and if it ends in a vowel, '–ㄴ 적이 있다/없다' is used.

JP 動詞の語幹に付いて、過去に経験したことがあることをあらわす。過去に経験したことがないときは'–은 적이 없다'で使う。'–은 적이 있다/없다'は'–은 일이 있다/없다'にかえて使うことができる。'–은 적이 있다/없다'は子音で終わる動詞の語幹の後に使用し、'–ㄴ 적이 있다/없다'は母音で終わる動詞の語幹の後に使用する。

CH 用于动词词干后，表示曾经经历过某事情。若没有曾经经历过的事情用"–은 적이 없다"。"–은 적이 있다/없다"可以跟"–은 일이 있다/없다"换用。"–은 적이 있다/없다"用于以辅音结尾的动词词干后，"–ㄴ 적이 있다/없다"用于以元音结尾的动词词干后。

❶ I have eaten samgyetang once before. 私はサムゲタンを一度食べたことがあります。 我喝过一次参鸡汤。

❷ I have cooked Korean food in my hometown before.
私は故郷で韓国料理を作ったことがあります。 我在老家做过韩国料理。

❸ I have worked at a Korean company before. 私は韓国の会社で仕事をしたことがあります。 我在韩国公司工作过。

❹ I haven't been to an amusement park before. 遊園地に行ったことがありません。 我没去过游乐园。

04 음식이 맛있겠어요

The food seems tasty.

料理がおいしそうです。

食物看起来很好吃。

EN

Rie	The food seems tasty. But why aren't you eating?
Misun	I am waiting in order to eat with the teacher.
Rie	In Korea, may we eat by lifting the bowl off the table?
Misun	No, we must place the bowl on the table and eat with a spoon.

JP

りえ	料理がおいしそうです。ところでなぜ食べずにいますか。
ミソン	先生が来られたら一緒に食べようと待っています。
りえ	韓国では食事をするとき器を手に持って食べてもいいですか。
ミソン	いいえ、器を食卓においてスプーンとはしで食べなければいけません。

CH

利惠	食物看起来很好吃。可你为什么不吃呢？
美善	我要等老师来一起吃呢。
利惠	在韩国吃饭的时候可以把碗拿在手里吃吗？
美善	不可以，应该把碗放在饭桌上，用箸匙吃。

새 어휘

EN New Vocabulary JP 新しい語彙 CH 生词

	EN	JP	CH
식사	meal (formal)	食事	吃饭/用餐
그릇	bowl	器	碗
들다	to lift/carry	持つ	拿
상	table	卓(食卓)	饭桌
놓다	to place/put on	置く	放
수저	spoon	スプーンとはし	箸匙

주제 어휘

EN Thematic Vocabulary JP テーマ語彙 CH 主题词汇

식사 예절 EN Dining Etiquette JP 食事のマナー CH 用餐礼仪

	EN	JP	CH
숟가락	spoon	スプーン	勺子
젓가락	chopsticks	はし	筷子
밥그릇	rice bowl	茶碗	饭碗
국그릇	soup bowl	汁椀	汤碗
반찬그릇	side dish plate	おかずの器	菜盘
앞접시	serving plate	取り皿	布碟儿
상을 차리다	to set the table	膳を整える(食事の用意をする)	摆饭桌
소리를 내다	to make a sound	音を出す	出声

문법 1

EN Grammar JP 文法 CH 语法

–겠 2 –

EN It is attached to the action verb or descriptive verb stem and is used to denote that the speaker is making a speculation. '-겠-' can be followed by the endings '-습니다/ㅂ니다', '-어요/아요/여요', '-고-', and '-지만'. It can also be used to make a speculation in the present perfect tense by using '-었겠-/았겠-/였겠-'.

JP 動詞や形容詞の語幹に付いて、話す人の推測をあらわす。'-겠-'の後には'-습니다/ㅂ니다', '-어요/아요/여요', '-고', '-지만'などの語尾がくることができる。'-었겠-/았겠-/였겠-'のように完了した事実を推測するときも使うことができる。

CH 用于动词或形容词词干后，表示说话人的推测。"-겠-" 后面可以接 "-습니다/ㅂ니다"、"-어요/아요/여요"、"-고"、"-지만" 等词尾。以 "-었겠-/았겠-/였겠-" 的形式，对已发生的事情进行推测时也可使用。

❶ It will rain tomorrow morning. 明日午前に雨が降りそうです。 明天上午可能会下雨。

❷ Amara, you must speak English well since you lived in the U.S. for 10 years.
アマラさんがアメリカで10年間住んで英語が上手そうです。 阿马拉在美国住了10年，英语应该会说得很好。

❸ Misun, you will not be tired since you slept a lot.
ミソンさん、たくさん寝て疲れていなさそうです。 美善，你睡得多，应该不会累吧?

❹ Rie, you must have been busy last weekend since you had a lot to do.
りえさん、先週末に仕事が多くて忙しそうでした。 利惠，上周末事情太多，忙坏了吧?

문법 2

EN Grammar JP 文法 CH 语法

–으려고/려고

EN It is placed after the action verb stem in order to express that the preceding clause of the sentence is the intention for or purpose of the action in the latter part of the sentence. It cannot be used to issue a command or make a suggestion. If the action verb stem ends in a consonant, '–으려고' is used and if it ends in a vowel or the sound 'ㄹ', '–려고' is used.

JP 動詞の語幹に付いて、前の内容が後の行動の意図や目的であることをあらわす。命令文や勧誘文には使うことができない。'-으려고'は子音で終わる動詞の語幹の後に使用し、'-려고'は母音と'ㄹ'で終わる動詞の語幹の後に使用する。

CH 用于动词词干后，表示前面的内容是后面动作的意图或目的。不可以用在命令句或共动句。

❶ I set the table in order to eat. ごはんを食べようと膳を整えました。 为了吃饭摆了饭桌。

❷ I bought beef in order to make bulgogi. プルコギを作ろうと牛肉を買いました。 为了做烤肉买了牛肉。

❸ I bought a gift in order to give it to my younger sibling.
弟(妹)にあげようとプレゼントを買いました。 为了给弟弟 / 妹妹买了礼物。

❹ I went to Myungdong to meet my friend. 弟(妹)にあげようとプレゼントを買いました。 为了见朋友去了明洞。

YONSEI
ACADEMIC KOREAN
Vocabulary & Grammar
BEGINNING 1
연세
대학한국어 어휘·문법 초급 I

편저자 연세대학교 한국어학당 교재편찬위원회
집필진 황인교 · 전지인 · 박경희 · 강영선 · 김태연 · 구인서
펴낸곳 연세대학교 출판문화원

주소 서울시 서대문구 연세로 50
전화 02) 2123-3380~2
팩스 02) 2123-8673
ysup@yonsei.ac.kr
http://press.yonsei.ac.kr
등록 1955년 10월 13일 제9-60호
인쇄 (주)동국문화
삽화 문춘경 외

2016년 7월 7일 1판 1쇄
2026년 3월 13일 1판 6쇄
ISBN 978-89-6850-154-8 (세트)
978-89-6850-155-5 (04710)

값 28,000원